丝绸之路经济带

——欧亚大陆新棋局

□ 刘华芹 等 著

中国商务出版社
CHINA COMMERCE AND TRADE PRESS

图书在版编目（CIP）数据

丝绸之路经济带：欧亚大陆新棋局/刘华芹等著.
—北京：中国商务出版社，2015.3
ISBN 978-7-5103-1258-8

Ⅰ.①丝…　Ⅱ.①刘…　Ⅲ.①丝绸之路—经济带—区
域经济发展—研究—中国　Ⅳ.①F127

中国版本图书馆 CIP 数据核字（2015）第 059337 号

丝绸之路经济带
——欧亚大陆新棋局
SICHOU ZHILU JINGJIDAI
——OUYA DALU XINQIJU

刘华芹 等　著

出　　版：中国商务出版社
发　　行：北京中商图出版物发行有限责任公司
社　　址：北京市东城区安定门外大街东后巷 28 号
邮　　编：100710
电　　话：010-64245686　64515140（编辑二室）
　　　　　010-64266119（发行部）
　　　　　010-64263201（零售、邮购）
网　　址：http://www.cctpress.com
网　　店：http://cctpress.taobao.com
邮　　箱：cctp@cctpress.com
照　　排：北京科事洁技术开发有限责任公司
印　　刷：北京密兴印刷有限公司
开　　本：787 毫米×980 毫米　1/16
印　　张：17.75　字　数：230 千字
版　　次：2015 年 4 月第 1 版　　2015 年 4 月第 1 次印刷
书　　号：ISBN 978-7-5103-1258-8
定　　价：48.00 元

2014 年度国家社会科学基金重大项目资助
"丝绸之路经济带与中国对外开放战略研究"
项目批准号　142DA076

序 言

2013 年 9 月和 10 月，习近平主席访问哈萨克斯坦和印度尼西亚时，提出了共建"丝绸之路经济带"和"21 世纪海上丝绸之路"的倡议，此后，经过一年多的磋商与协调，2014 年 12 月中央经济工作会议将"一带一路"提升为国家战略。"丝绸之路"研究从书斋走出，与地缘政治和地缘经济紧密交织在一起，一跃成为"显学"。从中央到地方，从政界到学界，从业界到媒体，从国内到国外，成为时髦的话题。各个学科的专家学者积极参与研究与谋划，各类文章评论不计其数，但真正学有积淀，且在"一带一路"有过亲身经历的学者寥寥无几。

近读刘华芹同志《丝绸之路经济带——欧亚大陆新棋局》一书，无疑是在此领域具有影响力的力作。作者二十余年从事中国与独联体国家经贸合作关系及上海合作组织区域经济合作问题研究，对中俄、中亚双边经贸合作关系问题进行长期跟踪分析，对上海合作组织区域经济合作及欧亚经济联盟（前身为欧亚关税同盟）的研究更有独到精深的见解。在沿边开放及我国开放战略中的向西开放，中俄与中亚双边经贸合作关系，边境地区经贸合作等领域，作者进行过长期研究并提出重要的决策咨询建议。上述这些方面的学术研究成果，都不是单纯地在书斋中完成的，而是在国内外实地调研，特别是国外系统性调研的基础上进行的，实乃"读万卷书，行万里路"的结果。

通读本书，本人认为其具有如下特点：

第一是系统性。不同于坊间的肆意解读，作者直接参与了丝绸之路经济带构想的酝酿形成，其对共建丝绸之路经济带倡议及其"五通"的诠释，更接近原汁原味，把握上也更为准确，因而在战略研究的总体架构设计及相互衔接上也更加一体化。作者从"丝绸之路"的远古，穿越时空，走到今天，赋予了丝绸之路经济带的新内涵和新的精神。在以"丝绸之路"为纽带的贯穿下，政策沟通、道路连通、贸易畅通、货币流通、民心相通，最终目标就是交流融通。丝绸之路经济带所追求的"五通"彼此既相对独立，同时又相互支撑，不能截然分开，而应体现为大融合。

第二是战略性。"一带一路"既是新时期我国外交战略调整的新布局，也是互利共赢战略的具体化。与此同时，丝绸之路经济带是我国在亚欧大陆上驾驭"陆权"的一项重大战略，它与实现我国海洋战略的海上丝绸之路一并，构成我国陆权与海权均衡发展战略的雏形。作者在横跨亚欧大陆的广袤土地上，以"丝绸之路"中国一端发源，从周边开始，以"圈层结构"由内而外，分别详述了以上海合作组织为核心区（包括俄罗斯和中亚、中蒙俄经济走廊）、南亚为紧密合作区（包括孟中印缅经济走廊、中巴经济走廊）、西亚为延伸区（包括海合会六国、其他中东国家以及伊朗、土耳其等国）、中东欧为拓展区，由近及远梯次展开，力促丝绸之路经济带分区域合作与协同推进。此间突出重点，以点串线、由线到片，有机地将"点线面"交织在一起。

第三是开放性。推进丝绸之路经济带建设重点当然是与沿线国家在达成共识的基础上，共商、共建、共享，开展平等互惠、互利合作。在由倡议走向战略、由构想转为实施的过程中，首要的是在双边基础上渐次推进，同时在区域、次区域的基础上并行推进。在此过程中也需要强有力的国内支撑，因此，作者也对内陆沿边开放、丝绸之路经济带国内落子布局进行了客观分析。在共建丝绸之路经济带的过程中，既有与海上丝绸之路重叠交汇，也将推展到更多的国家和地区，因此，作者也辟出专章论及域外国家及国际组织、区域组织积极参与丝绸之路经济带建设的问题。

第四是专业性。作者在主笔本书中，专门约请了几位在业内具有影响的资深学者作为合作方，负责撰写交通运输、能源和金融等相关章节的内容，他们各自在其领域的专业性阐释为本书增色不少。这也说明丝绸之路经济带战略实施需要有更多领域的专家学者和业界人士共同参与，开放的事业需要广阔的视野，博大的胸襟，携手合作推动深入研究、共同谋划、协同实施。

　　本书为刘华芹同志所主持的 2014 年度国家社会科学基金重大项目《丝绸之路经济带与中国对外开放战略研究》的阶段性成果，实属不易。当然，丝绸之路经济带从酝酿构想到共建倡议，再上升为国家战略也不过一两年的时间，实践的推进早已超越了书斋学人的想象。在丝绸之路经济带的研究方面本书还有一些亟待深度开掘、研究的问题，如在国内方面，"一带一路"战略与中国陆权、海权战略的关系；"一带"与"一路"交汇交融的相互协调配合；"一带一路"建设中国内的协调、协作、协同；在国际方面，如"一带一路"共建中利益共同体、命运共同体、责任共同体提法的理论基础；在双边、区域层面如何加强对丝绸之路经济带的认同，达成共识，进而务实地推进到共同规划、共同参与、共同建设中来；在共建中圈层结构之间如何衔接；共建丝绸之路经济带中如何处理机制化与非机制化的关系问题等，解决这些问题将不断充实"一带一路"建设的内容。

　　悠悠万里"丝绸之路"，跨越两千年时空，历经盛衰沧桑巨变，21 世纪必将再展辉煌。"丝绸之路"梦不仅是 21 世纪的中国梦，更是新世界的梦。从中国汉代张骞"凿空西域"之艰难，可以预料共建丝绸之路经济带的过程也必将充满荆棘与坎坷，在机遇与挑战面前，在光荣与梦想的抉择中，期待更多有识之士参与到由梦想到现实的伟大复兴之路中来，并愿为之甘做铺路石。

商务部国际贸易经济合作研究院研究员　李钢

2015 年 2 月 6 日于北京

前 言

　　全球金融危机后，国际政治经济格局正在经历深刻变化，世界区域经济一体化呈现新的发展态势，以美国为代表的发达经济体大力推动 TPP 和 TTIP 等高水平自由贸易安排，多边贸易体制面临新的挑战，我国需采取有效应对策略。与此同时，着眼于长远发展，新一届领导集体提出了"两个一百年"的奋斗目标，习近平主席进一步提出了实现中华民族伟大复兴的中国梦。目前中国已成为全球 120 多个国家的第一大贸易伙伴，维护自身利益已成为未来发展的内在需求。而伴随国力的提升，维护国家安全将是首要任务。在我国经济进入新常态背景下，保持经济可持续发展，优化空间布局，实现东西部地区的经济平衡问题更加凸显。

　　基于对国际和国内形势的综合研判，承袭中国悠久历史积淀，2013 年 9 月习近平主席在访问哈萨克斯坦时提出了共建丝绸之路经济带的倡议，同年 10 月访问印度尼西亚时提出与东盟国家共建 21 世纪海上丝绸之路的倡议。倡议指出，将加强相互政策沟通、道路联通、贸易畅通、货币流通和民心相通，用创新的合作模式，共同建设"丝绸之路经济带"，以点带面，从线到片，逐步形成区域大合作。此后，在党的十八大报告、周边外交工作座谈会、中央经济工作会议、中央外事工作会议、政府工作报告及各种重大外事活动中习近平主席多次提及"一带一路"倡议，经过一年多的谋划与磋商，2014 年 12 月中央经济工作会议将"一带一路"确立为国家战略。

　　"一带一路"倡议提出后，全国各地掀起了参与"一带一路"建设的热潮，中央相关主管部门积极制定实施规划，目前规划方案已初步完成，即将发布。与此同时,"一带一路"倡议也逐渐得到国际社会的认同,截至 2014 年年底,沿线 50 多个国家表示积极参与共建。2014 年 11 月,在 APEC 峰会期间举行的"加强互联互通伙伴关系"对话会上,习近平主席阐述了中方推进"一带一路"建设的设想,"以亚洲国家为重点方向,率先实现亚洲互联互通,以经济走廊为依托,建立亚洲互联互通的基本框架,以交通基础设施为突破,实现亚洲互联互通的早期收获;以建设融资平台为抓手,打破亚洲互联互通的瓶颈;以人文交流为纽带,夯实亚洲互联互通的社会根基"。中方出资 400 亿美元建立丝路基金,为互联互通项目提供融资支持。此前,亚洲 21 国共同签署了创建亚洲基础设施投资银行的备忘录,就此开启了"一带一路"建设进程。

"一带一路"战略是我国第一个将本国经济发展与国际经济合作相融合的战略,涉及地缘政治与地缘经济、经济外交、国际经济合作、地区安全以及大国关系等诸多问题,其落实将是一项长期而艰巨的任务。虽然"一带一路"已步入实施阶段,但与该问题密切相关的理论与实证研究仍处于起步阶段,例如"一带一路"与新时期我国对外开放战略的关系;"一带一路"建设中大国之间的竞合关系;"一带一路"框架下国际经济合作与安全保障;"一带一路"建设中国际经济合作与国内经济发展的协调;政府导向与市场机制之间的衔接;"一带一路"国际区域布局与协调问题;"一带一路"战略中"五通"之间的关系;非机制化合作与"一带一路"建设的成效问题;"一带一路"建设中央政府与地方政府之间的关系;国内相关省区之间的布局与协调问题等。解决这些问题需要我们从政治、经济、外交、安全等多个角度进行综合研究,将理论分析与实施进程有机结合,不断创新,提出适合大国崛起的开放战略与实施策略。

本书作者从国际经济合作带与次区域经济合作之间的关系入手,综合运用区域经济合作、国际关系、地缘经济以及系统分析方法,从三个层面阐述了丝绸之路经济带战略的架构、实施策略及主要方向。该战略的理论框架体现在第一章至第四章中，分别为"丝绸之路"的盛衰演变、"一带一路"——经济外交新布局、构建丝绸之路经济带面临的机遇与挑战、构建丝绸之路经济带战略。战略的实施策略体现在第五章至第八章中，分别是上海合作组织——丝绸之路经济带的核心区、南亚——丝绸之路经济带的紧密区、西亚——丝绸之路经济带的延伸区、中东欧国家——丝绸之路经济带的拓展区。战略的实施方向体现在第九章至第十二章中，即加强丝绸之路经济带的互联互通、提升国际金融合作水平、提升内陆沿边开发开放水平、拓展与国际组织的合作。

笔者长期从事中俄、中国与中亚国家双边经贸合作关系及上海合作组织区域经济合作问题研究，参与过有关"丝绸之路经济带"问题的前期研究并中标 2014 年度国家社会科学基金重大项目"丝绸之路经济带建设与中国对外开放战略研究"，本书为该项目的阶段性研究成果。本书第一章、第七章部分内容及第十二章由赵青松副教授撰写，第八章由姚铃副研究员撰写，第六章和第七章的部分内容由杨伟群处长撰写，第九章由王为教授撰写，第十章的部分内容由袁佳博士撰写，第二章的部分内容由冯玉军研究员撰写，其余章节均由笔者撰写。商务部国际贸易经济合作研究院李钢研究员为本书的策划和出版做了大量工作并亲自作序，在此深表感谢！

刘华芹

2015 年 1 月 28 日

目 录

第一章 "丝绸之路"的盛衰演变

第一节 "丝绸之路"的历史

一、"丝绸之路"的形成

(一)"丝绸之路"概念的由来

"丝绸之路"全长7 000余公里,横贯欧亚两大洲。从公元前2世纪到公元19世纪中叶的2 000多年间,"丝绸之路"一直是欧亚大陆上东西方经济文化交流的主要通道,它为促进中亚、南亚、西亚、欧洲各国与中国的友好往来做出了不可替代的历史贡献。

最早提出"丝绸之路"的是德国地质学家李希霍芬(Ferdinand von Richthofen,1833—1905),在《中国亲程旅行记》一书中,他首次将中国经中亚到两河流域和印度之间的交通路线称为"丝绸之路"(The silk road)。其后,德国历史学家赫尔曼(A. Herrmann)进一步把丝绸之路延伸到地中海西岸和小亚细亚,并确定了"丝绸之路"是中国古代经由中亚通往南亚、西亚以及欧洲的陆上贸易交往的通道,因为大量的中国丝织品经由此路西传，故称作"丝绸之路"。① 此后，"丝绸之路"这一名称家喻户晓，其含义也愈发广泛，其中包括玉石之路、宗教之路、彩陶之路、绿洲丝绸之路、草原丝绸之路、南方丝绸之路、海上丝绸之路等提法。一般来说，"丝绸之路"是指西北绿洲"丝绸之路"，即 2 100 多年前，西汉张骞两次出使西域后逐渐形成的这条线形商贸与文化历史古道。

（二）"丝绸之路"的形成

"丝绸之路"的形成是古代东西方文明寻求相互交流、对话与合作的共同需要。实际上，中西方交流在远古时期就已存在，草原之路与绿洲之路就是"丝绸之路"的前身。② 草原之路通常是指始于中国北方，经蒙古高原逾阿尔泰山脉、准噶尔盆地进入中亚北部哈萨克草原，再经里海、黑海北岸到达多瑙河流域的通道，这是古代游牧民族经常迁徙往来的通道。绿洲之路是指位于草原之路的南部，由分布于大片沙漠、戈壁之中的绿洲城邦国家开拓出的、连接各个绿洲的一段段道路，这条通道逐渐成为欧亚大陆间东西往来的交通干线。据《穆天子传》③ 记载，公元前 10 世纪，西周周穆王西巡就沿着这条道路到达中亚的吉尔吉斯草原。另外，在"丝绸之路"出现之前，在这条道路上商队运载的不是丝绸而是玉石，那时候这条道路被称作"玉石之路"，产自阿富汗的青金石也是这条道路上流通的主要商品之一。

尽管作为中西方的贸易通道在很早以前就已存在，但"丝绸之路"真正的辉煌和繁荣则始于汉唐时期。公元前 139 年，为了联络大月氏共击匈奴，汉武帝派遣张骞第一次出使西域，司马迁的《史记》将此称为"凿空"之举，张骞历时 13 年，于公元前 126 年返回长安（今西安）。公元前

---

① 高伟江等．基于经济合作的丝绸之路开发．改革与管理，2005（3）．
② 张国刚．丝绸之路与中西文化交流．西域研究，2010（1）．
③ 《穆天子传》，又名《周穆王游行记》，是西周的历史神话典籍之一．

119 年，张骞第二次出使西域时，携带大量丝绸带、金银、牲畜等，足迹到达大宛（今乌兹别克斯坦费尔干纳）、康居（今哈萨克斯坦东南）、大月氏（今阿富汗阿姆河流域）等地。从此以后，经过汉代数十年的征战与经营，西域各国实际上都归附了汉朝，"丝绸之路" 的东段和中段才得以畅通。赴西域的汉使和商贾从长安出发，经河西走廊，出玉门关，进入新疆分赴各国，西亚、中亚的商队也通过这条道路进入中国进行贸易。但在汉代的 "丝绸之路" 上，中国人并没有到达欧洲的罗马。

(三) "丝绸之路" 贸易的兴衰

"丝绸之路" 贸易兴起于西汉，发展于魏晋南北朝，至唐代达到鼎盛。隋唐政府沿着 "丝绸之路" 商道在西域和中亚地区建立了许多有军队把守的驿站，稳定的商品流通秩序和安全促进了唐代 "丝绸之路" 贸易的发展，出现了 "无数铃声遥过碛，应驮白练到安西"[①] 的繁荣商贸景象。唐朝也是中国历史上的盛世时代，大唐的高度文明与富足吸引了欧亚各国的商人、匠人、艺人和留学生。当时西域各国对唐朝均有大量进贡，唐朝对进贡的各国使者，一律回赠丝绸等物品。"安史之乱" 后，唐朝势力内缩，吐蕃占据丝绸之路中段，中国与中亚、西亚和欧洲各国的交往开始借助于海上航运。晚唐五代以后，随着中国经济重心的南移以及海运事业的发展，亚欧大陆的 "丝绸之路" 贸易开始逐渐衰落下去。至南北宋时期，由于西北地区民族割据政权的阻隔，陆上 "丝绸之路" 贸易曾一度基本中断。

在元朝时期，蒙古大军摧毁了 "丝绸之路" 上设立的大量收费关卡，使商品流通变得比较顺畅，加之元代统治者继续推行了宋朝以来的对外开放政策，鼓励对外贸易，并实施了驿站制度、钞币制度及官营手工业制

---

① 张籍《凉州词》："边城暮雨雁低飞，芦笋初生渐欲齐；无数铃声遥过碛，应驮白练到安西。"

度，一度因战乱阻塞而萧条的丝路贸易，再现兴旺景象。但元代沿"丝绸之路"大多是以宗教信仰及文化交流为使命的人们，而不再是以商人为主导的"丝绸之路"了，《马可·波罗游记》①就说明了这一点。明代以后，随着明朝和清朝中央政权实施"禁海"与闭关的政策，陆上"丝绸之路"贸易逐渐衰落。另外，不断恶化的自然环境也使西域地区不再适合人类居住，"丝绸之路"基本处于荒废状态。19 世纪初，"丝绸之路"大规模绢马贸易在国际形势变化与沙俄的不平等条约控制下，被迫停止，"丝绸之路"贸易走向没落的宿命。

（四）西方及阿拉伯国家对"丝绸之路"的探索

古希腊人把位于遥远东方的中国称为"赛里斯"（Seres，源自希腊语"丝"），"赛里斯"也就成了西方传说中对中国的代称。亚历山大帝国的建立及希腊化世界的形成推进了从中亚、印度到东地中海、欧洲之间古代诸文明地区的文化交流和经济来往。就"丝绸之路"全线贯通而言，公元前 334 年，亚历山大东征和张骞通西域都发挥了同样的历史作用。②

公元 1~2 世纪，汉代中国和古罗马是当时世界上最强大的两个国家。从公元初起，古罗马人就已知道西方和中国、印度间存在着的贸易路及丝绸、香料贸易的重要意义。古罗马是当时世界上消费丝绸最多的国家，为了本国的利益，古罗马人沿"丝绸之路"向东方进行了多次探索。如公元 100 年和 166 年，罗马商队分别从陆路和海上冲破安息人（波斯）的阻挠到达中国，东罗马帝国联合西突厥和波斯帝国的"丝绸战争"等，不但在

---

① 马可·波罗（Marco Polo, 1254—1324 年），世界著名的旅行家、商人。马可·波罗 17 岁时跟随父亲途经中东，历时四年多来到中国，在中国游历了 17 年。回国后出了一本《马可·波罗游记》（又名《马可·波罗行记》，《东方闻见录》），记述了他在东方最富有的国家——中国的见闻，激起了欧洲人对东方的热烈向往。

② 杨巨平．亚历山大东征与丝绸之路开通．历史研究，2007（4）.

欧洲历史著作中，而且在中国历史著作（《后汉书·西域传》等）里都得到印证。[①] 此后，欧洲人通过马可·波罗、鲁柏鲁克、鄂多立克等人的游记和著述，进一步了解了"丝绸之路"和东方。特别是自 13 世纪末《马可·波罗游记》在全欧洲风行后，关于中国的著述在欧洲引发了中国热，从此西方对于中国和通往东方道路的向往从未减退过。

由于波斯、阿拉伯世界处于罗马帝国和中国、印度贸易的要冲，因此古代波斯、阿拉伯国家对"丝绸之路"的了解比西方更为深刻，他们已经在很多世纪利用这条道路进行东西方之间丝绸、瓷器、香料、药材、珠宝和金银器等商品的贸易。据史料记载，在公元 2 世纪到 13 世纪这一漫长的时期中，阿拉伯商人一直时断时续地控制着途经那里的东西方贸易，并从中获取大量的贸易回报。最早记述"丝绸之路"的阿拉伯文献是公元 6 世纪的埃及商人科斯马斯（Cosmas）的《基督教诸国风土记》。虽然那时还没有"丝绸之路"这个名称，但波斯、阿拉伯世界对它已经有一个准确的称呼："大商路"。

二、"丝绸之路"线路的演变

"丝绸之路"的走向基本定位于两汉时期，一般可分为三段（东、中、西段），并且每一段都可分为北、中、南三条路线。从长安出发经过河西走廊到玉门关、阳关的这一段称为"丝绸之路"东段；玉门关、阳关以西到帕米尔和巴尔喀什湖以东以南地区的这一段被称为"丝绸之路"中段；西域道以西，南到印度，西到欧洲的中国境外路段通常被称为"丝绸之路"西段。在西汉时期，"丝绸之路"的起点是首都长安，经陇西或固原西行至金城（今兰州），通过河西走廊的武威、张掖、酒泉、敦煌四郡，出玉门关或阳关（今敦煌西），穿过白龙堆到罗布泊地区的楼兰。汉代

---

① 李明伟. 丝绸之路研究百年历史回顾. 西北民族研究，2005（2）.

"丝绸之路"分南道北道，南北两道的分岔点就在楼兰。

（一）东段——从长安到玉门关、阳关（陕西、甘肃境内）

"丝绸之路"东段的三条线路均从西安出发，到武威、张掖汇合，再沿河西走廊至敦煌，河西走廊是"丝绸之路"的必经之道。其中，"丝绸之路"东段的南线是从西安—凤翔—天水—陇西—临夏—乐都—西宁—张掖（甘州）—酒泉（肃州）—敦煌（沙州）；中线是从西安—泾川—平凉—会宁—兰州—武威（凉州）—张掖—酒泉—敦煌；北线是从西安—泾川—固原（原州）—靖远—武威—张掖—酒泉—敦煌（图 1-1）。① 另外，需要指出的是，"唐蕃古道"青海段也是唐代丝绸之路的重要干道之一，即经青海西宁、柴达木，到甘肃敦煌和新疆，是公元 6 世纪到 9 世纪前半叶古代"丝绸之路"的一段重要干线。

（二）中段——从玉门关、阳关以西至帕米尔（新疆境内）

"丝绸之路"中段也被称为西域道，主要是中国新疆境内的三条路线，它们随绿洲和沙漠的变化而时有变迁，三线在中途多有分岔和支路。

第一，中线部分。起自玉门关，沿塔克拉玛干沙漠北缘，经罗布泊（楼兰）—吐鲁番（高昌）—焉耆（尉犁）—库车（龟兹）—阿克苏（姑墨）—喀什（疏勒）—费尔干纳盆地（大宛）。西汉时期张骞第一次出使西域，经大宛、大月氏至大夏，所走的就是中线（北道），返回时走的是南线。汉代"丝绸之路"的南北两道都在天山以南，狭义的"丝绸之路"就指张骞两次出使西域形成的基本干道。

---

① 梁雪松.遗产廊道区域旅游合作开发战略研究——以丝绸之路中国段为例.陕西师范大学博士论文，2007（5）.

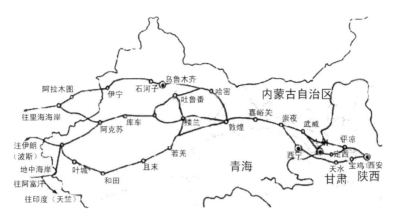

图1-1 "丝绸之路"中国段线路示意图

第二，南线（又称于阗道）部分。东起阳关，沿塔克拉玛干沙漠南缘，经罗布泊（楼兰）—若羌（都善）—且末—民丰（精绝、尼雅遗址）—和田（于阗）、莎车—喀什（疏勒）—帕米尔高原（葱岭）。

第三，北线（天山北路）部分。起自安西（瓜州）—哈密（伊吾）—吉木萨尔（庭州）—伊宁（伊犁）—碎叶（今吉尔吉斯斯坦楚河州）。北道从甘肃酒泉向西北行，到达哈密地区的巴里坤草原，沿天山北麓，经过昌吉、奎屯、博尔塔拉蒙古自治州，翻越天山果子沟进入伊犁地区，向西行经吉尔吉斯斯坦的伊塞克湖，最终到达黑海、地中海沿岸。

（三）西段——从帕米尔往西经过中亚、西亚直到欧洲（中国境外）

自帕米尔以西直到欧洲的都是"丝绸之路"的西段，主要指在中亚、西亚、南亚和欧洲等地区的陆路交通线路，西段的北、中、南三线分别与中段的三线相接对应（图1-2）。其中，经里海到伊斯坦布尔（土耳其）的路线是在唐朝中期开辟的。从喀什西行，越帕米尔至大月氏（阿富汗）、大宛（乌兹别克斯坦费尔干纳），由此西行可至大夏（阿富汗或巴基斯坦）、粟特（乌兹别克斯坦）、安息（伊朗）、伊斯坦布尔。

第一条，"南线"起自喀什或喀什噶尔—帕米尔山—克什米尔—巴基斯坦—印度，也可从白沙瓦—喀布尔—马什哈德—巴格达—大马士革—伊斯坦布尔—欧洲。

第二条，"中线"自喀什—费尔干纳盆地—撒马尔罕—布哈拉—马什哈德（伊朗），与南线汇合。

第三条，"北线"沿咸海、里海、黑海的北岸，经过伊宁—阿拉木图—托克玛克（碎叶）—江布尔城—阿斯特拉罕（伊蒂尔）—萨莱（俄罗斯）—萨克尔—伊斯坦布尔。

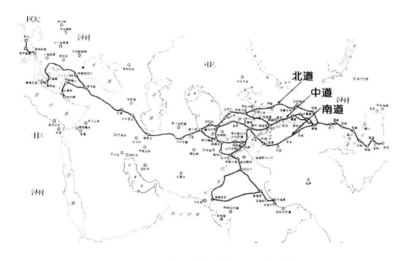

图1-2 "丝绸之路"中段和西段线路图

三、海上"丝绸之路"的兴盛

海上"丝绸之路"的兴起与发展有其政治、经济和交通上的原因。[①]首先，自西汉以来，陆上"丝绸之路"有了长足的发展，但自唐代以来，北方突厥族的侵扰以及阿拉伯帝国的崛起，使从中国中原通向中亚、西亚的交通越来越不畅通。其次，"丝绸之路"上的主要贸易商品如丝绸、茶叶、瓷器等大都生产于中国东南沿海地区，而这些地区拥有众多优良的港

---

① 孙继亮．海上丝绸之路的发展与明代银本位制度确立关系初探．经济研究参考，2013（34）．

口，从海路运输不仅交通方便，而且运输量大，通过海路还可以把商品输送到陆路不能到达的地区，如日本、东南亚、非洲等国家。最后，自宋代以后，随着中国经济重心的南移，从广州、泉州、杭州等地出发的海上航路日益发达。随着航海术以及造船业的不断发展，海上运输的安全性及运载量都有较大提高，海上运输逐渐取代陆上运输通道成为东西方贸易的主要通道，进而促进了海上"丝绸之路"的兴盛（图1-3）。

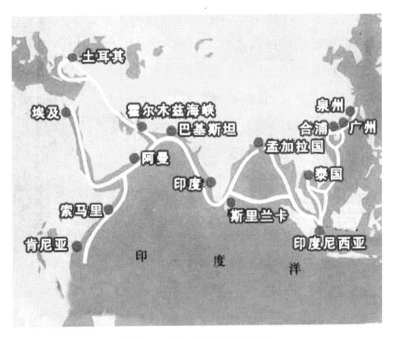

图1-3 海上丝绸之路示意图

海上"丝绸之路"的兴起不仅是中国的历史创举，古代阿拉伯人、西方人特别是中世纪之后的欧洲人在通往东方之路上不懈开拓，也有力地推动了海上"丝绸之路"的发展。例如，古罗马人通过海上开辟出一条由地中海经印度洋到达中国的航路。公元7世纪后，随着阿拉伯帝国的崛起，阿拉伯人垄断了从印度洋穿过马六甲海峡到达南中国海的这条海路，扩展了亚洲贸易。中世纪之后，正是基于对东方丝绸、香料及黄金的渴求，欧洲进入了一个大航海和地理大发现的时代。随着地理大发现，欧洲人开通了从非洲好望角到印度的海上通道，欧洲和亚洲东部之间的贸易主体由陆地转向海上，从而极大促进了海上"丝绸之路"的发展和繁荣。

四、东西方国家对"丝绸之路"的研究

15世纪的地理大发现激发了欧洲人在世界范围内的地理探险考察。19世纪德国地理学家洪堡、李特尔和李希霍芬等对中国和远东地区的研究考察成绩卓著，李希霍芬首次提出中国经西域与希腊、罗马的交通路线为"丝绸之路"。当时在"丝绸之路"上探险考察的西方著名学者和探险家还有：斯文·赫定（瑞典人）[①]、斯坦因（匈牙利人）、伯希和（法国人）、格伦威德尔（德国人）、普尔热瓦尔斯基（俄国人）等。在19世纪末至20世纪初，西方学者对中亚、中国西部、蒙古高原的探险考察活动达到了高潮，欧美国家几乎所有的地理学家、考古学家都来到这里，各国学者第一次对丝绸之路的自然地理、社会经济、民族宗教、历史文化、交通路线开展了全面的、大规模的考察探险。这些探险考察基本上廓清了"丝绸之路"的神秘面目，对推动"丝绸之路"的研究产生了积极的影响。

早从20世纪20年代起，中国学术界就把中亚和西域作为专门的研究课题，向达、冯承钧、黄文弼、张星烺、季羡林、唐长孺、汤用彤、阎文儒、岑仲勉、劳干等中国学者做出了开拓性贡献。[②] 我国学者在"丝绸之路"东端中国境内的西北、西南地区进行了持续考古发掘和实地考察，大批简牍、文书、丝绸织物、石窟、墓葬、遗址被发现，"丝绸之路"的自然地理环境和交通演变的规律大致清晰。20世纪70、80年代以后，我国"丝绸之路"研究呈现出新局面，整个社会的关注提升了"丝绸之路"的社会认知度和该学科的地位。随着我国西部大开发战略的实施和旅游业的

[①] 斯文·赫定（1865—1952年）的主要成就在地理学方面，他三次深入塔克拉玛干大沙漠，发现了楼兰、丹丹乌里克、约特干、喀拉墩等丝路的重要遗址。

[②] 李明伟. 丝绸之路研究百年历史回顾. 西北民族研究，2005（2）.

迅猛发展，社会各界开始重新审视和评价"丝绸之路"的历史地位。近30年来，我国的"丝绸之路"研究规模浩大，领域广阔，发展迅速，并已取得举世瞩目的成就。

第二节 "丝绸之路"的功能与精神

一、"丝绸之路"的功能

"丝绸之路"历史之悠久、分布国家和地区之广泛、线路之长、沿线文化和自然遗产之多都是世所罕见的。"丝绸之路"被喻为世界历史展开的主轴、世界主要文化的母胎、东西方文明的桥梁。中外学者将"古代张骞通西域"与"近代哥伦布航行到美洲"并称为影响人类历史进程的两大历史事件。[①] 因此，就对人类文明交流的贡献而言，无论怎样评价"丝绸之路"所起的巨大作用都不显得过分。正如我国著名学者季羡林所说："横亘欧亚大陆的'丝绸之路'，稍有历史知识的人没有不知道的。它实际上是在极其漫长的历史时期东西文化交流的大动脉，对沿途各国、对我们中国，在政治、经济、文化、艺术、宗教、哲学等方面影响既广且深。倘若没有这样一条路，这些国家今天发展的情况究竟如何，我们简直无法想象。"[②]

(一)"丝绸之路"与商贸往来

"丝绸之路"的兴旺与发展促进了东西方国家的贸易往来。"丝绸之路"贸易源于胡商组成商队进行的长途贩运，[③] 其性质属于一种转运贸易。

---

① 南宇，李兰军. 丝绸之路中国段跨国申报世界遗产理论与实践的意义和价值. 宁夏大学学报（人文社会科学版），2010（10）.

② 李明伟. 丝绸之路贸易史研究·序. 甘肃人民出版社，1991（12）.

③ 在唐代，"胡"的称谓特指一种外来的人种和生活文化。从西域各民族，中西亚各国，乃至欧洲，一切来自西方的人与文化全部在"胡"的概念之内。

胡商的商业活动包括朝贡贸易和互市贸易两种形式。古代各国到中原王朝的使节一般都要进贡"方物"，中原王朝对各国使节相应地馈赠丝绸彩帛等礼品，"进贡"与"馈赠"实质上就是一种国家贸易。[①] 另一种形式是大量的民间贸易，即各国商人组织人数较多的商队，进行长途贩运。胡商在"丝绸之路"沿线建立很多商贸据点，这些贸易据点逐渐发展成为聚落。

很多民族都是丝路贸易的参与者和经营者，包括粟特人、波斯人、突厥人、阿拉伯人等。在各民族商人的努力下，中国中原地区的丰富物产和先进的生产技术源源不断地传播到西域、印度、波斯、阿拉伯和地中海区域。大量工艺精美、品种繁多的丝绸和瓷器、茶叶、铁器、纸张等输入西方。自古罗马以来，西方国家的王公贵族都以产自中国的丝绸、瓷器为富贵的象征和时尚奢侈之物。

交流总是双向的，通过"丝绸之路"贸易，西方的物质文化或作为"贡品"的各类物种也传入中国。例如，草原民族的羊马牲畜、畜产皮毛、毛织品和服饰；西亚的珊瑚、翡翠、珠宝、琉璃器、各种香药；以及各种作物及其栽培技术，如胡桃、石榴、葡萄、苜蓿、芝麻（胡麻）、黄瓜（胡瓜）、豌豆、麝香等，这些商品成为中国人饮食文化中的新选择。原产西域的葡萄酒传至中国以后，成为中国酒文化中不可或缺的商品之一。

（二）"丝绸之路"与科学技术传播

"丝绸之路"的发展也促进了东西方科学技术的传播交流。

一方面，中国古代的丝绸和蚕丝技术、冶铁技术、水力技术、金银器皿和工艺品、钱币、雕版印刷和造纸术、炼丹术等都通过"丝绸之路"传

---

① 李瑞哲．古代丝绸之路商队的活动特点分析．兰州大学学报（社会科学版），2009（5）．

入西方。人们所熟知的中国古代四大发明就是通过"丝绸之路"传入西亚和欧洲的，印刷术就是其中之一。在敦煌、吐鲁番等地，都发现了用于雕版印刷的木刻板和部分纸制品，唐代的《金刚经》雕版残本如今仍保存于英国，这说明印刷术至少在唐代已传播至西域。

另一方面，随着"丝绸之路"的发展与繁荣，罗马帝国、阿拉伯大食帝国、印度和波斯帝国的科学技术和知识，如天文学、历法、数学、医药、建筑技术、制糖技术、制玻璃技术、葡萄酒及其酿造技术、缝合木船技术等也传入中国，这些西方科学技术知识对中国的经济社会发展也做出了重大贡献。

（三）"丝绸之路"与文化交流

"丝绸之路"不仅是一条商贸通道，也是沟通东西方文化交流的重要桥梁，它把古代的中国文化、印度文化、波斯文化、阿拉伯文化和古希腊、古罗马文化连接起来，对促进东西方文化交流发挥了巨大的作用。"丝绸之路"开通之后，中国与中亚、西亚和欧洲各民族的文化交流日益密切，欧亚各国的音乐舞蹈、宗教艺术等也都沿丝路逐渐传入中国。例如，中国与西域各国的乐舞交流在汉代达到一个高潮，形成了汉代突出的历史乐舞特色，即"百戏"、"俗乐"。隋唐时代的宫廷乐舞中也包含了大量的外来因素，西域的服饰和乐器等曾风靡一时。据史料记载，"灵帝好胡服、胡帐、胡床、胡饭、胡箜篌、胡笛、胡舞，京都贵戚皆竞为之"。①

2000 年来，"丝绸之路"在欧亚大陆广阔的区域一直发挥着"中西文化交流的大动脉"的作用。自公元初以来，由于草原民族的活动，在欧亚大陆导致持续数个世纪的民族大迁徙浪潮，"丝绸之路"的开辟几乎是与

---

① 范晔. 后汉书. 北京：中华书局，2006.

民族迁徙同时发生的，"丝绸之路"成为民族融合和文化交流的渠道和纽带。特别是在中亚及中国新疆地区，汇聚了人类历史的几个主要文化体系：中国文化、印度文化、伊斯兰文化和古希腊古罗马文化。古代塞族人、匈奴、大月氏、粟特、突厥、波斯、吐蕃、鲜卑、党项、回鹘、羌族等在这一地区建立的许多王国及其历史遗迹成为世界文明史的重要部分。由于各民族的文明荟萃，欧亚大陆腹地呈现了多元的社会和文化结构特征。

（四）"丝绸之路"与宗教传播

"丝绸之路"的开辟也为各种宗教文化传播至中国提供了条件，故有人又称"丝绸之路"为"宗教之路"。在"丝绸之路"形成与发展过程中，古代高僧进入中国传播宗教，都与胡商的商业活动有密切关系，僧侣要得到这些商人的援助，同时僧侣也给予商人以精神方面的支持。早期佛教徒与"丝绸之路"上的商人结伴而行，佛教因此自西向东逐渐传播开来。例如，公元148年，安息高僧安清（字世高）来中国传布佛教，他在洛阳翻译佛经，先后译出佛经35部14卷。龟兹国高僧鸠摩罗什被掳至中原，在凉州传教17年后被邀至长安，他主持翻译了98部佛经典籍，对佛教文化在中国的传播发展起了重要的作用。现存的许多佛教石窟就是佛教东传的见证，如中国六大塔林均在丝路带上，以佛教建筑中的石窟寺类型最为突出。

另外，据史料记载，伊斯兰教于7世纪中叶沿"丝绸之路"传入中国，从唐高宗永徽二年到贞元十四年的148年间，伊斯兰教随大批阿拉伯商人涌入中国西北，旧称"回教"、"回回教"、"清真教"等。明清时期，伊斯兰教在中国得到迅速发展，并最终在新疆境内以及"丝绸之路"东段的中国内地形成了多个信奉伊斯兰教的民族。此外，祆教、摩尼教、景教、犹太教、基督教等各种域外宗教也沿"丝绸之路"先后传入中国，对中国的社会结构和思想哲学产生了深刻影响。

二、"丝绸之路"精神

（一）古代"丝绸之路"精神

"丝绸之路"在相当长的历史时期内，一直是欧亚大陆各国、各民族经贸往来和科技文化交流的主要通道。历经 2 000 多年的历史积淀，"丝绸之路"已由一条经济、文化、商贸交通的实质性道路，升华成为一种人类精神理念的象征——勇于探索、平等交流、友好合作、文化融合。在"丝绸之路"长达 7 000 公里的徒步行程中，古代各国商队要克服各种自然灾害、野兽袭击、土匪抢劫、饥寒病痛，他们这种巨大的勇气与力量、忍耐与拼搏精神是当今现代人无法想象的。

"丝绸之路"上遗留的众多文物古迹、历史遗存仍记录着中华民族在西部的艰辛开拓及与外民族艰难的融合，见证着中华民族的人文精神和价值追求。特别是在汉唐时期，中国人对各种外来文化无所不包，从物质内容到文化习俗，从精神方式到宗教信仰，全部兼容并蓄。中华民族宽容地吸纳外民族文化的同时，又将自己的文化广为传播，是海纳百川的博大胸襟体现。中华民族开拓西部的艰辛，统一各民族的曲折及与外民族融合的博大胸怀，也体现了中华民族追求自由、解放的精神和对真善美孜孜不倦的理想追求。

在李希霍芬提出"丝绸之路"概念之后，学者们又提出了诸如"文明之路"、"发展之路"、"和平之路"、"友谊之路"、"旅游之路"等多种观点，极大丰富了"丝绸之路"的内涵。东西方 2 000 多年的交往历史证明，只要坚持"丝绸之路"精神，不同种族、不同信仰、不同文化背景的国家完全可以共享和平，共同发展，这是古代"丝绸之路"留给我们的宝贵启示。

（二）当代"丝绸之路"精神的内涵

千百年来，不同的文化在古"丝绸之路"上交相辉映、相互激荡，逐渐积淀形成了"丝绸之路"精神并不断注入时代的内涵。那么，当代"丝绸之路"精神的内涵是什么？2013 年 9 月 7 日，中国国家主席习近平在哈萨克斯坦纳扎尔巴耶夫大学演讲中提到的"团结互信、平等互利、包容互鉴、合作共赢"合作原则，就是当代"丝绸之路"精神的内核。

"团结互信"就是在政治上相互信任、在行动上团结一致。"平等互利"就是指各国不论强弱大小，法律地位上相互平等，经济上实现互利。"包容互鉴"就是本着相互包容的态度，尊重世界文明多样性、发展道路多样化，维护各国人民自主选择社会制度和发展道路的权利，相互借鉴、取长补短。"合作共赢"就是各国互惠互利、共生共赢、相得益彰，实现双方或多方的共同收益。随着经济全球化的不断发展，各国的利益互相影响、交融、制约，只有合作才能共生共赢、共同发展。"丝绸之路"精神倡导机会均等、利益共求、成果共享，探讨共同发展之路以及繁荣共享之道。"丝绸之路"精神是欧亚各国在彼此交往的历史进程中积累下来的经验和智慧总结，是对人类文明的重大贡献，必须传承下去，发扬光大。

"丝绸之路"横跨亚欧大陆，途经多个国家，总人口近 30 亿，上海合作组织 6 个成员国和 5 个观察员国都位于古丝绸之路沿线。2013 年 9 月，习近平主席在哈萨克斯坦提出了共同建设"丝绸之路经济带"的倡议，倡导中国与欧亚各国要用创新的合作模式，将政治关系优势、地缘毗邻优势、经济互补优势转化为务实合作优势、持续增长优势，打造利益共同体。为此，需要做到"五通"：即加强政策沟通、道路联通、贸易畅通、货币流通、民心相通。在"五通"基础上共建"丝绸之路经济带"，必将给中国和欧亚各国的社会经济发展带来巨大利益。丝绸之路经济带建设是以相互尊重、合作共赢为核心的新合作观、新发展观的具体实践，必将为"丝绸之路"精神的弘扬和传承提供新的载体和纽带，使古老的"丝绸之路"焕发出新的生机与活力。

第二章 "一带一路"
——经济外交新布局

    2013 年 9 月,习近平主席访问中亚时,在哈萨克斯坦纳扎尔巴耶夫大学发表题为《弘扬人民友谊,共创美好未来》的重要演讲,其中提出共建"丝绸之路经济带的倡议"。"为了使欧亚各国经济联系更加紧密、相互合作更加深入、发展空间更加广阔,我们可以用创新的合作模式,共同建设'丝绸之路经济带',以点带面,从线到片,逐步形成区域大合作。第一,加强政策沟通。各国就经济发展战略进行交流,协商制定区域合作规划和措施。第二,加强道路联通。打通从太平洋到波罗的海的运输大通道,逐步形成连接东亚、西亚、南亚的交通运输网络。第三,加强贸易畅通。各方应该就推动贸易和投资便利化问题进行探讨并做出适当安排。第四,加强货币流通。推动实现本币兑换和结算,增强抵御金融风险能力,提高本地区经济国际竞争力。第五,加强民心相通。加强人民友好往来,增进相互了解和传统友谊。"2013 年 10 月,习近平主席访问印度尼西亚时,提出中国愿同东盟国家共同建设"21 世纪海上丝绸之路"。此后,经过一年多时间里习近平主席在一系列国内重大会议上及各种外交活动中屡次提及共建"一带一路"倡议。2014 年 12 月,中央经济工作会议将"一带一路"

上升为国家战略。

第一节 "一带一路"——由倡议提出到战略

一、"一带一路"倡议提出的背景

2013年以来，面对复杂的国际政治外交局势和周边安全形势，新一届领导集体制定了未来5~10年我国周边外交战略，"一带一路"成为我国周边经济战略的重要组成部分，形成东西两翼平衡发展的外交新格局。它是承袭历史、从全球视角扩大我国对外开放的新战略，也构成了新时期我国外交战略的重要内容。"一带一路"战略的提出基于以下背景。

（一）维护我国自身的经济利益并巩固我国在全球的经济地位

经过改革开放30多年的发展，2013年我国的GDP总量已突破9万亿美元，仅次于美国，居世界第二位。货物贸易进出口总额达到4.16万亿美元，居于世界第一位。我国已成为世界上120多个国家的第一大贸易伙伴，我国的经济利益已延展到亚洲、非洲、欧洲、美洲、大洋洲等世界各个区域，利益边界递增。通过全方位对外开放大战略维护并拓展自身利益是我国未来发展面临的迫切任务。与此同时，全球金融危机后，国际秩序仍处于深度调整之中，中国与新兴经济体的崛起改变了世界政治经济格局，新兴经济体参与全球治理的作用不断增强，谋求在全球事务中拥有更大的话语权和主导权。确立我国在世界经济新格局中的地位将是我们必须面对的问题。"一带一路"战略的实施将有利于密切我国与周边国家之间的经济合作，从而维护我国的经济利益。

（二）大国博弈使我国地缘政治与地缘经济环境日趋复杂

全球金融危机后，为了摆脱危机困扰，美国大力推动重返亚太战略，实施亚太再平衡,以此遏制中国崛起的势头。一方面,在我国周边不断挑起争端,使我国与相关邻国在东部南海海域围绕领海主权的争端越演越烈,对我国国家安全已构成重大挑战。另一方面,美国还在我国西部周边地区积极实施"新丝绸之路计划",试图削弱俄罗斯和中国在中亚及南亚地区的影响力。此外,在我国西部毗邻地区大国的角逐客观上对我形成了巨大压力。面对中国的崛起,"中国威胁论"日益盛行。在这种形势下,我国迫切需要采取有效策略拉近我国与周边国家的距离,使各国从我国的经济发展中受益,消除"中国威胁论",树立"负责任大国"的形象,为自己的和平发展争取更广阔的战略空间。"一带一路"战略将为周边国家提供共同发展的机遇与空间,使各国搭乘中国发展的快车,实现共同发展,为消除"中国威胁论"创造有利条件。

(三) 维护多边贸易体系的权威性

全球金融危机后,美欧等发达国家积极构建高水平的区域贸易安排网络,客观上削弱了世界贸易组织多边贸易体系的重要性。我国在全球经济和贸易中的分量不断提升,客观上要求我国在多边贸易体系中发挥更大的影响力,以争取更大的利益。同时,我国也不能放弃区域性贸易体系的构建,以巩固和扩大我国在周边地区的经济和政治存在。为此,我国迫切需要采取有效策略,推动与发展中国家,尤其是周边国家的经济合作,以提升发展中国家在世界贸易组织中的话语权,同时为各国经济发展创造良好的外部环境。

(四) 维护国家安全成为首要任务

2013年年底,中国国家安全委员会正式成立。2014年4月15日,习近平主席主持召开中央国家安全委员会第一次会议,首次提出了总体国家安全观,概括为"11种安全",即构建集治安全、国土安全、军事安全、经济安全、文化安全、社会安全、科技安全、信息安全、生态安全、资源安全、核安全等于一体的国家安全体系。维护国家安全要求将我国国内发展战略与国家安全战略有效地协调起来。在 2014 年 11 月召开的中央外事工作会议上，习近平主席指出，"当前和今后一个时期，我国对外工作要贯彻落实总体国家安全观"。改革开放前 30 年我国的外交战略主要以促进国内经济发展为目标。而党的十八大以后，适应维护国家综合安全的需要，我国的外交战略也应进行相应的调整，迫切需要制定以维护国家综合安全为目标的新型外交战略。"一带一路"战略通过经济合作密切我国与周边国家之间的联系，为实现我国周边安全稳定提供重要保障。

二、"一带一路"周边外交的新特点

2013 年 10 月，在全国周边外交工作座谈会上，习近平主席指出："维护周边和平稳定是周边外交的重要目标。要着力深化互利共赢格局，积极参与区域经济合作，加快基础设施互联互通，建设好丝绸之路经济带、21 世纪海上丝绸之路，构建区域经济一体化新格局。"

2014 年 11 月，在中央外事工作会议上，习近平主席就新形势下不断拓展和深化外交战略布局提出要求，强调要切实抓好周边外交工作，打造周边命运共同体，秉持亲诚惠容的周边外交理念，坚持与邻为善、以邻为伴，坚持睦邻、安邻、富邻，深化同周边国家的互利合作和互联互通，要切实加强务实合作，积极推进'一带一路'建设，努力寻求同各方利益的汇合点，通过务实合作促进合作共赢"。就此，"一带一路"成为维护周边稳定、实现我国外交目标的重要保障和基础。

（一）"一带一路"战略融入了我国新的外交理念

习近平主席强调，我们要坚持合作共赢，推动建立以合作共赢为核心的新型国际关系，坚持互利共赢的开放战略，把合作共赢理念体现到政治、经济、安全、文化等对外合作的方方面面。"丝绸之路"作为人类共同的文化遗产，其所传导的"团结互信、平等互利、包容互鉴、合作共赢"精神是凝聚沿线各国、各族人民合作的重要纽带，是各国人民所共同遵循和认可的理念，"丝绸之路"本身已成为这一精神的标志，这也是其得以流传千古的重要原因。

以先进的价值观引领外交和国际合作是全球性大国的一个重要标志。中国是古"丝绸之路"的发源国，是最有资格倡导丝绸之路各国开展合作的国家。习近平主席提出的"一带一路"倡议将中国的合作共赢理念及价值观与"丝绸之路"沿线国家和人民所共同认可"互学互鉴、和睦共处"的人类共同价值观结合起来，传达了中国和平发展的思想，赢得了国际社会的极大认可与支持，从而形成了中国特色、中国风格、中国气派的经济外交战略，这也是该战略最具创新和最具价值之处，体现了中国作为古"丝绸之路"起源地，传承历史，又不断创新的外交风格。

(二)"一带一路"是我国新型的经济外交

"一带一路"建设"五通"中的"三通"，即贸易畅通、道路联通和货币流通均属经济合作范畴。我国力求通过促进各国之间的贸易往来、相互投资、基础设施互联互通等手段，充分运用国际国内两个市场、两种资源、两类规则，广泛开展经贸技术互利合作，密切各国之间的经济往来，形成深度交融的互利合作网络，逐渐扩大自身的综合影响力。"一带一路"改变了以往国际经济合作与政治外交相脱节的现象，将地缘政治与地缘经济融为一体，形成新型的外交理念。

(三)"一带一路"引入了文化外交的因素

"丝绸之路"历史上一直是东西方文化交流的桥梁，传承了百世流芳的文明故事。"一带一路"建设"五通"中的两通，即"政策沟通"和"民心相通"既承袭了古"丝绸之路"的文明交流功能，又拓展了外交的范围和内容，将政府外交和民间外交有机结合起来。中方强调在坚持不结盟原则的前提下广交朋友，形成遍布全球的伙伴关系网络。扩大人文交流，增信释疑，是加强合作的基础与前提。我们将争取世界各国对中国梦的理解和支持，中国梦是和平、发展、合作、共赢的梦，我们追求的是中国人民的福祉，也是各国人民共同的福祉。

（四）"一带一路"是我国新时期周边经济战略的支撑

纵观世界发展史，在大国崛起过程中，周边经济战略支撑是不可或缺的条件。美国很早就与周边的墨西哥和加拿大建立了北美自由贸易区，形成了稳定的、自由的经济合作环境。在全球金融危机后，美国为了摆脱金融危机的影响大力推进其"两洋战略"，即 TPP（跨太平洋伙伴关系协议）①和 TTIP（跨大西洋伙伴关系协议）。由于美国属于海洋国家，两洋战略便构成其大周边，为其保持全球大国地位提供重要经济支撑。

从俄罗斯的发展历史来看，俄罗斯作为一个大陆国家，构筑以其为核心的周边经济网络一直是其奋斗的目标。为此，在苏联解体以后，俄罗斯一直在大力推动后苏联空间的区域经济一体化，包括独联体自由贸易区以及 2014 年 5 月刚刚成立的俄罗斯、白俄罗斯和哈萨克斯坦的欧亚经济联盟，这些国家均为俄罗斯的周边国家，独联体自由贸易区以及欧亚经济联盟是俄罗斯实现其强国梦的重要周边经济支撑。

中国作为海陆两栖国家，应充分利用海权与陆权的双重优势，构筑自己的周边经济网络。"一带一路"中的 21 世纪海上丝绸之路充分利用中国临海的优势，构建海洋周边经济圈，而丝绸之路经济带则利用中国的陆路

---

① 跨太平洋伙伴关系协议（Trans-Pacific Partnership Agreement, TPP），也被称作"经济北约"。前身是跨太平洋战略经济伙伴关系协定（Trans-Pacific Strategic Economic Partnership Agreement, P4），是由亚太经济合作会议成员国中的新西兰、新加坡、智利和文莱四国发起，从 2002 年开始酝酿的一组多边关系的自由贸易协定，原名亚太自由贸易区，旨在促进亚太地区的贸易自由化。2008 年 2 月美国加入。

优势,构建陆地周边经济圈,因而"一带一路"恰如中国周边的两翼,为中国的崛起提供重要经济支撑,二者结合构成我国周边经济战略,形成了周边外交战略的经济基础与依托。

三、"一带一路"周边外交的新内涵

(一) 周边外交是中国特色大国外交的组成部分

习近平主席在中央外事工作会议强调,新时期中国的外交将具有鲜明的中国特色、中国风格、中国气派。坚持中国共产党领导和中国特色社会主义,坚持我国的发展道路、社会制度、文化传统、价值观念。周边外交作为我国总体外交战略的组成部分也应体现这些精神。

(二) 外交理念——合作共赢与伙伴关系

2014 年中央外事工作会议强调,推动建立以合作共赢为核心的新型国际关系,坚持互利共赢的开放战略,把合作共赢理念体现到政治、经济、安全、文化等对外合作的方方面面。坚持正确义利观,做到义利兼顾,要讲信义、重情义、扬正义、树道义。奉行"讲信修睦"、"合作共赢"、"守望相助"、"心心相印"、"开放包容",坚持不干涉别国内政原则,坚持尊重各国人民自主选择的发展道路和社会制度,坚持通过对话协商以和平方式解决国家间的分歧和争端,反对动辄诉诸武力或以武力相威胁。

要在坚持不结盟原则的前提下广交朋友,形成遍布全球的伙伴关系网络,包括全面战略协作伙伴关系,更加紧密的战略合作伙伴关系,全面战略伙伴关系,战略合作伙伴关系,战略伙伴关系,全面友好合作伙伴关系,全面合作伙伴关系和友好伙伴关系等,结伴不结盟成为中国特色大国外交的理念。

(三) 外交格局——周边外交战略地位凸显

2013 年,在中央周边外交工作座谈会上,习近平主席首次提出了我国的周边外交战略，强调周边对我国具有极为重要的战略意义。我国周边外交战略的目标，就是服从和服务于实现"两个一百年"奋斗目标、实现中华民族伟大复兴，全面发展同周边国家的关系，巩固睦邻友好，深化互利合作，维护和用好我国发展的重要战略机遇期，维护国家主权、安全、发展利益，努力使周边同我国政治关系更加友好、经济纽带更加牢固、安全合作更加深化、人文联系更加紧密。

2014 年 11 月，在中央外事工作会议上，习近平主席阐述了我国新形势下不断发展和深化外交战略布局问题，强调要切实抓好周边外交工作，打造周边命运共同体，秉持亲诚惠容的周边外交理念，坚持与邻为善、以邻为伴，坚持睦邻、安邻、富邻，深化同周边国家的互利合作和互联互通。

（四）外交方式——经济外交与人文外交相结合

我国的新型外交战略强调务实合作，努力寻求同各方利益的汇合点，通过务实合作促进合作共赢。切实落实好正确义利观，做好对外援助工作，真正做到弘义融利。通过广泛开展经贸技术互利合作，努力形成深度交融的互利合作网络。

在开展政治外交和经济外交的基础上，拓展其他外交渠道和方式，包括文化、教育、新闻媒体、智库等，向国际社会提供更多公共产品，贡献更多中国智慧，提出更多中国方案，逐渐提升我国软实力，讲好中国故事，做好对外宣传。

四、"一带一路" 与我国对外开放新格局

（一）"一带一路"提升为全方位对外开放新战略

1. 中共中央十八届三中全会

2013 年 11 月，中共中央召开了十八届三中全会，提出了关于全面深化改革总体部署，其中涉及"构建开放型经济新体制"部分强调"加快同

周边国家和区域基础设施互联互通建设,推进丝绸之路经济带、海上丝绸之路建设,形成全方位开放新格局"。由此可见,"一带一路"已经成为我国新时期构建开放型经济新体制的重要组成部分。

2. 2013 年中央经济工作会议

2013 年 12 月召开了中央经济工作会议,部署 2014 年的经济工作重点,其中一项重要任务是"不断提高对外开放水平",包括"推进丝绸之路经济带建设,抓紧制定战略规划,加强基础设施互联互通建设。建设 21 世纪海上丝绸之路,加强海上通道互联互通建设,拉紧相互利益纽带"。由此可见,"一带一路"成为我国提升对外开放水平的重要依托。

3. 2014 年政府工作报告

2014 年 3 月在全国人民代表大会上,李克强总理在《政府工作报告》中提出了 2014 年全国经济工作重点,其中之一是"开创高水平对外开放新局面",要"在'走出去'中提升竞争力。抓紧规划建设丝绸之路经济带、21 世纪海上丝绸之路,推进孟中印缅、中巴经济走廊建设,推出一批重大支撑项目,加快基础设施互联互通,拓展国际经济技术合作新空间"。由此指出了"一带一路"战略的实施方向与策略。

4. 2014 年中央经济工作会议

此次中央经济工作会议指出 2015 年的主要经济任务,在优化经济发展空间格局时强调,要重点实施"一带一路"、京津冀协同发展、长江经济带三大战略,争取 2015 年有个良好开局。

上述重大事件的演变进程显示,在"一带一路"倡议提出后一年时间里,该倡议逐渐提升为我国新时期外交战略,此后又渐渐成为我国构建开放型经济新体制、提高对外开放水平以及开创对外开放新局面的重要支撑,形成了我国新时期全方位对外开放战略。"一带一路"将外交与经济相融合,相互依托,相互补充,勾勒出新时期我国外交战略与对外开放战略的新思路与构想。

（二）全方位对外开放新战略的内涵

随着我国经济发展以及综合国力和国际竞争力的提升，我国对外开放战略也不断调整。改革开放初期，为了促进国内经济发展，我国提出了"出口创汇战略"。加入世界贸易组织后，随着我国扩大开放的需要又提出了"全方位开放战略"。2010年，伴随经济实力的增强，我国又提出了"互利共赢的开放战略"。全球金融危机后，根据我国和平发展的总目标要求，面对有利于价值链升级的新机遇，我国提出了推行价值链升级导向的对外开放战略。相对于上述战略而言，"一带一路"形成了我们新时期全方位对外开放新战略，主要体现在以下几个多元化。

1. 对外开放战略目标的多元化

从我国对外开放战略的历史演变可以看出，改革开放前30年间，我国的开放战略以促进国内经济发展为目标，政治与外交手段均服务于本国经济发展。而"一带一路"战略则是基于我国的经济现实，充分利用我国已有的经济实力，通过各种经济合作手段，建立稳定、可持续的经济联系，密切与各国的合作关系，从而实现我国的政治、外交、安全等综合利益，维护国家的综合安全。

2. 对外开放区域的多元化

改革开放前30年间，我国的对外开放在地域分布上以东部沿海地区为主，形成了面向海洋的开放格局，发挥了我国临海的优势和海权的作用。"一带一路"开放战略在继续保持我国东部沿海地区扩大对外开放的同时，充分调动我国作为欧亚大陆国家的优势与陆权的作用，向西部地区开放，由此形成东西部并重，陆海联动的开放新格局。

3. 对外开放对象国别的多元化

我国实施沿海开放战略时，由于交通便利，对外开放的对象以发达经济体为主，而丝绸之路经济带所涵盖区域以新兴经济体和发展中国家为主。"一带一路"战略将使我国的开放对象由单一的发达经济体转换为发达经济体与发展中经济体并重的新格局。

4. 对外开放手段的多样化

在对外开放前 30 年，因我国在经济发展水平及技术水平上与发达经济体存在较大落差，我国的对外开放手段以"引进来"为主，即吸引外资，吸收先进技术和管理经验等，取得了巨大成效。随着我国经济实力的提升，我国的对外投资将进入快速上升期，预计 2015 年对外投资规模有可能超过利用外资的规模，从而成为净投资输出国。基于我国的经济实力及与"一带一路"国家之间发展水平的差距，以"走出去"为代表的对外投资将是向西开放的主要手段，"一带一路"的对外开放战略在实施方式上将"引进来"与"走出去"相结合，吸引外资与对外投资并重将使我国新时期对外开放更加全面、更有成效。

第二节 "一带一路"战略的历史使命

"一带一路"作为新时期我国全方位对外开放战略和经济外交战略，将为我国未来的发展提供新契机，创造更为有利的条件。

一、应对周边安全环境的挑战

为了应对中国的崛起，美国推进了亚太再平衡战略，力求重返亚太，其扩大在亚太地区的军事存在对我国的安全构成了新的挑战。与此同时，周边国家对中国崛起的焦虑转变为各种争端，中日钓鱼岛之争、中印边境领土争端、中越南海之争、中菲黄岩岛对峙事件等层出不穷，我国周边安全环境变得异常复杂。在国际事务中，我国面临的问题和挑战也越来越多。习近平主席在中央外事工作会议上指出："要重视各种风险和挑战，善于化危为机、转危为安。"为了消除"中国威胁论"，树立"负责任大国"的形象，"一带一路"通过经济合作拉近与周边国家和其他发达国家的距离，密切相互联系，为我国的和平崛起创造更为广阔的战略空间。

二、实现更广泛的政治经济利益

中国正在走向世界强国的道路上，基于对国际形势、国际格局、国际地位、国家实力、国家利益的认知与评估，我国将"一带一路"建设作为对外开放的战略依托，可争取在世界事务中拥有更大的话语权和主导权。

目前多边贸易体系面临着严峻挑战，中国是全球第一大货物贸易国，应该发挥大国作用，促使国际贸易体系朝着正常的轨道发展。同时，也不能放弃区域性贸易体系的构建，以巩固和扩大中国在周边地区的经济和政治存在。积极推动"一带一路"建设可为中国经济贸易投资发展提供良好的外部环境。"一带一路"战略倡导贸易投资自由化与便利化，提倡互联互通，反对贸易保护主义，代表了广大发展中国家的利益，符合世界贸易组织多边贸易体系的规则，与多边贸易体制相互兼容。

随着中国经济实力的提升，不断激发了国际社会对我国更多地参与国际事务、承担更多责任的期待。中国可以充分发挥对外援助的作用，将对外援助与"一带一路"建设结合起来，为中国的对外开放战略优化升级提供重要推动力量。

三、推动新的国际区域经济合作

全球金融危机之后，经济全球化不断深入，区域经济一体化进程日益加快，以美国为代表的世界主要发达经济体掀起了 TPP 和 TTIP 等新一代自由贸易协定浪潮。而欧亚地区国家多为发展中国家或新兴经济体，基于地缘因素和发展水平的限制难以加入到如此高标准的区域经济合作之中。与此同时，他们迫切希望参与区域经济合作以激活自身发展的内在动力，提升经济发展水平。共建丝绸之路经济带倡议，以中国扩大向西开放为契机,促进与广大欧亚地区国家建立相互融合更加紧密的经济联系,为各国的发展创造新机遇,也为其参与广泛的区域经济合作搭建了新平台。

四、实现地区经济的均衡发展

李克强总理指出,"过去,我国对外开放主要是在沿海地区,内陆和沿边地区对外开放相对滞后。今后扩大开放的最大潜力和回旋余地在中西部地区"。改革开放 30 年来,以沿海开放为代表的国家经济战略重心偏东,人口、经济、基础建设集中于东部地区,经济沿海化,资源与市场海外化,导致我国经济发展对海上通道的高度依赖,已经严重威胁到国家安全。《国家安全蓝皮书:中国国家安全研究报告(2014)》① 中指出,"中国从中东和非洲进口的石油占中国石油进口总量的 80% 以上,能源进口需经过霍尔木兹海峡和马六甲海峡。马六甲海峡水路狭窄,极易封锁,这两处海峡的航路安全却完全受制于人。中国海上石油运输安全问题并未得到根本解决,维护海上咽喉通畅的实力亟待进一步增强。"

经过几十年发展,虽然我国实施了"中部崛起"和"西部大开发"战略,但总体效果不甚理想。我国中西部地区与东部沿海地区经济不平衡状况仍在加剧,2013 年宁夏、青海、甘肃、贵州、新疆、云南和重庆 7 个省区市的 GDP 总和仍低于山东省的 GDP,区域之间经济不平衡不仅制约我国经济的可持续发展,也对未来国家的整体安全构成了挑战。积极推动"一带一路"建设,将激活中西部地区扩大开放的潜力并扩大我国未来经济整体发展的回旋余地,利用全球市场为中国创造新的机遇,全面实施"引进来"和"走出去"相结合的对外开放战略,转变增长方式,为我国经济发展提供更为广阔的空间,有利于实现区域经济的均衡发展。

提升中西部地区对外开放水平客观上要求我国实施全方位对外开放战

---

① 刘慧主编 . 国家安全蓝皮书:中国国家安全研究报告(2014). 社会科学文献出版社,2014 (5).

略。丝绸之路经济带将带动我国中西部地区的对外开放，优化国内区域经济布局，实现各地区经济的协调发展。与此同时，"一带一路"建设可以在我国对外开放的地域上实现向东与向西的平衡，在对象国选择上向发达国家与向发展中国家开放并举，这种全方位的对外开放格局可以使我们充分利用两种资源、两个市场，为我国经济的可持续发展提供资源、技术和市场支撑，为保障我国的国家安全奠定重要物质基础。

"一带一路"倡议是中国以互动式、互利共赢式共同发展的理念引领国际经济合作，与发达国家采用高标准、排他性区域贸易安排不同，"一带一路"强调各国共商、共建、共享，以"五通"的方式形成多层次、多领域、多形式的泛区域经济合作。这种基于发展中国家立场倡导的合作理念与形式展现了中国作为负责任大国的形象，也符合广大发展中国家的利益需求，以建立利益共同体为目标的区域经济合作开创了国际经济合作新模式，将形成多元化的国际经济合作新格局。

第三章　构建丝绸之路经济带面临的机遇与挑战

丝绸之路经济带涵盖欧亚大陆 50 多个国家，总人口 30 多亿，文化、民族及宗教信仰纷繁多样，构建经济带将是一个庞大的系统工程，既面临机遇，也要应对各种挑战，需要采取缜密的部署与措施加以应对。

第一节　构建丝绸之路经济带的历史新机遇

尽管建设丝绸之路经济带面临诸多困难，但同时也应看到，在欧亚地区推进经济合作仍面临前所未有的机遇，机遇仍大于挑战。正如习近平主席在中央外事工作会议上强调的："当今世界是一个变革的世界，是一个新机遇新挑战层出不穷的世界。"未来的机遇主要体现在以下几方面。

一、我国与欧亚地区国家政治外交关系稳定

（一）我国与丝绸之路经济带国家形成了良好的政治外交关系

目前我国与周边及欧亚地区大部分国家建立了良好的政治关系，除个别国家外，基本不存在明显领土争端，且与多数国家已建立了友好伙伴外

交关系。根据外交部的统计，截至 2014 年年底，我国已同世界上 67 个国家、5 个地区组织建立了 72 对不同形式、不同程度的伙伴关系，其中与 20 多个国家建立了"战略伙伴关系"，这些国家大多数集中在丝绸之路经济带上。我国与丝绸之路经济带国家伙伴关系的确定为推进丝绸之路经济带建设创造了良好的政治前提（表 3-1）。

表 3-1　中国与丝绸之路经济带国家签署伙伴关系协定的情况

伙伴关系名称	国　家
全面战略协作伙伴关系	俄罗斯
更加紧密的战略合作伙伴关系	巴基斯坦
全面战略伙伴关系	越南、老挝、缅甸、柬埔寨、泰国、哈萨克斯坦
战略合作伙伴关系	印度、阿富汗、斯里兰卡
战略伙伴关系	乌兹别克斯坦、塔吉克斯坦、土库曼斯坦、蒙古、阿联酋、乌克兰、波兰
全面友好合作伙伴关系	罗马尼亚
全面合作伙伴关系	孟加拉国、尼泊尔
友好伙伴关系	匈牙利

资料来源：中国外交部网站。

（二）我国与丝绸之路经济带国家奠定了良好的经济合作基础

迄今，我国与丝绸之路经济带国家之间已形成了良好的经贸合作关系，建立了必要的法律基础与合作机制。根据 2014 年的《中国商务年鉴》的数据，截至 2013 年年底，我国与丝绸之路经济带所有国家签署了经济贸易协定、投资保护协定和税收协定（安排），为推动相互之间经贸合作奠定了重要法律基础，也为推进丝绸之路经济带建设提供了法律保障。

我国与丝绸之路经济带所有国家建立了双边经贸合作机制，此外还形成了多个次区域经济合作机制或合作协定及合作纲要。中国与俄罗斯和中亚国家建立了上海合作组织区域经济合作机制，与巴基斯坦签署了自由贸易协定，与海湾国家合作委员会启动了自由贸易协定谈判，与中东欧国家签署了《中国—中东欧国家布加勒斯特纲要》和《中国—中东欧国家贝尔格莱德纲要》，与阿拉伯国家签署了《中国—阿拉伯国家合作论坛 2014 年至 2016 年行动执行计划》，这些协定或机制为推动双边、多边经贸合作，以及丝绸之路经济带建设奠定了坚实经济基础。

从经济合作发展潜力看，欧亚地区是能源及矿产资源富集区，这些国家与我国经贸合作互补性强，潜力巨大。近年来，我国与丝绸之路经济带国家的经贸往来快速发展，为未来扩大合作创造了有利条件。目前中国是丝绸之路经济带多数国家的第一或第二大贸易伙伴。据中国海关统计，2013 年，我国与丝绸之路经济带国家的双边贸易额累计达 5 138.3 亿美元，占我国对外贸易进出口总额的 12.4%，相当于同期中美贸易额的规模。与此同时，欧亚地区国家大多为新兴经济体，正处于工业化进程之中，经济发展空间较大，相对于中美贸易，未来我国与丝绸之路经济带国家经贸合作前景更为广阔。

二、我国扩大向西开放与各国向东开放形成呼应

全球金融危机后，新兴经济体都在寻求摆脱危机的出路，多数国家与我国合作意愿日益增强，在全球经济治理方面同我国有相似的利益诉求，对中方倡议的丝绸之路经济带给予了积极回应，截至目前已有沿线 50 多个国家响应参与中方提出的"一带一路"合作倡议。

（一）2014 年博鳌亚洲论坛

2014 年，博鳌亚洲论坛举行了"丝绸之路的复兴：对话亚洲领导人"分论坛，老挝、巴基斯坦、东帝汶三国总理以及泰国前副总理和俄罗斯远东发展部部长阐述了各自的立场。

老挝总理通邢表示："我们全力支持习近平主席在丝绸之路复兴方面的提议，这项目既包括陆地合作，也包括海运合作，不仅对于我们本地区的发展很重要，同时也体现了中国政府致力于积极地参与到区域合作当

中，以及进一步加强亚洲在全球经济推动引擎里发挥的作用。"

巴基斯坦总理谢里夫表示："我们也要感谢习近平主席在去年提出了一个具有远见的'丝绸之路'复兴的设想，并且也激起了每个人对这个话题的兴趣。巴基斯坦位于丝绸之路南端，我们认识到这个愿景的政治和经济的福祉，不管是从规模、还是潜力上都是前所未有的，古老的'丝绸之路'把不同的地区和文明连接在一起，全新的'丝绸之路'将能够进一步推动共同的贸易、经济增长和繁荣。"

东帝汶总理夏纳纳阐述："这样的倡议给我们提供了很好的框架，在这个框架里面，发展中国家有机会期待建设基础设施，包括道路、铁路、港口、电信和石油以及天然气输送管道，很重要的一点是，不光要看到经济、贸易以及基础设施这方面由'丝绸之路'的倡议带来的好处，'丝绸之路'也象征着包容与和平，因为'丝绸之路'支持进一步加强了人文的联系和交流，同时促进思想艺术和文化的交流。"

泰国前副总理素拉杰阐述："考虑到'丝绸之路'现代化意义的丝绸之路给广大国家和人民带来的福祉和全球社会带来的福祉，中国政府和领导层的倡议以及有关努力，必须得到我们全力的支持。这样一种远见卓识也是反映了全球力量重心的转变，全球平衡的重构。"

俄罗斯远东发展部部长加卢什卡阐述了俄方的立场："我们认为新'丝绸之路'的主要吸引力在于它能够加强各国之间的货物贸易和推动交通基础设施的建设及互联互通，这样可以把欧亚地区的运输体系连在一起，俄罗斯在这个过程中可以发挥自己独特的作用，也愿意为这个过程贡献自己的力量，创造良好的条件。"

（二）APEC 会议期间召开加强互联互通伙伴关系对话会

2014 年 11 月 8 日，习近平主席主持"加强互联互通伙伴关系"东道主伙伴对话会并发表重要讲话，倡导深化互联互通伙伴关系，加强"一带一路"务实合作。会后发表了《加强互联互通伙伴关系对话会联合新闻公报》。孟加拉国、柬埔寨、老挝、蒙古、缅甸、巴基斯坦和塔吉克斯坦国家元首或政府首脑表示，"支持丝绸之路经济带和 21 世纪海上丝绸之路（一带一路）倡议。致力于共商、共建、共享'一带一路'。'一带一路'源于亚洲，应以亚洲国家为重点方向，优先关注和实现亚洲的互联互通；以陆路经济走廊和海上经济合作为依托，建立亚洲互联互通基本框架；以交通基础设施为突破，实现亚洲互联互通早期收获；以人文交流为纽带，夯实亚洲互联互通的社会根基"。

（三）　上海合作组织（俄罗斯与中亚）

2014 年 11 月 19 日，上海合作组织成员国经贸部长第十三次会议在哈萨克斯坦首都阿斯塔纳举行，与会各方高度评价习近平主席提出的共建丝绸之路经济带战略，一致表示愿将上海合作组织区域经济合作与该战略进行对接，不断提高区域经济合作水平。

（四）　阿拉伯国家联盟

2014 年 6 月，在北京举行了中国—阿拉伯国家合作论坛第六届部长级会议，会后发表了"北京宣言"，指出"阿方欢迎中方关于建设丝绸之路经济带和 21 世纪海上丝绸之路的倡议，双方愿进一步扩大中阿双边贸易和相互投资"。阿拉伯国家对于参与丝绸之路经济带建设表现出了积极意愿。

（五）　南亚国家

2014 年 2 月，中印举行边界问题会晤，双方表示将合作建设丝绸之路经济带。2014 年 9 月，习近平主席访问斯里兰卡，斯里兰卡总统表示："中国国家主席习近平去年提出的 21 世纪海上丝绸之路构想，对斯里兰卡经济发展具有重要意义，斯方将同中方密切配合并积极参与相关建设，为这条海上区域经济合作走廊增光添彩。"

（六）西亚国家

2014年6月，土耳其外交部副次长洪恩接受中国媒体丝路行采访时指出，土耳其提出了重振丝路的计划，与中国国家主席习近平的倡议不谋而合。2014年7月在中方举办的研讨会上，伊朗驻华大使表示，"伊朗为建设丝绸之路经济带所需要的设施做好了准备，这也表明了伊朗重视中国与西亚的合作"。2014年4月，第四届迪拜国际投资年会期间，阿联酋投资发展局官员表示："赞同中国关于打造丝绸之路经济带的设想，愿意在农业、基础设施建设、新能源、清真食品等领域与中方加强投资和贸易合作。"

2014年6月，中阿合作论坛第六届部长级会议期间，与会阿拉伯国家外长和阿盟官员对习近平主席在论坛开幕式讲话和共建"一带一路"倡议给予高度赞赏。突尼斯外长对中方提出的共建丝绸之路经济带和21世纪海上丝绸之路的倡议表示欢迎。"一带一路"主张，不仅将续写中阿友好历史的华丽篇章，更能使中阿贸易额产生飞跃。阿尔及利亚外长拉马拉认为，习近平主席的此番讲话具有非常重要的意义，将为中阿关系开启新的未来。阿曼外交事务主管大臣阿拉维表示，中国与阿曼的友好关系历史悠久，"一带一路"将使中阿关系进一步深化。阿盟秘书长阿拉比从共建"一带一路"的重要倡议中看到了中国希望以自己的发展帮助发展中国家的真诚。巴勒斯坦外长马立基看来，共建"一带一路"将给阿拉伯国家带来好处。巴林外交国务大臣表示，巴林已经准备好要与中方和其他阿拉伯国家一道见证"一带一路"工程的伟大成功。

（七）中东欧国家

2014年2月，中国与匈牙利签署了《中华人民共和国政府和匈牙利政府关于在新形势下深化双边合作的联合声明》，其中指出："中方实施对外开放政策和匈方奉行的向东开放政策在许多重要方面高度契合。"

2014 年 12 月 6 日，在环球时报社主办的"环球时报 2015 年会：大国皆不易，竞争何太急"上，波兰驻华大使塔德乌什·霍米茨基表示："不管是地处'一带一路'战略两端的国家，还是地处'一带一路'战略覆盖区域的国家，都应该搭上中国经济高速增长的快车。对于波兰而言，'一带一路'战略可以降低中波海关关税，同时也可以使波兰地处欧洲中心的地理位置变为一个优势。我们希望波兰能够作为中欧之间贸易的桥梁，希望未来欧洲与中国的大部分商品往来都经过波兰。"

奥地利驻华大使艾琳娜认为："奥地利位于欧洲的中心地带，是一个内陆国家，不靠近任何海港。因此，奥地利对于发展基础设施非常感兴趣，也对陆上'丝绸之路'这个概念兴趣浓厚。"

以色列驻华大使马腾认为，"一带一路"在未来会给以中两国带来更多的机会。他说："中国是以色列的第三大贸易合作伙伴，我想，在很短的时间内，中国会成为我们第二大甚至是第一大贸易合作伙伴。"

三、我国互利共赢的理念与实践取得示范效应

在国际经济合作实践中发达经济体之间的区域经济合作，发达经济体与发展中经济体的区域经济合作成功者较多，而新兴经济体之间区域经济合作模式成功者甚少，上海合作组织正是少有的、富有成效的区域经济合作范例，在推进区域经济合作方面积累了宝贵经验，对于推进丝绸之路经济带建设将发挥积极作用。

（一）确立了政治经济人文相结合的有效合作模式

自 2001 年成立以来，上海合作组织逐步形成政治安全、经贸合作和人文交流三大支柱，为该组织全面合作奠定了牢固基础。政治安全合作为

经贸合作创造了必不可少的安全环境，而经贸合作又为成员国之间的全方位合作奠定了重要物质基础，人文交流为政治安全与经贸合作提供了良好的社会基础与保障，而后两者又为人文交流提供了必要前提。三者之间互为因果，紧密相连，构成了上海合作组织稳定的合作格局，保障了各领域合作的协调发展。

（二）区域经济合作的法制化和机制化建设取得成效

自上海合作组织成立以来，成员国签署了开展区域经济合作的相关法律文件，即《上海合作组织成员国政府间关于区域经济合作的基本目标和方向及启动贸易投资便利化进程的备忘录》、《上海合作组织成员国多边经贸合作纲要》，《〈多边经贸合作纲要〉实施措施计划》等，明确了区域经济合作的目标、任务和措施。在此基础上成员国还就海关、交通运输、金融合作、电子商务、农业等领域签署了多项合作协议。

为了推动区域经济合作的发展，上海合作组织建立了多个部长会议机制，在经贸部长会议下设立了高官委员会和7个专业工作组。此外，还成立了上海合作组织银行联合体和实业家委员会，形成了比较完善的组织架构，为推进区域经济合作提供了必不可少的组织保障。

（三）确立了符合本区域特点的合作原则

上海合作组织成员国之间经济规模和发展水平差距较大，合作起点较低，面对诸多困难，成员国采取了积极而稳妥的做法，灵活而有效的策略。成员国坚持了"由易到难、循序渐进"、"由双边到多边"的推进策略。面对经济实力相对较弱的国家，中方采取了"互利共赢"的合作原则。与此同时，针对区域内成员国经济发展水平低且资源丰富的特点采取了"投资带动贸易发展"等有效举措，创新了"资源换贷款"等新型融资模式，从贸易投资便利化起步，逐步向大规模经济技术合作发展，最终实现区域内贸易与投资的自由化目标。

在投资方向上，首先选择了成员国能够共同受益的网络型建设项目，如能源网、交通运输网、通信网络建设等，以及成员国具有投资优势的合作领域，如能源资源开发，包括石油天然气开采与运输，农业合作、金融合作等。

经过 10 多年的发展，区域经济合作最大限度地发挥了各成员国的优势，实现了经济互补，无论大国还是小国均在合作中受益，彼此建立了紧密的经济联系。2014 年吉尔吉斯斯坦人均国民收入达到 2 036 美元，进入中等偏下收入国家之列。2014 年塔国人均国民收入将接近 1 937 美元，成为中等偏下收入国家一员。区域经济合作已使经济水平低的国家脱贫，提高了人民的生活水平，给各国人民带来了更多福祉，这对未来丝绸之路经济带建设具有较大的借鉴意义。

第二节　构建丝绸之路经济带面临的严峻挑战

构建丝绸之路经济带面临来自多方的挑战，包括政治、安全、经济等，既有人为因素，也有自然障碍，总体看，主要挑战来自以下几方面。

一、区域安全形势异常复杂

欧亚地区涵盖中亚、南亚和西亚，是国际安全形势最为复杂的区域。这里传统安全和非传统安全因素相互交织、错综复杂，且大国在这一地区角逐异常激烈，对丝绸之路经济带建设形成巨大挑战。

（一）亚洲地区安全形势日趋复杂

亚洲是当今世界涵盖多元文化和复杂矛盾冲突的地区。经济的快速发展并未给亚洲带来稳定，在亚洲经济快速崛起的同时，亚洲的地缘政治板块正在发生着剧烈变革，大国的介入加剧了这一态势，导致各国间相互防范的心理大大增强。从东北亚的朝鲜半岛南北对峙、中日东海之争，到东南亚的中菲、中越南海之争，从南亚印巴矛盾，到阿富汗战争和西亚伊朗核危机，这些热点交替上演，各种安全隐患不定时地发作，其强烈程度甚至超过冷战时期。① 尤其是，2011 年以来的中东北非剧变来势凶猛，中东"阿拉伯之春"② 在西亚北非各国引发的持续震荡，对亚洲安全局势带来重大影响。因社会政治、经济等因素长期孕育的极端主义情绪得以释放，激化成一系列新形式的恐怖和暴力行为，对西亚、中亚各国以及中国西北部的社会稳定与国家安全构成严重威胁。

2009 年美国政府开始实施"重返亚太"战略。经济上，美国着力推动"跨太平洋伙伴关系协定"（TPP），试图通过主导 TPP 谈判构建超强经济圈以孤立中国。在外交上，加强与亚太国家接触交往，凝聚传统盟友，拉拢新伙伴，包括印度、越南和印度尼西亚等国。在军事上，2012 年美国出台了题为《维护 21 世纪全球领导地位，美国防务的优先事项》的文件，标志着美国亚太战略重心开始纵深东移。另外，近来"钓鱼岛争端"以及"南海争端"不仅给我国与日本、菲律宾、越南这些国家的经济合作造成影响，而且使我国周边地缘战略环境更加复杂，不确定性加大。

（二）欧亚地区安全形势出人意料

1. 乌克兰事件的爆发

乌克兰是独联体内第二大经济体，人口约 4 500 万，其经济总量、工农业生产水平、科技发展水平等均仅次于俄罗斯，乌克兰还是俄罗斯最重

---

① 许涛. 共同营造新世纪亚洲和平发展环境的战略创新路——亚信上海峰会后析. 和平与发展，2014（4）.

② "阿拉伯之春"是指自 2010 年年底在北非和西亚的阿拉伯国家发生的一系列以"民主"等为主题的反政府运动。这项运动先后波及突尼斯、埃及、利比亚、也门、叙利亚等国，多名领导人先后下台，其影响之深、范围之广、来势之迅猛引起了全世界的高度关注。

要的贸易伙伴之一。自独立以来 20 多年间，受制于各种内外因素，乌克兰在民主化和国家转型过程中没有形成一个符合国情的政治管理模式，这是乌克兰危机的本质。

乌克兰由于其独特的地理位置一直是大国觊觎的对象。构建由乌克兰参与的欧亚经济联盟一直是俄罗斯的重要战略目标。布热津斯基①曾经直言，"乌克兰是欧亚棋盘上的重要地带……没有乌克兰，俄就不再是一个欧亚帝国，其地缘战略选择将受到极大限制。"美欧也异常看重乌克兰的战略价值，千方百计拉拢乌克兰。乌克兰原定于 2013 年 11 月 28 日—29日与欧盟签署"联系国协定"，以此加快融入欧洲的步伐。但是经过与俄罗斯磋商，2013 年 11 月 21 日，乌克兰政府宣布暂停与欧盟签署"联系国协定"的计划，同时，乌克兰政府指示有关部门恢复与关税同盟及独联体国家关于加强经贸联系的磋商。此后，在 2013 年 12 月 18 日，俄罗斯承诺购买乌克兰 150 亿美元欧洲债券并对乌天然气出口大幅度降价，以此换取乌克兰暂停与欧盟签署"联系国协定"。对于那些希望乌克兰能与欧盟建立更紧密关系的人来说，这不啻为一个打击。乌克兰反对派发起抗议浪潮，乌克兰危机爆发。

克里米亚半岛位于乌克兰南部，是前苏联通向欧洲和世界的海上通道，战略地位异常重要。历史上，克里米亚曾是俄罗斯的领土。1991 年苏联解体时，克里米亚以自治共和国的身份加入乌克兰，并得到了国际社会的承认。俄罗斯对此一直耿耿于怀。2014 年 3 月 18 日，俄罗斯总统普京与克里米亚共和国及塞瓦斯托波尔市正式签署条约，接受其以新的联邦主体身份加入俄罗斯联邦。2014 年 4 月 17 日，俄罗斯、美国、乌克兰、欧盟四方在日内瓦签署促使乌克兰局势稳定的协议，但并未给当地带来稳定和平。欧美国家认为，俄罗斯收回克里米亚破坏了冷战后的秩序，导致欧

---

① 布热津斯基是美国当代著名政治理论家、地缘政治学家、国际关系学者、国务活动家、外交家。卡特政府的国家安全顾问，美国国家安全事务助理（1977—1981），美国重量级智囊之一。

洲安全局势恶化，为此对俄罗斯进行了严厉经济制裁。截至 2014 年底，美欧已对俄连续实施了三轮经济制裁，并未达到预期目的，乌克兰局势并未因西方制裁而有所缓和，相反，乌克兰东部地区紧张局势持续，武装冲突不断。

2. 乌克兰危机对欧洲地区安全形势的影响

乌克兰危机爆发后俄罗斯与西方关系全面倒退，主要大国在欧亚地区的地缘政治博弈日趋激烈。大国之间的地缘政治博弈是乌克兰危机的外部因素。对俄罗斯来说，乌克兰是其西部重要的安全屏障和实现大国复兴的战略支点。普京总统复任后，加速推进欧亚一体化建设，力图在前苏联地区建立起欧亚联盟，乌克兰是其不可或缺的重要一环。在俄美战略力量对比加速失衡、俄欧政治矛盾日益凸显之际，乌克兰的进一步西倾将是俄罗斯难以接受的损失，因此俄罗斯要千方百计地影响乌克兰的国内政治进程和对外政策走向。

美欧也异常看重乌克兰的战略价值。在整个乌克兰危机过程中，美国对反对派给予了大力支持。在这场地缘政治大博弈中，对于美国来说，乌克兰是重要的棋子，对于欧洲来说，乌克兰是自己安全的缓冲区，对于俄罗斯来说，乌克兰是不能割舍的势力范围。大国之间的博弈使乌克兰始终处于难堪的夹缝当中。

目前，乌克兰危机仍在延续，大国之间仍未找到行之有效的解决方案。在大国地缘政治角逐的背后，乌克兰危机更加深刻地反映出欧洲国家面临的"安全困境"。俄罗斯和西方的关系因此在未来 5 年之内将难以改善。美国会重新看待俄罗斯的作用，重新调整在欧洲的战略部署。未来俄罗斯和北约的紧张关系会持续若干年，双方关系的张力也会加剧。乌克兰危机不仅波及俄乌两个当事国，而且已经影响到独联体国家及欧洲国家，多数国家受其拖累，经济明显下滑，对开展经济合作将产生不利影响。

二、欧亚地区大国博弈异常激烈

中亚地区以其丰富的能源资源及独特的地理位置，一直为世界主要大国所关注，各国都力求在中亚地区谋求自身的存在，制定了各自的中亚战略，其中比较突出的是美国、欧盟、日本和俄罗斯的中亚战略。

（一）美国推行"新丝绸之路计划"

"9·11"事件之后，美国利用反恐这一千载难逢的机会，大举向中亚进军，实现了其在中亚地区的军事存在。目前除了土库曼斯坦外，中亚各国都有美国军事力量的存在或影响。2006年以来，美国开始推进"大中亚计划"，以阿富汗为中心发展与包括中亚5国和阿富汗在内的"大中亚"地区国家的伙伴关系。美国力求通过推动中亚和南亚在政治、安全、能源、交通等领域的合作，建立一个由亲美的、实行市场经济和世俗政治体制国家组成的新地缘政治板块，从而实现美国在中亚和南亚的战略利益。

由于各种原因，美国的"大中亚计划"并未取得预期成效，于是2011年美国对此进行了修正，进一步提出了"新丝绸之路计划"。该计划试图通过援助中亚地区国家的基础设施建设，推动实现"能源南下"与"商品北上"的战略目标。通过"经贸与过境"组成的经济链条，使整个地区形成一个经济利益共同体，美国试图利用经济利益影响中亚国家之间的政治关系。该计划的最终目标是在中亚和南亚地区构筑一条由美国主导的经济和能源通道，实现美国在该地区的地缘政治和地缘经济利益。

（二）欧盟积极推行"中亚战略"

1991年中亚5国独立后，欧盟及其各主要成员国迅速与中亚国家建立了外交关系。此后，欧盟立即确立了其中亚政策的框架，这主要包括《合作伙伴关系协定》和《对独联体国家的技术援助》两个机制。前者确立了欧盟与中亚国家双边关系的法律框架，而后者向包括中亚国家在内的 12 个独联体国家提供技术援助，帮助其度过转型期。在 1991—2006 年间，通过该计划欧盟向中亚 5 国提供了总额 6.4 亿欧元的援助，所涉及领域包括环境、电信、能源、司法和国内事务，其中影响较大的是 "欧亚交通走廊" 项目，该项目旨在推动欧洲、高加索和亚洲走廊的贸易和交通，以重振 "丝绸之路"。

2007 年 6 月，鉴于中亚地区形势的变化，欧盟调整了其对中亚的相关政策，颁布了《2007—2013 年中亚战略》。与前一文件相比，该文件更加重视现实需求并具有明显的长期性和战略性。战略目标包括以下三个方面：一是维护地区安全与稳定；二是实现 "千年目标"；三是密切中亚国家间以及中亚国家和欧盟之间的合作关系，特别是在交通、能源、生态和高等教育等领域的合作。欧盟与中亚国家签署了《伙伴关系合作条约》，通过法律形式将欧盟与中亚国家的合作纳入法制化和规范化轨道。

（三）日本的"丝绸之路外交战略"

1997 年，日本桥本内阁提出了 "丝绸之路外交" 新战略，它将中亚及外高加索 8 国统称为 "丝绸之路地区"，并把该地区摆在日本新外交战略中的重要地位。根据该战略，在政治方面，日本将从地缘政治角度出发，谋求在中亚和外高加索这一区域取得重要战略地位。在经济方面，日本抢先占据储量不亚于中东的中亚能源宝库，通过加强政治影响和经济渗透争取该地区能源开发及贸易的主导权。

为了深入拓展与中亚国家的能源合作，保证本国能源进口来源的多元化与供应安全，2004 年日本前外相川口顺子提出了建立 "中亚 + 日本" 外长对话机制。2006 年起草了地区合作行动计划，双方决定加强安全领域及能源领域的合作。在安全方面，日本与中亚国家开展反恐、反毒品走私方面的合作。该计划呼吁中亚四国和阿富汗加强边境管理，防止恐怖主义扩散和毒品交易泛滥。在能源及交通运输方面，日本计划与中亚国家合作建立石油和天然气运输线路，以便绕开俄罗斯的现有公路或者运输管线，将中亚、阿富汗、西亚和南亚连在一起，形成一个和平安定的长廊，即建立"南方之路"，从而有助于确保日本获得更加稳定的能源来源。

（四）俄罗斯大力推进欧亚经济联盟

苏联解体后，独联体国家仍然保持了集体安全条约组织和传统的经济联系，俄罗斯凭借其在独联体区域内的综合优势大力推动区域经济一体化进程。2011 年 10 月，8 个独联体成员国签署了自由贸易协定。同年 7 月俄罗斯、白俄罗斯和哈萨克斯坦启动了 3 国关税同盟运行机制。2014 年 5 月 29 日，3 国又签署了欧亚经济联盟成立协议，决定自 2015 年 1 月 1 日起正式运行 3 方一体化机制。此后，亚美尼亚加入了欧亚经济联盟，吉尔吉斯斯坦和塔吉克斯坦也准备加入欧亚经济联盟。

根据俄罗斯总统普京的构想，2020 年前在独联体空间内将形成由集体安全条约组织为安全保障，以欧亚经济联盟为基础，融政治、经济、外交为一体的区域组织——欧亚联盟，形成以俄罗斯为中心的欧亚大陆一极，与中国和欧盟平起平坐。2014 年乌克兰事件延缓了欧亚联盟建立的进程，加大了其推进难度，独联体一体化进程也面临诸多不确定因素。

三、多层次区域经济合作机制相互交织

目前，在欧亚地区存在多个次区域经济合作组织，其国别构成、区域分布、合作范围与合作机制均存在一定差异，其中比较突出的区域经济合作组织有 8 个。

（一）区域经济合作组织地域分布

1. 在西亚地区有海湾合作委员会、阿拉伯合作委员会

海湾合作委员会成立于 1981 年 5 月 25 日，现有成员国阿联酋、阿曼、巴林、卡塔尔、科威特、沙特。阿拉伯合作委员会成立于 1989 年 2 月，成员国有埃及、约旦、伊朗、也门。

2. 在南亚地区有南亚区域合作联盟

南亚区域合作联盟成立于 1985 年 12 月，成员国有孟加拉国、不丹、尼泊尔、巴基斯坦、印度、斯里兰卡、马尔代夫。

3. 在中亚和西亚地区有中西亚经济合作组织

中西亚经济合作组织是由伊朗、巴基斯坦和土耳其 3 国于 1985 年倡导成立的地区性政府间组织，旨在推动成员国间经济、技术和文化合作。阿富汗、阿塞拜疆、哈萨克斯坦、吉尔吉斯斯坦、塔吉克斯坦、土库曼斯坦与乌兹别克斯坦于 1992 年加入了该组织。

4. 在原苏联地区有独联体自由贸易区和俄白哈关税同盟

2011 年 10 月，俄罗斯、乌克兰、白俄罗斯、哈萨克斯坦、吉尔吉斯斯坦、塔吉克斯坦、摩尔多瓦、亚美尼亚等 8 个独联体成员国的政府总理或代总理签署了建立自由贸易区的协议。2013 年，乌兹别克斯坦加入独联体自由贸易区。2010 年 1 月，俄白哈 3 国关税同盟启动，7 月关税同盟海关法正式生效，时隔一年，3 国间建立了统一海关空间，取消了海关关境。2014 年 5 月 29 日三国签署建立欧亚经济联盟协议，2015 年 1 月 1 日该联盟正式运行，三国力求建立统一的能源市场，运输市场，商品市场，货币市场等。

5. 在欧亚地区还有黑海经济合作区和上海合作组织

黑海经济合作区成立于 1992 年 6 月 25 日，成员国有 9 个：土耳其、阿塞拜疆、格鲁吉亚、俄罗斯、乌克兰、摩尔多瓦、亚美尼亚、罗马尼亚、保加利亚。上海合作组织成立于 2001 年 6 月 15 日，成员国为中国、俄罗斯、哈萨克斯坦、吉尔吉斯斯坦、塔吉克斯坦、乌兹别克斯坦。上海

合作组织还有蒙古、巴基斯坦、伊朗、印度、阿富汗 5 个观察员国，白俄罗斯、斯里兰卡、土耳其 3 个对话伙伴。

上述各次区域经济合作组织之间形成了比较复杂的关系，既有圈中套圈的关系，也有相互交叉的关系。欧亚地区不同国家主导了多个次区域经济合作组织，形成了错综复杂的"意大利面碗"效应，[①] 加大了协调区域经济合作的难度。

（二）合作机制的层次

上述次区域经济合作组织的合作机制不尽相同，按合作水平可分为四个层级。

1. 最高层级为经济联盟

如海湾国家合作委员会 1981 年 11 月，海合会成员国签署经济一体化协议，制定在诸如经济、金融、贸易、海关、旅游、立法和行政等方面的类似规则；促进工业、矿业、农业、水力和畜力的科学技术进步；建立科学研究中心，设立共同投资，鼓励私营部门合作，加强和密切成员国人民之间的联系、交往与合作；在 2010 年确立一共同货币——凯拉米或海元。

2. 第二层级为关税同盟

如俄白哈关税同盟，未来可能吸收亚美尼亚、吉尔吉斯斯坦和塔吉克斯坦加入。关税同盟启动之后，成员国统一关境、对外统一关税税率、对内取消关税和配额限制，推进经济一体化进程。

3. 第三层级为自由贸易区

包括独联体自由贸易区和南亚自由贸易区。南盟成员国在 2004 年签署了《南亚自由贸易协定》，根据该协定，成员国自 2006 年 1 月 1 日起开

---

① 指在双边自由贸易协定（FTA）和区域贸易协定（RTA），统称特惠贸易协议下，各个协议不同的优惠待遇和原产地规则。原产地规则就像碗里的意大利面条，一根根地绞在一起，剪不断，理还乱，这种现象称为"意大利面碗"现象或效应。

始逐步降低关税,7 年至 10 年内关税水平由最初的 30% 左右降至0%~5% 。2012 年 9 月 20 日,独联体 8 个成员国签署的《独联体自由贸易区协议》生效,协议规定减少进出口关税数量、取消等价间接税,加强技术规范、产品鉴定合作,简化海关查验手续,通过推动相互间贸易,促进新增就业岗位,带动经济发展等。

4. 第四层级为一般区域经济合作

如上海合作组织、黑海经济合作区和经济合作组织等。上海合作组织确立了"三步走"的发展目标,即实施贸易投资便利化,深化经济合作,逐步实现区域内货物、资本、服务、技术自由流动。黑海经济合作区侧重于里海和哈萨克斯坦的石油及天然气输送到欧洲的新管道建设问题,还计划建造长达7 200公里的环黑海高速公路,开通黑海地区海运通道,充分挖掘该地区合作潜能,以建立黑海地区国家间的睦邻关系,发展经济与社会领域的合作。

迄今,上述经济合作组织中有些运行效果显著,有些则收效甚微。有些组织自成系统,与其他组织泾渭分明,而有些组织之间相互交错,陷入竞合局面。在未来构建丝绸之路经济带过程中,如何协调各次区域经济合作组织之间的关系,做到求同存异,趋利避害,寻求有效对策,加强互利合作,是迫切需要解决的问题。

四、各国政治体制及经济发展水平差异较大

丝绸之路经济带沿线国家在经济发展水平上存在较大差异,既有经济总量大国,如中国、俄罗斯、印度等,也有经济总量小国,如塔吉克斯坦、吉尔吉斯斯坦等。既有高收入国家,如沙特阿拉伯、阿联酋、俄罗斯等能源出口国,也有低收入国家,如孟加拉国、巴基斯坦等南亚国家。2010 年,中国超过日本成为世界第二大经济体,2012 年,中国对外贸易总额超过美国,成为世界第一大货物贸易国。2013 年,中国 GDP 总额为9. 18 万亿美元,进出口贸易总额高达 4. 16 万亿美元。

（一）俄罗斯与中亚五国经济发展水平存在巨大差异

中亚国家是丝绸之路经济带建设的核心区。以独联体区域内的俄罗斯和中亚 5 国为例，各国之间的经济实力相差悬殊。据 IMF 和 WTO 统计，2013 年，俄罗斯 GDP 总额为 2.12 万亿美元，人均 GDP 为 1.48 万美元，进出口贸易总额为 8 662.7 亿美元。2013 年哈萨克斯坦经济总量为 2 203 亿美元，人均 GDP 为 1.31 万美元；土库曼斯坦和乌兹别克斯坦 GDP 总额分别只有 405.7 亿美元、564.8 亿美元，塔吉克斯坦和吉尔吉斯斯坦的经济规模更小，2013 年塔、吉两国 GDP 总值分别为 85 亿美元和 72.3 亿美元，人均 GDP 分别为 1 062 美元和 1 290 美元，不到俄罗斯和哈萨克斯坦人均 GDP 的十分之一（表 3-2）。

表 3-2　2013 年中亚、西亚和南亚部分国家主要经济指标情况

地区	国家	人口规模（百万）	GDP 总量（亿美元）	人均 GDP（美元）	出口（亿美元）	进口（亿美元）	贸易总额（亿美元）
俄罗斯、中亚五国	俄罗斯	143.5	21 180.1	14 759.6	5 232.9	3 429.8	8 662.7
	哈萨克斯坦	16.8	2 203.5	13 115.9	825.1	488.7	1 313.8
	乌兹别克斯坦	29.8	564.8	1 895.2	126.4	130.0	256.4
	土库曼斯坦	5.2	405.7	7 801.7	180.0	100.0	280.0
	塔吉克斯坦	8.0	85.0	1 062.1	11.6	41.4	53.0
	吉尔吉斯斯坦	5.6	72.3	1 290.2	17.9	60.7	78.6
南亚	印度	1 236.7	18 706.5	1 512.6	3 132.4	4 660.4	7 792.8
	巴基斯坦	179.2	2 387.4	1 332.2	251.5	447.0	698.5
	孟加拉国	147.3	1 412.8	959.1	291.1	363.8	654.9
	斯里兰卡	20.3	658.3	3 247.8	99.5	180.0	279.5

续　表

地区	国家	人口规模（百万）	GDP总量（亿美元）	人均GDP（美元）	出口（亿美元）	进口（亿美元）	贸易总额（亿美元）
西亚	沙特阿拉伯	28.4	7 452.7	26 260.5	3 759.3	1 681.8	5 441.1
	阿联酋	8.3	3 962.4	47 970.3	3 790.0	2 510.0	6 300.0
	伊朗	77.5	3 662.6	4 725.9	820.0	490.0	1 310.0
	伊拉克	33.4	2 293.3	6 866.1	895.5	610.0	1 505.5
	土耳其	76.7	8 272.1	10 785.0	1 517.9	2 516.5	4 034.4
东亚	中国	1 350.7	91 813.8	6 797.5	22 090.1	19 499.9	41 590.0

数据来源：GDP数据来自国际货币基金组织（IMF），进出口贸易数据来自世界贸易组织（WTO）统计数据库，人口数据来自世界银行数据库（World Development Indicators）。

总体上看，由于中亚各国的经济基础不同及能源资源占有量差别明显，现阶段中亚5国经济发展水平差异较大。其中，哈萨克斯坦GDP总量是其他中亚4个国家经济总量的两倍多，土库曼斯坦和乌兹别克斯坦两国经济实力相对较强，发展速度较快。塔吉克斯坦和吉尔吉斯斯坦两国资源禀赋较差，经济结构单一，发展严重依赖外援。多年以来，来自俄罗斯等独联体国家劳务移民的侨汇收入是塔、吉两国外汇的主要来源。由于中亚国家经济差距大，导致各国出于自身经济发展的需要，对开展经济合作的利益诉求各不相同，这将在一定程度上制约丝绸之路经济带建设进程。

（二）西亚国家经济发展水平差异明显

西亚中东国家拥有极其丰富的石油和天然气等资源。据统计，自20世纪70年代至今，中东地区石油和天然气剩余探明储量一直高居全球首位，分别占全球总量的61.5%和40.5%。其中，海合会成员国拥有全球约40%的已探明石油储量和20%的天然气储量。油气出口收入是中东国家外汇收入的主要来源，并且这些国家长期拥有较大贸易顺差，积累了大量的石油美元。沙特阿拉伯、阿联酋、卡塔尔等海合会成员国早已进入世界高收入国家之列。2013年，沙特、阿联酋的人均GDP分别为2.62万美元和

4.8 万美元，进出口贸易总额分别为 5 441.1 亿美元和 6 300 亿美元；卡塔尔的人均 GDP 高达 9.55 万美元，是世界人均收入最高的国家之一。由于战乱及核危机等政治原因，伊朗和伊拉克 2013 年的人均 GDP 分别只有 4 725.9 美元和 6 866 美元，与海合会成员国差距较大。

（三）南亚国家经济发展水平普遍较低

近年来，虽然多数南亚国家经济增长速度较快，如 2011—2012 年，印度经济增速分别达到 7.8%、7.55%，但由于经济基础和自然禀赋较差，人口众多，南亚国家大多数仍处于世界低收入国家行列。据世界银行统计，2012 年，印度和巴基斯坦的人口规模分别达到 12.4 亿和 1.8 亿。2013 年，印度和巴基斯坦人均 GDP 分别只有 1 512.6 美元和 1 332.2 美元，进出口贸易总额分别为 7 792.8 亿美元和 698.5 亿美元。孟加拉国 2013 年的人均 GDP 仅有 959 美元，是世界最贫穷国家之一。

（四）新兴经济体经济增速放缓

受全球经济复苏进程缓慢的影响，新兴经济体经济增速将明显下滑。2014 年 10 月 9 日，国际货币基金组织（IMF）发布《世界经济展望》报告指出，"在新兴市场经济体潜在增长率下降是主导因素。整体而言，预计这些经济体的潜在增长率目前比 2011 年低 1.5%"，预计中国未来增长将呈现小幅度减缓趋势，印度的经济增长率将有所回升，再度超过 5%。俄罗斯不确定的投资前景在乌克兰危机之前就已使经济增长下滑，危机则导致增长前景进一步恶化。"地缘政治风险已变得更加相关。到目前为止，乌克兰危机的影响尚未扩散到有关国家及其邻国以外。中东的动荡尚未显著影响能源价格水平或波动性。但很明显，这种状况今后可能有变化，从而给世界经济带来重大影响"。丝绸之路经济带大多数国家为新兴经济体，经济增速普遍放缓将抑制其需求的增长，进而制约丝绸之路经济带的合作进程与合作成效。

（五）各国政治经济制度差异显著

丝绸之路经济带所涵盖国家的政治经济体制差异较大，有结盟国家，俄罗斯、白俄罗斯和哈萨克斯坦已成为联盟国家，大部分中东欧国家加入了欧盟，还有大量非结盟国家，其行使决策权的机制各不相同。在经济机制上，虽然大部分国家已经加入了世界贸易组织，但仍有些国家徘徊在多边贸易体制之外。大部分国家采用了市场经济发展模式，但也有些国家仍坚持计划调节经济机制，这些差异将在一定程度上对合作机制、合作方式及合作进程产生影响。

尽管存在上述困难和制约因素，但从目前我国周边安全、整体外交形势以及经济发展需要来看，未来 10 年，建设丝绸之路经济带成为我国周边外交战略的重要方向，为此必须统筹谋划，分步实施，力求与该区域内大国和重要邻国达成共识，协力推进。

第四章 构建丝绸之路经济带战略

第一节 丝绸之路经济带战略的内涵

一、战略定位

丝绸之路经济带是我国全方位对外开放战略的重要组成部分，是区域性战略，是从全球视角扩大我国内陆沿边开放的新战略。它是以经济外交为手段，在广阔欧亚地区建立相互融合，经济联系更加紧密的发展空间，密切我国与该区域内各国的合作关系，提高相互倚重程度，实现我国的地缘政治和地缘经济利益。它是我国由区域大国向全球性大国转变过程中实施大国战略的重要支撑，是我国参与全球治理、提出合作理念、制定合作规则，推进制度安排，协调国际关系的试验区，为我国成为全球性大国积累经验、培养人才。

二、战略内涵

将古"丝绸之路"商贸与文化交流的作用提升为经贸合作与人文交流两大支柱，其发展方向既符合现代区域合作的趋势，同时又有别于其他区域合作模式。

（一）经贸合作支柱

经贸合作是丝绸之路经济带建设的硬因素，应由历史上的商贸往来功能拓展为贸易、投资、金融和贸易投资便利化四大合作方向。

1. 加强贸易畅通

丝绸之路经济带总人口近30亿，市场规模和潜力独一无二。各国在贸易和投资领域合作潜力巨大。

2. 扩大相互投资

丝绸之路经济带将突出投资引领合作并带动贸易发展作用，充实合作内容，提升合作水平，实现共同发展。

3. 加强货币流通

各国应在本币结算方面开展合作，力争实现经常项下和资本项下本币兑换和结算，以大大降低流通成本，增强抵御金融风险能力，提高本地区经济的国际竞争力。

4. 推动区域贸易投资便利化

各方应该就贸易和投资便利化问题进行探讨并做出适当安排，消除贸易壁垒，降低贸易和投资成本，提高区域经济循环速度和质量，实现互利共赢。

加强道路联通，打通从太平洋到波罗的海的运输大通道。在此基础上，各方应积极探讨完善跨境交通基础设施，逐步形成连接东亚、西亚、南亚的交通运输网络，为各国经济发展和人员往来提供便利。

（二）人文交流支柱

人文交流是丝绸之路经济带建设的软因素，它由以往的民间交流功能提升为政府与民间两个层次的交往，即政府往来和民间交流。

1. 在政府层面应加强政策沟通

各国应就经济发展战略和对策进行充分交流，本着求同存异原则，协商制定推进区域合作的规划和措施，在政策和法律上为区域经济融合"开绿灯"。

2. 扩大民间往来，即加强民心相通

国之交在于民相亲。搞好各个领域合作，必须得到各国人民支持。加强人民友好往来，增进相互了解和传统友谊，可为开展区域合作奠定坚实的民意基础和社会基础。

人文交流与经贸合作两大支柱应有机结合，人文交流为经贸合作提供保障，经贸合作又为人文交流提供支撑，两者互为因果、互为前提，相互促进，支撑丝绸之路经济带区域合作的协调发展。

三、战略方针

丝绸之路经济带建设将遵循"以点带面，统筹协调，先易后难，逐步推进"的方针。

（一）以点带面推进合作

将丝绸之路经济带划分为若干区域，在各次区域中选择优先合作的重点国家、合作机制与重要领域先行推动，以此为龙头带动整个次区域的经济合作发展。

（二）统筹协调推进合作

协调好境外不同次区域内及彼此之间的合作关系，协调好国际合作与国内对外开放及沿边地区开发开放的关系，协调好国内相关省区与产业的发展关系。

（三）先易后难推进合作

丝绸之路经济带涵盖国家众多，彼此经济发展水平差异较大，经济互补程度不尽相同。基于现状，选择合作难度较低的贸易投资便利化作为起步更为客观，也易于为各国所接受，随着合作的不断深入，再向自由贸易协定推进。

（四）逐步推进合作进程

在空间布局上由近至远，在合作领域上由单一向多元发展，在合作对象上由双边向区域及多边拓展。

四、基本原则

在合作中应遵循互惠互利并突出合作发展的理念，我方倡导，实现互利共赢。

（一）坚持"共商、共建、共享"原则

2014 年习近平主席在中阿论坛发表题为"弘扬丝路精神、深化中阿合作"中提出了，共建"一带一路"应坚持共商、共建、共享原则。共商，就是集思广益，好事大家商量着办，使"一带一路"建设兼顾双方利益和关切，体现双方智慧和创意。共建，就是各施所长，各尽所能，把双方优势和潜能充分发挥出来，聚沙成塔，积水成渊，持之以恒加以推进。共享，就是让建设成果更多更公平惠及各国人民，打造利益共同体、命运共同体。

（二）坚持近期与长远相结合的原则

近期内以贸易投资便利化为起点，逐步加强各国之间的经贸合作关系，消除贸易投资中的各种障碍，从长远看，将构建立足周边，辐射"一带一路"的高水平自由贸易区网络。

（三）坚持贸易与投资相结合的原则

以投资带动贸易发展，将我国的"走出去"战略与欧亚地区国家扩大吸引外资战略相结合，以投资为手段，拓展各国之间的全方位经贸合作关系。

（四）坚持双边与多边相结合的原则

应充分利用现有的双边及多边合作机制，大小国兼顾，采用灵活多样的合作形式，在不同层面推进合作。

（五）坚持共同利益最大化原则

该区域内众多国家利益差异较大，"丝绸之路"是合作的天然纽带，它以共同利益为契合点，将各国以及各次区域经济合作组织联合起来，将共同利益做大做强，最终使各国获得裨益。

（六）坚持以市场经济原则创新合作模式

伴随我国经济体制改革的不断深化，以市场经济原则为基础建立互惠互利的创新合作模式将成为丝绸之路经济带大区域经济合作的客观要求。在未来的合作中，应提出新思路，开发新模式，在各国之间形成利益共享、风险共担的紧密合作关系。

五、战略目标

丝绸之路经济带建设的近期目标是建立利益共同体，长远目标是建立命运共同体。

（一）近期目标——形成利益共同体

落实好正确义利观，本着互惠互利的原则同周边国家开展合作，努力寻求各方利益的汇合点，通过广泛开展经贸技术互利合作，把双方利益融合提升到更高水平。做好对外援助工作，真正做到弘义融利，让周边国家得益于我国发展，使我国也从周边国家共同发展中获得裨益和助力，努力形成深度交融的互利合作网络。

2014年12月6日，中共中央政治局就加快自由贸易区建设进行第十九次集体学习时，习近平主席指出："逐步构筑起立足周边、辐射'一带一路'、面向全球的自由贸易区网络，积极同'一带一路'沿线国家和地区商建自由贸易区，使我国与沿线国家合作更加紧密、往来更加便利、利益更加融合。"

（二）长期目标——命运共同体

基于合作各方的综合利益而言，合作既涉及经济利益，也涉及安全利益等。秉持亲、诚、惠、容的周边外交理念，坚持与邻为善、以邻为伴，坚持睦邻、安邻、富邻，深化同周边国家的互利合作和互联互通。坚持互信、互利、平等、协作的新安全观，推进同周边国家的安全合作。把"中国梦"同周边各国人民过上美好生活的愿望、同地区发展前景对接起来，坚持国家不分大小、强弱、贫富都是国际社会平等成员，坚持世界的命运必须由各国人民共同掌握，维护国际公平正义，特别是要为广大发展中国家说话，让命运共同体意识在周边国家落地生根。

第二节　构建丝绸之路经济带的战略框架

一、总体构想

建设丝绸之路经济带应遵循新时期我国的外交理念，扩大我国在经济外交方面的影响力，在增信释疑的基础上，形成我国扩大对外开放战略新的突破口，培育我国与周边国家区域经济合作的新增长点，巩固我国与西部周边国家及欧亚国家的全方位合作，建立新型的伙伴与经济合作关系，为我国经济的可持续发展创造良好的外部环境，带动并促进我国中西部地区的经济发展，缩小地区之间经济发展差距。

丝绸之路经济带涵盖欧亚大陆，属于泛区域经济合作。为了有效地推进合作，可将广泛的区域划分为四大次区域，以次区域作为载体，将点、线、片连接起来。"点"应体现为国家和各国的重点城市，"线"应包括各种通道及经济走廊，"片"体现为不同的次区域。次区域可将区域内的国家、城市及通道与经济走廊连接起来，同时各次区域之间又首尾相连，最终形成完整的经济带，实现"以点带面，从线到片，逐步形成区域大合作"。

（一）构建丝绸之路经济带的战略布局

丝绸之路经济带依据地理位置、历史沿革以及政治经济联系等因素可划分为四大区域，即中亚、南亚、西亚和中东欧。在构建丝绸之路经济带过程中应率先形成"四个支点、四个辐射面、四条路径"：以上海合作组织为支点，辐射独联体国家；以海湾阿拉伯国家合作委员会（简称海合会）为支点，辐射西亚国家；以中巴经济走廊和孟中印缅经济走廊为支点，辐射南亚国家；以《中国—中东欧国家合作布加勒斯特纲要》为支撑点，辐射中东欧地区。在上述四大区域中中亚地区为核心区、南亚地区为紧密区、西亚地区为延伸区、中东欧地区为拓展区。上海合作组织应为推进重点。

第一个支点为上海合作组织，除中国外，其辐射的独联体国家约为2.9亿人口，总面积约为 2 211 万平方公里，2013 年经济总量近 2.7 万亿美元，进出口贸易规模 1.3 万亿美元。

第二个支点为中巴经济走廊和孟中印缅经济走廊，其辐射的南亚国家总人口接近 18 亿，总面积 580 万平方公里，2013 年经济总量近 2.4 万亿美元，进出口贸易规模为 1 万亿美元。

第三个支点为海合会成员国，其辐射西亚地区。该区域总人口为7 000万左右，总面积近400万平方公里，2013年经济总量近1.5万亿美元，进出口贸易规模为1.2万亿美元。

第四个支点是《中国—中东欧国家合作布加勒斯特纲要》，其将辐射中东欧洲国家。中东欧共16国，总人口1.22亿，总面积133.6万平方公里，2013年经济总量为1.5万亿美元，进出口贸易规模1.6万亿美元。

上述四个区域（包含中国在内）的总面积合计4 287.6万平方公里，总人口合计36.2亿，2013年经济总量合计16.3万亿美元，进出口贸易总规模约为8.6万亿美元，构成了一个庞大的市场（图4-1）。

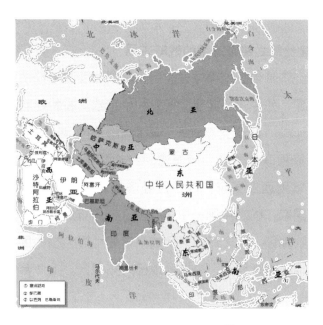

图4-1　亚洲各区域示意图①

（二）构建丝绸之路经济带的路径选择

我国推进丝绸之路经济带建设应由近到远，政治外交并进，大力强化

---

① 百度地图，http：//image.baidu.com/.

经济合作。形成投资与贸易互动发展，逐渐向优惠贸易安排过渡；由次区域合作向区域合作的整合发展。在国内应将中西部地区对外开放与东部沿海地区的结构调整有机结合起来，相互补充，互为依托，全面推进开放进程。

路径一是充分利用上海合作组织平台加强并深化我国与成员国和观察员国的全方位合作。突出投资的引领作用，推动经贸合作全方位发展。

路径二是提升中巴自由贸易安排水平并启动孟中印缅经济走廊合作机制，使其辐射至南亚地区，推动中国与南亚国家的全方位经贸合作。

路径三是加强与海合会成员国的合作。尽早签订自由贸易协定，全面拓展我国与海合会成员国的经贸合作，带动与西亚国家的合作。

路径四是积极落实《中国—中东欧国家合作布加勒斯特纲要》，拓展与中东欧国家的全方位经贸合作，提升合作水平。

推进贸易投资的便利化与自由化应成为丝绸之路经济带建设的基本方向。近中期内应以推进贸易投资便利化为主，同时推动自由贸易协定谈判，着眼于长远发展，应力求建立广泛的自由贸易区网络。在合作中应遵循的主要原则是互惠互利和突出合作发展的理念，以我为主，互利共赢，外交与经济结合，大小国兼顾，双边与区域相结合，贸易与投资结合，在全面推进的基础上突出重点，务求实效。

（三）构建丝绸之路经济带的推进方向

1. 与上海合作组织成员国合作的主要方向

近期内，应通过进一步扩大在该区域的投资巩固我国在这一区域的利益，拓展我国的政治经济影响力。为此，应加快向西开放的国际大通道建设，加强能源以及矿产资源领域的合作，拓展农业领域的合作，开拓加工制造业领域的合作，提升高新技术领域的合作，提高服务业合作水平，推进各类园区建设等。

从长远来看，突出投资和金融合作的引领作用，利用 WTO 多边贸易规则推进区域贸易投资自由化与便利化，提升各国在粮食、能源、交通运输、科技、金融、环保等领域的合作水平，打造区域产业链，推进人民币区域化与国际化进程，逐步建立统一的经贸、投资和物流空间，实现区域经济一体化。

2. 中巴经济走廊和孟中印缅经济走廊的合作方向

深化中巴全方位经贸合作，使其成为中国与南亚国家合作的典范。大力推动中国与斯里兰卡自由贸易谈判并与更多国家商讨签署自由贸易协定问题。重点推进孟中印缅经济走廊建设，加强四国在农林渔牧、矿业、电力和旅游业的合作，继续推进大湄公河次区域经济合作，推动区域内贸易投资便利化和自由化进程，探讨实施更优惠的贸易投资安排。推动中国与南亚国家在基础设施、金融、高新技术和服务贸易等多领域、多层次、多形式的经贸合作。

3. 与海合会的合作方向

重点推进双边的自由贸易协定谈判进程，力争尽早达成相关协议，促进双边全方位合作的发展。应加强能源和矿产资源领域的合作，由资源开发转向全产业链的合作，加快打造合作的支点和基地，建立更紧密的经贸合作关系。大力推动我国与阿拉伯国家以能源为主，基础设施建设、贸易和投资便利化为两翼，核能、航天卫星、新能源三大高新领域为突破口的"1+2+3"合作格局，带动与西亚国家的全方位经贸合作。

4. 与中东欧国家合作的方向

推动我国与中东欧国家在贸易、投资、基础设施互联互通，金融、能源、科技创新、环保等领域的全面合作，加强贸易投资促进和便利化措施，进一步减少贸易壁垒和投资障碍，提升合作水平。

二、战略举措

构建丝绸之路经济带是一项庞大的系统工程，需协调好三大系统之间的关系：一是国外系统，即国际经济合作；二是国内系统，即国内区域布局与发展；三是耦合系统，即国内与国外系统之间的衔接与协调。在三大系统中，国际经济合作是推进的重点与难点，为此需要国内外统筹协调，有序推进。

（一）　与更多国家就丝绸之路经济带建设达成共识

加强高层互访，促进各国之间的政策磋商与协调，增信释疑，切实关注各国的利益诉求，推动双边合作关系的健康发展，尤其应加强与欧亚地区主要国家，包括俄罗斯、印度、哈萨克斯坦、巴基斯坦、土耳其、伊朗、阿拉伯国家、海湾国家、罗马尼亚、波兰等国家的双边协调与沟通，为建设丝绸之路经济带提供良好的政治保障。

（二）　以经贸合作为先导推动经济带建设

1. 大力推进贸易投资便利化，降低贸易投资成本，促进区域贸易发展。提高服务贸易对外开放水平，大力承接周边国家的服务外包业务，拓展旅游、过境运输、教育、文化、医保、物流、IT 等服务产业贸易，扩大服务贸易发展规模。

2. 支持对欧亚地区国家的"走出去"扶持政策，充分发挥对外援助的作用，制定有效实施规划，推动中国与欧亚地区欠发达国家之间的合作。

加快同周边国家和区域基础设施，包括铁路、公路、航空、能源通道、金融通道、通信网络建设，增辟新的铁路及航空线路，充分利用现代信息技术，打造网上丝绸之路，大力发展次区域跨境电子商务合作等新型贸易方式，形成地面与空中相结合、有形与无形相结合的丝绸之路经济带立体互联互通网络。

推动中国—中亚—西亚经济走廊、新亚欧大陆桥经济走廊、中蒙俄经济走廊、中巴经济走廊和孟中印缅经济走廊建设。

3. 加快人民币与周边国家货币的区域交易步伐。创新区域融资保障机制，如中国—阿联酋共同投资基金、中国—欧亚经济合作基金、中国—中东欧投资合作基金、丝路基金及亚洲基础设施投资银行等，为区域内投资项目提供融资支持。加强各国金融机构之间的合作，开拓新的合作领域，探讨新的合作模式，如政府与企业合作模式（PPP）等，鼓励私营部门参与，推进国有企业股份化改造，探讨资源换贷款、资金换市场等新型融资模式。

4. 逐步推进双边和多边优惠贸易安排。对已同我国签署双边及多边优惠贸易安排的国家和地区，应进一步提升制度安排的水平，充实合作内容，拓展合作领域。积极与丝绸之路经济带上的更多国家探讨签署自由贸易协定的可能性。

5. 搭建多种双边及多边贸易投资促进平台，提升经贸合作水平。扩大新疆亚欧博览会、陕西欧亚论坛、宁夏中阿博览会、黑龙江中俄博览会、云南中国南亚博览会以及丝绸之路市长论坛等在该地区的影响力。推动各国友好省、市之间在发展战略、产业规划、资源开发、项目建设等方面加强合作，与周边国家探讨建立丝绸之路经济带相应的合作机制，形成由政府到地方直至民间的丝绸之路经济带多层次立体经贸合作格局。

（三）积极发挥国际及地区组织的作用形成共建局面

加强与联合国开发计划署"亚欧大陆桥"合作机制，亚太经社会、亚行"中亚区域经济合作计划"、博鳌亚洲论坛、亚欧会议等各类国际和地区组织以及相关国际金融机构，包括世界银行、亚洲开发银行、金砖国家开发银行、亚洲基础设施投资银行之间的合作，借助于国际机构的第三方力量，充分利用各自优势，推进区域内各种合作项目以及贸易投资便利化进程，减少项目实施中的政治与经济压力，促进区域互联互通以及经贸往来。

（四）加速推进内陆沿边开发开放并与丝绸之路经济带建设形成有机互动

贯彻落实沿边地区开发开放的相关政策，提升沿边重要口岸的作用。提高边境贸易发展水平。

合理进行国内区域与相关产业布局，深化新疆、甘肃与中亚、西亚、南亚、中东欧国家及俄罗斯和蒙古国的合作，打造西安、重庆、成都等内陆开放型经济战略高地，发挥其经济辐射功能。推进新疆喀什和霍尔果斯两个经济开发区的建设，着力打造我国向西开放的重要门户和次区域合作战略基地。

鼓励企业扩大对外投资，制定分国别的地区贸易和投资政策以及专项规划，加强对企业投资的风险防范和管理。继续扩大境外能源资源开发、农业、高新技术和节能环保以及加工制造业领域的对外投资，形成推动内陆产业集群发展的体制机制。

支持内陆城市增开国际客货运航线，形成横贯东中西、联结南北方对外经济走廊。推动内陆同沿海沿边通关协作，提升通关便利化和综合服务水平。有效整合国际运输通道资源、提高效率、降低成本。适度调整财政和税收鼓励政策，推动丝绸之路经济带建设。

推动以人民币为中心的区域外汇交易市场建设。鼓励各类银行业金融机构在沿边地区设立分支机构，加快推进跨境贸易人民币结算。建立开发性金融机构，积极探讨灵活多样、风险可控的融资和担保模式。加强国内与向西开放有关政府主管部门之间的工作协调，达成共识，分阶段推进。

第五章 上海合作组织——丝绸之路经济带的核心区

第一节 上海合作组织区域经济合作成就及未来发展前景

上海合作组织在丝绸之路经济带建设中占据重要地位。目前，上海合作组织有 6 个成员国（中国、俄罗斯、哈萨克斯坦、乌兹别克斯坦、塔吉克斯坦、吉尔吉斯斯坦），5 个观察员国（蒙古、巴基斯坦、伊朗、印度、阿富汗）和 3 个对话伙伴国（斯里兰卡、土耳其、白俄罗斯），总计 14 个国家，且绝大部分位于"丝绸之路"沿线。2013 年，上海合作组织 6 个成员国 GDP 总量为 11.59 万亿美元，占当年全球经济总量的 15.67%；货物贸易总额为 5.2 万亿美元，占全球货物贸易总额的 13.78%。① 上海合作组织成员国所在区域是古"丝绸之路"三条线路的必经之地，是连接欧亚大陆的主要陆路通道，也是未来丝绸之路经济带互联互通基础设施网络建设的重要节点，因而有效推进该组织区域经济合作对于构建丝绸之路经济带

---

① 根据 IMF 和 WTO 网站公布的 2013 年相关数据计算得出。

意义重大，影响深远。

一、区域经济合作取得重大成就

自 2003 年签署《上海合作组织成员国多边经贸合作纲要》以来，成员国按照"三步走"的发展目标，大力推进区域贸易投资自由化与便利化进程，区域贸易、投资以及自由化和便利化领域的合作取得了明显成效。俄罗斯、塔吉克斯坦已成为世界贸易组织成员，哈萨克斯坦和乌兹别克斯坦正处于入世进程之中，多边贸易体制逐渐成为区域经济合作新的制度性平台。

（一）区域经济规模急速扩大

在经济总量上，2012 年，上海合作组织成员国 GDP 总额达到 10.51 万亿美元，比 2003 年增长近 5 倍，超过了同期全球经济 2 倍的平均增速，在全球经济总量中的比重也由 2003 年的 5.64% 提升至 2012 年的 14.66%，提高近 9 个百分点，成为 10 年间全球经济增长最快的区域之一。

（二）区域贸易规模快速上升

在贸易总量上，2012 年，上海合作组织整体货物贸易额达到 49 029 亿美元，比 2003 年增长 4.5 倍，高于全球同期 2.4 倍的增幅。2012 年，上海合作组织货物贸易额在全球货物贸易总额中的比重也由 2003 年的 7.07% 提升至 2012 年的 13.29%，提高了 6 个百分点，其在全球贸易中的地位明显提升。

（三）区域吸引外资规模迅速提升

从 FDI 流入（存量）看，截至 2011 年年底，上海合作组织区域 FDI 流入（存量）比 2000 年增长了 5.38 倍，大大高于全球同期 2.74 倍的增幅。该区域在全球 FDI 流入（存量）中的比重也由 2000 年的 3.18% 升至 2011 年的 6.24%。

综上所述，10 年来该区域在全球经济中的地位明显提升，成为世界经济发展中的一大亮点，上海合作组织对成员国的吸引力和凝聚力显著增强。尽管由于各种原因成员国尚未就签署自由贸易协定达成共识，而中国与东盟在 2010 年已建成自由贸易区，但 10 年间，中国与上海合作组织成员国贸易额及投资额的增速分别达到 6.27 倍和 70.94 倍，超过了同期中国与东盟 10 国贸易额 5.11 倍及投资额 36.56 倍的增速，在投资方面的成就更为突出，因而上海合作组织 10 年区域经济合作取得了超乎预期的成就。

二、区域经济合作面临的新形势

2013 年以来，受全球经济持续低迷、国际市场需求萎缩的影响，上海合作组织部分成员国经济增幅明显放缓，成员国之间贸易增速下滑，但是投资作为区域经济合作的新动力呈现加速发展趋势，区域经济合作整体上仍保持良好发展态势。

（一）区域贸易增幅明显放缓

2013 年全球金融危机的持续性影响仍不断蔓延，尽管部分发达国家经济形势有所好转，但主要经济体和地区经济发展出现新的不平衡，世界经济仍处在深度调整转型期，继续维持低速增长。低迷的全球经济前景导致国际市场大宗商品价格不断走低，加之发达经济体需求不振，对上海合作组织成员国经济发展构成一定冲击。2013 年除个别国家外，大多数成员国的经济增速基本与 2012 年持平或略有下降，区域整体经济发展呈现缓慢增长态势（图 5-1）。

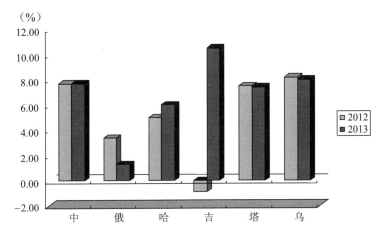

图 5-1　2013 年上海合作组织成员国 GDP 增幅比较

资料来源：中国"wwww. stats. gov. cn"2014 年 1 月 20 日发布；俄罗斯"www. economy. gov. ru"2014 年 2 月 7 日发布；哈萨克斯坦"www. kz. mofcom. gov. cn"；吉尔吉斯斯坦"www. kg. mofcom. gov. cn"；塔吉克斯坦"www. tj. mofcom. gov. cn"；乌兹别克斯坦"www. uz. mofcom. gov. cn"。

1. 区域贸易呈低速增长态势

2013 年，上海合作组织各成员国对外贸易增幅明显放缓,除中国外,其他 4 国对外贸易增幅均低于 2012 年的发展水平,其中,哈萨克斯坦和塔吉克斯坦对外贸易增幅分别为 −1.1% 和 2.9% ,为金融危机后 5 年内的最低水平（图5-2）。

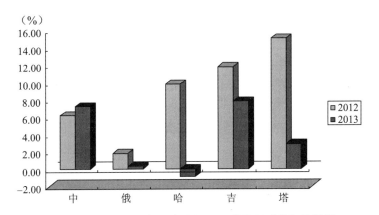

图 5-2　2012—2013 年上海合作组织成员国对外贸易增幅

资料来源：同图 5-1。

近10年来，上海合作组织成员国之间经济联系日益密切，已成为主要贸易伙伴，一国经济与贸易的波动必然对双边贸易，以至区域整体经济与贸易的发展产生一定影响。中国和俄罗斯作为区域内主要经济体，其产业结构与经济发展方式的调整直接引起对传统大宗进口商品需求的变动，并波及双边贸易发展，这在中俄贸易和中哈贸易中尤为明显。受此影响，2013年，中国与上海合作组织成员国的贸易规模增幅较此前明显放缓，贸易总额达到1 237.29亿美元，同比仅增长4.63%，这与2010年和2011年30%以上的年增速形成较大反差（图5-3）。

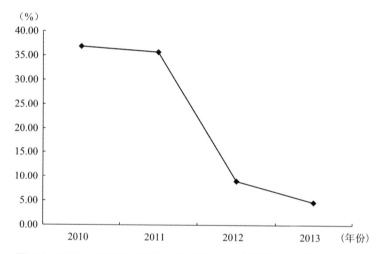

图5-3　2010—2013年中国与上海合作组织成员国贸易规模增幅变化

资料来源：中国海关统计月报，2010—2013年第12期。

2. 区域贸易出现结构性不平衡

尽管总体上中国与上海合作组织成员国贸易增幅明显回落，但区域内双边贸易状况差异较大。中国与中亚4国的贸易总额达到355.35亿美元，同比增长13.13%，超过了同期中国对外贸易7.6%的增幅。而中俄双边贸易仅为881.58亿美元，同比增长1.1%，低于同期中国对外贸易增幅。在区域整体贸易增幅放缓的形势下，中国与中亚国家贸易依然保持了强劲增长态势，与中俄贸易低速增长形成鲜明对比。

从进出口增幅看，2013 年中国对其他 5 个成员国的出口达到 716.98 亿美元，同比增长 12.62%，高于同期中国全年出口平均 7.9% 的增幅，因而该区域仍是中方扩大出口的重要市场，具有较大发展潜力。相比之下，中国自 5 国的进口为 577.55 亿美元，同比下降 3.85%，低于同期中国全年进口平均 7.3% 的增幅。自 2013 年以来，中国经济进入调整期，转变经济增长方式，调整产业结构，压缩过剩产能导致中国自成员国原材料性商品进口明显下降，波及钢材、化工产品和木材等传统大宗进口商品。着眼于未来发展，培育新的贸易增长点将是扩大区域贸易规模的重要任务。

3. 成员国之间贸易联系依然密切

2013 年，尽管上海合作组织区域整体贸易增幅放缓，但是成员国之间多年来形成的紧密贸易联系并未受到明显影响，区域总体贸易格局也未发生变化。成员国之间仍互为主要贸易伙伴，区域经济合作的成就仍不断延续（表 5-1）。

表 5-1　2013 年上海合作组织成员国主要贸易伙伴排名

国　别	主要贸易伙伴（依照贸易额排列）
中国	欧盟、美国、东盟、中国香港、日本
俄罗斯	中国、荷兰、德国、意大利、乌克兰
哈萨克斯坦	中国、俄罗斯、意大利、荷兰、乌克兰
吉尔吉斯斯坦	俄罗斯、中国、哈萨克斯坦、瑞士、土耳其
塔吉克斯坦	俄罗斯、哈萨克斯坦、中国、立陶宛、美国

资料来源：中国 "www.stats.gov.cn" 2014 年 1 月 20 日发布；俄罗斯 "www.economy.gov.ru" 2014 年 2 月 7 日发布；哈萨克斯坦 "www.kz.mofcom.gov.cn"；吉尔吉斯斯坦 "www.kg.mofcom.gov.cn"；塔吉克斯坦 "www.tj.mofcom.gov.cn"；缺少乌兹别克斯坦的相关信息。

（二）区域投资保持快速增长

投资带动贸易发展一直是上海合作组织区域经济合作的重要方针，各成员国对扩大区域内投资给予极大关注。在全球经济持续低迷的背景下，区域内投资的快速增长成为合作的一大亮点。2013 年 9 月，中国国家主席习近平访问中亚4国为该区域带来新的投资高潮，也为促进成员国之间的经贸合作，实现区域经济合作的持续稳定发展奠定了重要基础。

1. 区域投资规模迅速扩大

根据联合国贸易和发展组织发布的《2013年世界投资报告》，2012年上海合作组织成员国吸引外资的流量总计1 879.74亿美元，中、俄、哈三国对外投资总量达到1 367.98亿美元。尽管受全球金融危机影响，上合组织成员国吸引外资和对外投资规模较2011年分别下降了3.68%和6.39%，但仍高于世界平均水平，即 - 18.21%和 - 17.21%。中国和俄罗斯入围全球十大外国直接投资目的地国，分别排在第二和第八位。与此同时，中俄两国在世界十大对外投资来源国中居于第三和第八位。由此可见，该区域不仅成为吸引外资的重要区域，也逐渐成为对外投资的重要来源地。

2. 成员国之间相互投资不断增长

中国与俄罗斯对外投资能力的提升为扩大区域内成员国之间的相互投资创造了有利条件。根据《2012年度中国对外直接投资统计公报》[1]，2012年，中国对上海合作组织成员国的非金融类直接投资总额达到41.76亿美元，比2011年增长2.69倍。在中国对外直接投资最大的20个国家中，哈萨克斯坦居第三位，俄罗斯居第十七位，中国对两国的投资占同期中国对外非金融类直接投资总额的4.3%，接近中方对美国的投资。2013年9月，习近平主席访问中亚4国期间，中哈签署了总计300亿美元的合作协议，中乌签署了150亿美元的经贸合作协议，中吉签署了30亿美元的合作协议，总计达480亿美元。

据吉方统计[2]，2013年，中国成为吉第一大外资来源国，投资额4.55亿美元，占其吸引外资总额的45.8%，俄罗斯和哈萨克斯坦是吉尔吉斯斯

---

[1] 《2012年度中国对外直接投资统计公报》，商务部、国家统计局和国家外汇管理局联合发布，2013年9月。

[2] 中国商务部驻吉尔吉斯斯坦大使馆经济商务参赞处，http://kg.mofcom.gov.cn。

坦的第四和第五大投资来源国。另外，俄罗斯是乌兹别克斯坦的最大投资伙伴。近6年来，俄罗斯企业在乌兹别克斯坦的投资总额累计达60亿美元。俄乌两国在能源领域合作发展迅速，乌兹别克斯坦与俄罗斯68个联邦主体保持经贸合作关系。

3. 非资源领域成为新的投资热点

近年来，伴随区域投资的拓展，非资源领域的投资项目逐渐增多，投资规模不断扩大，成为新的投资热点。2013年9月召开了上海合作组织粮食安全研讨会，成员国就"加强农业产业化合作，共同保障粮食安全"达成共识。同期还召开了科技部长会议，决定将成员国之间的合作向农业和科技领域延展。2012年，在中国对俄罗斯的非金融类直接投资中，农业、租赁业和商务服务业以及制造业成为主要投资行业，对这些产业的投资占同期中国对俄非金融类直接投资总额的75.5%。①

2013年，中国企业在哈萨克斯坦实施风能、太阳能开发。在交通和通信领域，哈萨克斯坦国家铁路公司与江苏省连云港市政府签署了通过连云港码头出口货物的合作协议，合作建设"达斯德克—阿拉山口"和"霍尔果斯—阿尔德科尔"铁路。中哈还将建立联合农业合作示范区，在和平探索并利用宇宙空间等领域开展合作。

截至2013年年底，在乌兹别克斯坦境内的中资企业总计455家。中国金融机构对乌兹别克斯坦的贷款达45亿美元，主要用于乌方的教育、医疗、能源、交通、通信等领域的合作项目。中乌两国就在吉扎克工业园实施高技术合资项目达成14项协议，中乌挖泥船项目已正式启动，乌兹别克斯坦安格连电站燃煤机组建设项目也取得积极进展。

2013年，中方在吉尔吉斯斯坦的主要投资行业中原油加工业已升至第二位，占投资总额的16.9%，对促进吉国经济发展发挥了积极作用。此

---

① 《2012年度中国对外直接投资统计公报》，商务部、国家统计局和国家外汇管理局联合发布，2013年9月。

外，基础设施建设也成为投资的重点领域。在吉尔吉斯斯坦正推动"奥什—萨雷塔什—伊尔克什坦"公路、"比什凯克—纳伦—吐尔尕特"公路、"奥什—巴特肯—伊斯法纳"公路，以及"南部电网改造"、"达特卡—克明"输变电线等项目。在吉南部承建的住宅楼项目已正式竣工。

2013 年，中方投资 30 亿美元吸收塔吉克斯坦参与中土天然气管道 D 线建设。华为公司在塔方首都实施了"安全城市"项目。此外，两国在水能、建材工业、农业等领域确立了一系列合作项目。中方在塔吉克斯坦建成了丹加拉小学，为解决塔方的民生问题做出了贡献。

（三）稳步推进贸易投资便利化进程

贸易投资便利化一直是上海合作组织区域经济合作的主要方向之一，在 2013 年成员国在该领域合作也取得了显著成效。

1. 海关程序更加便利

2013 年 8 月，上海合作组织成员国海关合作工作组举行了第 21 次会议。各方讨论了知识产权保护、打击走私、开展成员国风险管理制度合作等问题，并协商了加强海关部门合作的文件草案。

2013 年，哈萨克斯坦政府大力推进了电子口岸建设，探讨开展电子申报试点并逐步过渡到进出口货物完全实现电子申报制度。哈国海关实施了"绿色通道"计划，诚信守法企业的货物在口岸通关时间将不超过 100 分钟。企业在口岸通关后，可尽快将货物运抵指运地海关，指运地海关在 1 天之内完成货物清关手续。同年 12 月，中哈巴克图—巴克特口岸农产品快速通关"绿色通道"正式开通。

2013 年 6 月，吉尔吉斯斯坦海关总署与中国检验认证集团签署了《关于通过信息交换简化中吉外经贸商品过境海关程序的协议》。自 2013 年 8 月 1 日起，中国检验认证集团向中方对吉出口商品进行质量检验，并根据检验情况颁发合格证。对拥有上述检验合格证的商品，在通过中吉"吐尔尔特"和"伊尔克什坦"口岸时，吉海关将简化检查程序或免检。对于无中方检验合格证的商品，吉海关将加大查验力度。

2. 交通运输便利化

2013年11月，上海合作组织经贸部长会议框架内发展过境潜力工作组举行了会议，各方研究了发展上海合作组织成员国交通基础设施和过境运输问题，商定将采取切实措施落实在专业工作组活动中遴选的交通合作项目。各方还就《上海合作组织成员国政府间国际道路运输便利化协定》草案交换了意见。另外，2013年，首条西安至哈萨克斯坦阿拉木图的国际货运专列正式开行，全长3 860公里，历时6天。这趟班列成为中国通往中亚各国最便捷的货运线路之一，货运时间比公路缩短了20多天。

2014年9月，上海合作组织成员国元首理事会第十四次会议期间，6国代表共同签署了《上海合作组织成员国政府间国际道路运输便利化协定》（简称《协定》）。《协定》签署后，上合组织6国将逐步形成国际道路运输网络。《协定》赋予各当事方道路运输承运人和车辆在许可证制度下，按商定的线路从事跨境和过境运输的权利，倡导各方协调和简化国际道路运输文件、程序和要求，并成立国际道路运输便利化联合委员会，协调处理合作中出现的问题。

各方商定了6条连接中、哈、俄、塔、乌、吉6国的运输线路，所有线路将在不晚于2020年前开通，可初步形成上合组织成员国道路运输网络，为有关成员国之间开展跨境运输和过境道路运输打下基础，为内陆成员国利用出海口创造了条件。其中，中国连云港—哈萨克斯坦—俄罗斯圣彼得堡的线路全长9 400多公里，构成了连接亚欧大陆的主要道路运输通道。中方承诺的境内运输线路全长6 669公里，长度居各国之首。

《协定》规定，非上合组织成员国也可申请加入，这将惠及其他周边国家，其开放性为整个中亚及周边地区国家开展国际道路运输合作提供了有效的法律基础和保障。

3. 人员往来便利化

经过多年的合作，成员国之间在人员往来签证管理便利化方面有所突破。俄罗斯联邦政府制定了俄出入境管理法修正案，放宽对乘火车游客的入境签证限制。乘坐火车入境的外国游客在俄滞留不超过 72 小时，无须签证。俄罗斯官方表示，72 小时免签制将不仅针对外国游客，可能还扩展至有回程机票的任何外国公民。中国列入首批免签证国家，这将促进两国之间的人员往来。

三、区域经济合作发展的机遇与挑战

总体来看，未来上合组织区域经济发展将面临复杂的内外部环境，安全问题仍是制约区域经济合作的主要外部因素。2014 年，美国撤离阿富汗后区域内的安全形势将变得更为复杂，不可预测性逐渐加大。若从区域经济发展角度看，未来既有机遇，又面临前所未有的挑战。

（一）未来区域经济合作发展面临的不利条件

1. 成员国经济增速放缓制约区域经济合作发展

根据国际货币基金组织（IMF）2014 年 10 月份发布的《世界经济展望》报告，[①]2015 年的全球增长预测为 3.8%。另外，发达经济体可能出现经济停滞、潜在增长低迷的情况，新兴市场的潜在增长率可能下降。短期内，地缘政治紧张局势的加剧可能会持续下去，受其影响国家的经济复苏将受到制约。特别是俄罗斯和独联体国家的经济疲软反映了地缘政治紧张局势对外国投资、国内生产与信心的影响。

根据该报告，IMF 对上海合作组织成员国 2014 年的经济增速做出了调整，均比 2013 年有所下降。2014—2015 年，IMF 预测中国的经济增速分

---

① IMF, World Economic Outlook, October, 2014.　www.imf.org.

别为 7.4% 和 7.1%；俄罗斯的 GDP 增速分别为 0.2% 和 0.5%，远低于 2013 年的 1.3%；哈萨克斯坦的 GDP 增速分别为 4.6% 和 4.7%，也低于 2013 年的 6%；2014 年，吉尔吉斯斯坦、塔吉克斯坦和乌兹别克斯坦的经济增速分别为 4.1%、6% 和 7%，均低于 2013 年的水平。成员国各自的经济发展一直是拉动区域经济增长的内在动力，而各国经济增速继续放缓，将对区域经济合作构成新挑战。

未来中国经济进入转方式、调结构、促升级的新阶段，俄罗斯和哈萨克斯坦政府也提出了建立创新型国家的发展目标，顺应各国经济转型升级的要求，区域经济合作的方式及方向也需要进行调整，以便利用各国经济调整的机遇带动并促进区域经济合作的发展。

2. 欧亚经济同盟的发展加大了区域经济合作难度

2013 年年底，俄罗斯总统普京在欧亚经济委员会最高理事会会议上表示，欧亚经济联盟条约草案于 2014 年 5 月签署，2015 年 1 月 1 日欧亚经济联盟将正式启动。条约草案明确了该联盟的国际法地位及经济协作机制，确保联盟成员国间货物、资本和人员的自由流动，并对关键产业实行统一的产业政策。俄白哈 3 国代表就欧亚经济联盟条约关于贸易政策、税收政策、金融领域、农工综合体以及工业政策等大部分内容达成重要共识，即 3 国一体化进程必须分阶段进行，且建立在互利经济合作基础之上。

目前吉尔吉斯斯坦正处于加入欧亚经济联盟的进程之中，塔吉克斯坦也提出了申请，由于吉尔吉斯斯坦和塔吉克斯坦同时又是上海合作组织成员国，其双重身份导致上海合作组织出现圈中套圈的局面，形成"4＋2"的格局，欧亚经济联盟的一体化程度高于上海合作组织，二者之间的运行规则不尽相同，如何协调二者之间的关系将使上海合作组织面临巨大考验。

吉尔吉斯斯坦和塔吉克斯坦加入欧亚经济联盟后，因其现行关税水平低于欧亚经济联盟的关税水平而被迫上调进口关税，并同时改变其相关的贸易政策，而吉尔吉斯斯坦作为世界贸易组织成员将面临较其他成员国更大的外部压力。在入盟之后，吉尔吉斯斯坦与第三国贸易额短期内将明显下降，其中包括与中国的双边贸易状况将可能恶化，这不仅不利于双边贸易发展，也不利于区域整体的合作进程。在外部经济环境萧条、自身经济发展困难重重的形势下，这对于吉尔吉斯斯坦无疑是雪上加霜。如何走出困境不仅是吉尔吉斯斯坦自身面临的问题，也是各成员国不得不面对的现实。

（二）未来发展面临的有利条件

上海合作组织区域经济合作经过 10 年初创阶段后，目前已进入调整期，未来成员国将进一步拓展合作领域，创新合作方式，完善合作机制。此时丝绸之路经济带问世，为上海合作组织区域经济合作提供了更为广阔的发展空间。上海合作组织以其特有的地位成为丝绸之路经济带建设的重要平台，深化该组织区域经济合作将带动更多发展中国家以及新兴经济体参与丝绸之路经济带区域经济合作，并为此提供合作经验与典范。

1. 共建丝绸之路经济带已成为各国共识

10 年来，上海合作组织成员国，特别是中亚国家通过区域经济合作有力促进了经济发展，改善了本国的基础设施状况，调整了产业结构，提高了人民生活水平，获得了实实在在的利益，区域经济合作受到成员国的普遍好评，互利共赢战略取得了成效。成员国由最初对上海合作组织区域经济合作抱有疑虑转变为积极评价区域经济合作效果，并将上海合作组织视为与中方开展合作的重要平台，对上海合作组织区域经济合作寄予越来越大的希望。

2013 年 9 月，习近平主席在出访中亚时提出了"用创新的合作模式，共同建设丝绸之路经济带"的重大倡议，得到了相关各国的积极响应和广泛共识。哈萨克斯坦前第一副总理杰列先科强调，共建丝绸之路经济带为欧亚地区国家乃至世界提供了新机遇。上海合作组织的合作成就使更多国家看到了丝绸之路经济带建设的光明前景，也坚定了各国积极参与合作的信心。在 2013 年 10 月举办的"丝绸之路国际大会"上，土耳其官方表示，建设新"丝绸之路"对本地区国家来说是一个重大机遇，土方在 21 世纪要以振兴"丝绸之路"作为优先发展目标，积极发展包括中国在内的地区性合作，在经贸、文化、旅游等方面开展全方位合作与交流。参会的阿富汗、阿塞拜疆和格鲁吉亚官方代表也表示要联合行动，积极投入到新"丝绸之路"的建设事业中。

2. 共建丝绸之路经济带为上海合作组织区域经济合作开辟了新空间

目前上海合作组织成员国都处在发展的关键时期，各方合作正从自然资源和初级产品贸易拓展到装备制造业、产业园区等领域的深度合作。中国基础设施建设经验丰富，装备制造能力强，产品性价比高，帮助各国提升产业发展水平，调整经济结构，为加强与各国的非资源领域合作提供重要条件，由此为上海合作组织区域经济合作指出了新方向、开辟了新领域。

上海合作组织成员国所在区域是古"丝绸之路"的必经之地，是连接欧亚大陆的主要陆路通道，也是丝绸之路经济带互联互通基础设施网络建设的重点所在。中亚国家均为内陆国家，利用独特的地理位置发展过境运输以促进经济发展是其重要的利益诉求，丝绸之路经济带倡导的道路联通可以帮助中亚国家实现这一愿望。

李克强总理在上海合作组织总理第十二次定期会晤上发出号召，"中方愿设立面向本组织成员国、观察员国、对话伙伴国等欧亚国家的中国—欧亚经济合作基金，欢迎各方参加"。这为上海合作组织区域经济合作的深化，扩大成员国、观察员国及对话伙伴国之间更广阔区域的合作创造了新机遇。

四、区域经济合作发展的重要方向

贸易、投资和贸易投资便利化一直是上海合作组织区域经济合作的基本方向。着眼于未来发展，上海合作组织成员国应充分利用丝绸之路经济带建设的新机遇，进一步提升贸易投资便利化水平，扩大相互投资，充分挖掘互补性潜力，拓展合作领域，共同促进产业转型升级，使区域经济合作成为带动各国经济发展的火车头。

（一）扩大相互贸易

大力推广电子商务等新型贸易方式。以投资带动贸易发展，通过在中亚国家开展投资和经济技术合作带动我国机械设备、高新技术产品出口。促进我国与哈萨克斯坦、乌兹别克斯坦原油、天然气贸易顺利开展，并扩大自中亚国家进口农产品等当地的优势产品。大力发展运输、旅游、教育、文化等领域的服务贸易，使其成为区域贸易新的增长点。

（二）扩大区域投资

中国与其他成员国将启动新版投资保护协定谈判，为区域投资奠定良好的法律基础。根据《〈上海合作组织成员国多边经贸合作纲要〉落实措施计划》和《2012—2016 年上海合作组织进一步推动项目合作的措施清单》，扩大金融、银行、科技、创新、能源包括替代和可再生能源利用以及海关、农业、交通、电信等领域务实合作。

1. 深化能源合作，加强石油炼化、成品油加工、煤化工等能源加工领域合作，同时推进风能、太阳能、水电等新能源项目，共同维护能源安全。

2. 加强本组织区域内公路、铁路和航空交通合作，包括实施改造和新建交通基础设施项目，实现区域内互联互通。继续完成中国—中亚石油和天然气管道建设，塔中公路二期项目建设，推动中亚地区输变电线路铺设，推动"渝新欧"国际货运班列顺利运行。推动中哈巴克图—巴克特口岸农产品快速通关"绿色通道"顺利运营。加强成员国之间在物流领域的合作，充分发挥连云港作为欧亚大陆桥起点和枢纽的作用。为了有效利用本地区的过境运输潜力，可以推动新建综合国际联运物流中心。

3. 鼓励中国企业积极参与各成员国的非资源领域合作，实施一批民生项目。拓展在纺织、化工、设备制造等领域的投资。

4. 加强成员国在农业领域的合作，探讨建立统一的粮食和农产品信息平台，推动建立上合组织粮食安全合作机制。中方计划出资 5 000 万美元用于上合组织农业技术推广和人员培训，制定农业高新技术开展粮食原料有机生产工艺的基础科学和应用科学联合研究，制定农业高新技术合作项目。

（三）加强区域金融合作

进一步发挥好上海合作组织银行联合体的作用，尽快建立上合组织框架内项目融资保障机制，以促进经济增长，扩大成员国间经贸联系。继续推动上海合作组织开发银行和专门账户的建立，推动人民币在与各成员国贸易结算中的运用，为贸易和项目融资提供便利。上合组织成员国应进一步扩大货币互换和本币结算。启动中国—欧亚经济合作基金首批项目遴选，并设立双边子基金，支持区域内合作项目实施。

（四）进一步推动区域内的贸易投资便利化进程

加强政策协调，减少贸易和投资壁垒，进一步扩大市场准入，提高通关效率，切实使商品、技术、信息、人员往来更加通畅，创造条件实现上海合作组织框架内的自由贸易。

加强本组织区域内公路、铁路和航空交通合作，包括实施改造和新建交通基础设施项目。积极落实《上海合作组织成员国政府间国际道路运输便利化协定》，有效利用现有交通基础设施，提高过境运输潜力。

各成员国应在通关、检验检疫等方面简化手续，尽快落实《上海合作组织成员国海关关于发展应用风险管理系统合作的备忘录》和《上海合作组织成员国海关执法合作议定书》中的相关内容，提升海关合作水平，为通关便利创造条件。

面对区内外复杂的形势，上海合作组织成员国应将中方提出的丝绸之路经济带与各国的发展战略有机结合，建立上合组织与欧亚经济委员会对话机制，聚共识，寻求更多的利益契合点，共同研究解决区域一体化进程中的新形势和新问题，扎实地推进各个领域的合作，使其取得实质性成效，最终惠及各国人民。

第二节　深化中俄经贸关系

中俄经贸合作关系是两国战略协作伙伴关系的重要组成部分和经济基础。1991 年年底，伴随苏联解体，俄罗斯独立，中俄双边贸易从无到有，在经历了长期低迷之后，自 2000 年起驶入快车道。中俄战略协作伙伴关系的确立，睦邻友好条约的签署为两国经贸合作的发展创造了良好的政治前提。两国经济的快速发展极大地拉动双边贸易的增长，20 多年间中俄贸易提升了近 20 倍，成就显著。两国经贸合作涉及贸易、投资、金融和贸易投资便利化四大方面，涵盖了国民经济各个领域，军品、民品和高新技术领域合作的紧密结合是中俄经贸合作最显著的特点。截至目前尽管中俄经贸合作规模不大，但双方的合作极大地促进了两国经济发展。

一、中俄经贸合作现状

根据中俄两国贸易增速以及贸易规模的变化，可将中俄贸易发展历程划分为 3 个阶段。即 1992—1999 年，双边贸易达到 100 亿美元；2000—2009 年双边贸易突破 500 亿美元；2010 年至今，双边贸易迈向 1 000 亿美元（图 5-4）。

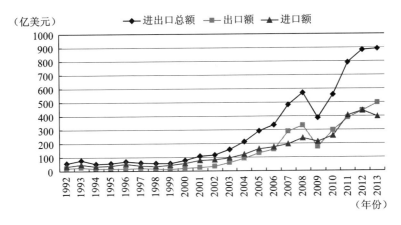

图5-4　1992—2013年中俄双边进出口贸易状况

资料来源：中国海关统计。

（一）双边贸易状况

1. 双边货物贸易规模

自2010年以来，中俄两国政府采取了积极的反危机措施，各自经济保持了快速增长，双边贸易也得以快速恢复并呈加速发展势头。2011年、2012年和2013年双边贸易不断攀新高，贸易额分别达到792.49亿美元、881.58亿美元和892.13亿美元，中国已连续第四年成为俄罗斯第一大贸易伙伴。2014年，在两国各自对外贸易增幅明显放缓的背景下，根据中国海关统计，中俄贸易达到952.85亿美元，同比增长6.8%，高于同期中国对外贸易进出口增幅，其中，中方对俄出口536.78亿美元，同比增长8.2%，自俄罗斯进口416.07亿美元，同比增长4.9%。中国继续保持对俄贸易顺差，但顺差额因中方进口增度放缓而有所下降。中国仍是俄第一大贸易伙伴，俄罗斯为中国的第九大贸易伙伴。

2. 两国进出口商品结构

两国进出口商品结构的特征是，中方的工业制成品与俄方资源性商品之间的贸易，其中机电产品是中方对俄出口的最大宗商品，由于中俄之间签署了能源合作协议,能源产品进口逐年增加,因而矿产品仍将是中方自俄进口的最大宗商品。2013 年,中国自俄进口矿产品已占到进口总额的73%(图 5-5),而同期中方对俄机电产品出口占中方对俄出口总额的30%左右(图 5-6),这一趋势仍在延续。尽管俄方多年来一直试图扭转这一状况,扩大对华机电产品出口,但受其自身产业结构的限制,这一局面短期内难有改观。

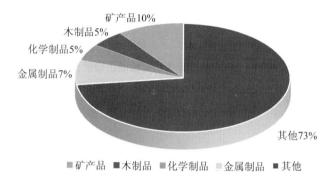

图 5-5 2013 年中国自俄罗斯进口商品结构

资料来源:中国海关统计。

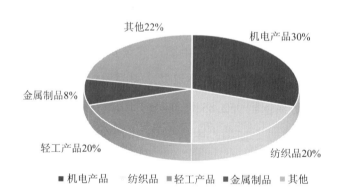

图 5-6 2013 年中国对俄出口商品结构

资料来源:中国海关统计。

3. 贸易秩序日趋规范化

2010 年俄白哈关税同盟正式运行,中俄双边贸易秩序规范化和标准化趋势进一步增强，灰色清关逐渐退出历史舞台，一般贸易方式占据主导地位。大中型企业在两国经贸合作中发挥着越来越重要的作用。

4. 服务贸易发展状况

在货物贸易发展的同时，两国之间的服务贸易也随之迅速扩大。交通运输、旅游和教育成为两国服务贸易发展最快的行业。公路、铁路、航空的客货运输增幅显著。俄罗斯成为中方第三大入境游客的来源地，中国为俄罗斯第二大入境游客来源国。根据中国高等教育学会外国留学生教育管理委员会的统计，截至 2012 年年底，中国在俄留学生人数达到 2 万人，占外国在俄留学总人数 20% 左右，俄罗斯在华留学生人数约为 1.5 万人，居外国来华留学生人数的第五位。

（二）相互投资快速增长

随着中俄经贸合作关系的不断深化，两国的相互投资保持快速增长势头。根据《2013 年度中国对外直接投资统计公报》①，2005—2007 年，中国对俄罗斯直接投资流量分别为 2.03 亿美元、4.52 亿美元和 4.8 亿美元；受金融危机的影响，2008—2009 年，中国对俄直接投资流量分别下降到 3.95 亿美元、3.48 亿美元；2010—2011 年，中国对俄直接投资流量分别上升至 5.68 亿美元、7.16 亿美元；2012—2013 年，中国对俄罗斯非金融类直接投资流量分别为 7.85 亿美元、10.22 亿美元。截至 2013 年底，中国对俄罗斯非金融类直接投资存量为 75.82 亿美元，同比增长了 55%（图5-7）。中国对俄非金融类直接投资主要分布在能源、矿产资源开发、林业、建筑和建材生产、贸易、轻纺、家电、通信、服务等领域。

据俄方统计，截至 2012 年年底，中国已对俄累计投资（含对俄提供贷款）277.9 亿美元，占俄累计吸引外资总额的 7.7%，中国是俄第四大

① 2013 年度中国对外直接投资统计公报. 北京：中国统计出版社，2014（9）.

外资来源国。总体上看，与中俄双边贸易额及中国对外投资总额相比，中国对俄罗斯直接投资总量较小。① 中国对俄投资中直接投资总额小、比重较低，大部分投资为商业贷款。

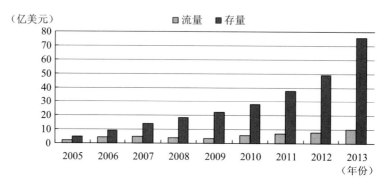

图5-7　2005—2013年中国对俄罗斯直接投资状况

资料来源：2013年度中国对外直接投资统计公报。

（三）经济技术合作取得重大突破

2014年5月，俄罗斯总统普京访华期间中俄双方签署了40多项合作协议，其中包括俄罗斯第一大独立天然气生产商"诺瓦泰克"与中石油签署的每年对华供应300万吨液化天然气合同；俄罗斯联合航空制造集团与中国商飞签署的关于联合研制具有前景的远程宽体客机合作备忘录；俄罗斯铁路公司同中国中铁股份有限公司在发展基础设施及运输方面达成战略合作协议等多项运输领域合作。最为引人注目的是两国政府签署了《东线天然气合作项目备忘录》、《中俄东线供气购销合同》两份合作文件。根据双方商定，自2018年起，俄罗斯开始通过中俄天然气管道东线向中国供气，输气量逐年增长，最终达到每年380亿立方米，累计30年，合同总金额为4 000亿美元，这是俄气公司历史上金额最大的供气合同，为中俄贸易的长期稳定发展奠定了重要基础。

---

①　据中国商务部统计，2012年中国在境外向非金融行业的投资总额高达772亿美元。

（四）劳务及工程承包合作稳步推进

据中国商务部统计①，截至 2012 年年底，中俄双方累计签署工程承包合同金额 135.3 亿美元，完成营业额 90.3 亿美元。其中，2012 年，中俄双方签署工程承包合同金额 22.4 亿美元，完成营业额 16.5 亿美元，期末在外人数 13 933 人。2013 年，中方与俄罗斯新签工程承包合同金额 21.7 亿美元，当年完成营业额 13.7 亿美元，2013 年末中方在俄各类劳务人员为 15 337 人。中方对俄劳务合作集中在俄远东和西伯利亚地区，主要从事农业种植、建筑、森林采伐、木材加工、制衣、医疗及其他服务行业。

二、中俄经贸合作的主要特点

自 1992 年以来，中俄双边经贸合作规模由小到大，实现了快速发展，取得了巨大成就，为两国经济发展做出了贡献。总体来看，中俄经贸合作关系具有如下特点。

（一）双边经贸合作拥有比较稳定的法律基础

1994 年 9 月，中俄两国签署了《中俄联合声明》和《核武器互不瞄准对方》等文件，确立了中俄"面向 21 世纪的建设性伙伴关系"，从战略高度将中俄关系推进到更加成熟的发展阶段。普京总统执政以后，中俄政治关系向更加务实的方向发展。2001 年 7 月，双方签署了为期 20 年的《中俄睦邻友好合作条约》，这是中俄关系发展的里程碑式文件，该条约把两国永做好邻居、好伙伴、好朋友用法律形式确定下来，为两国长期睦邻友好、互利合作奠定了坚实的法律基础，也为国际社会树立了以互信求安全、以互利求合作的良好范例。2004 年 10 月，双方签署了《关于中俄国

---

① 中国商务统计年鉴 2014 年. 北京：中国商务出版社，2014（9）.

界东段的补充协定》，2008年10月14日，双方举行了"中俄国界东段界桩揭幕仪式"。至此，中俄以法律形式完全确定了两国4 300多公里的边界线。边境安全与睦邻友好为推动中俄双边经贸合作的健康发展创造了重要政治前提。

2009年，中俄签署了《鼓励和相互保护投资协定》，2014年2月，俄联邦政府批准了《中华人民共和国政府和俄罗斯联邦政府关于对所得避免双重征税和防止偷漏税的协定》草案及其《议定书》的草案，这两份文件是两国经贸合作的基础性法律文件，其签署为推动两国贸易与投资活动奠定了必不可少的法律基础。

（二）两国建立了完善的经贸合作机制

中俄两国建立了迄今最全面的双边经贸合作机制，每年的元首会晤、总理定期会晤机制。1996年，中俄元首商定，为推动两国各领域合作，建立中俄总理定期会晤机制。该机制下首次会晤于1996年年底举行，1997年6月第二次定期会晤期间，双方签署《关于建立中俄总理定期会晤机制及其组织原则的协定》，确定每年轮流在两国举行会晤。该协定规定，双方成立两国总理定期会晤委员会（副总理级）及其分委会和秘书处。会晤委员会下设经贸、能源、运输、核能、科技、航天、银行、信息、标准和质检、海关、边境地方合作等13个分委会（其中一些为正部级、一些为副部级），各分委会下还设有相关常设工作小组。会晤委员会主要为两国总理定期会晤进行上述各领域合作的业务准备，中方主席目前由张高丽副总理担任。这一双边磋商机制有利于及时解决合作中出现的各种问题，加速推进合作进程，对于推动大项目合作发挥了积极作用。

（三）两国经贸合作具有重大战略意义

尽管中俄贸易额不足1 000亿美元，只占中国对外贸易总额的2%～

3%，但是中俄两国从双边经贸合作中得到的实际利益十分巨大。

能源一直是俄罗斯经济外交的重要手段，中俄能源合作既有利于俄实现能源出口多元化战略，为其欧亚平衡的外交战略奠定基础，又有利于中国构建能源进口多元化格局，保障国家的能源安全。与此同时，两国快速推进的金融合作不仅便利了双边贸易，而且提升了抵御金融风险的能力，增强了金融安全的保险系数。能源与金融合作使两国在复杂多变的全球经济格局中有效地维护自身的经济安全，因而对双方具有战略意义。

中俄经贸合作是互惠互利的合作，中国从中获得了重大利益，与此同时俄罗斯也获得了广泛的经济利益。首先，中俄经贸合作使俄罗斯在原苏联解体之初和后期经济结构调整过程中维系和发展了其重工业和军事工业生产体系。其次，中俄能源合作使俄罗斯获得了实在的经济利益，多年来俄方一直在双边贸易中保持了较大贸易顺差。再次，中国大量低价优质商品帮助俄罗斯缓解了苏联解体之初商品市场严重短缺状况，保证了市场供应，也为广大中低收入群体带来了实惠。在中俄经贸合作中，俄方还获得了广泛的宏观利益和间接经济利益。

三、中俄经贸合作现存的主要问题

中俄经贸合作在持续 10 多年的快速发展后，伴随两国经济增速放缓，双边贸易将进入低速增长阶段，迫切需要寻求新突破。

（一）需要完善合作的法律基础

首先，虽然中俄两国政府已签署了双边投资保护协定和避免双重征税协定，但还未制定实施细则，这使法律条款难以落实，不利于推动实际投资活动。在实践中企业被双重征税的情况时有发生。目前，两国企业的直接投资规模并不大、项目也不多，这一问题暂时还不十分突出。未来一旦投资规模扩大，那么这个问题将越来越突出。如果不能积极制定实施细则，就会加重企业负担，影响企业投资的积极性。

其次，两国在相互质量标准统一及认证方面也存在许多问题，目前俄罗斯仍采用 ГОСТ 标准体系，国际标准的采标率不高，这也影响了两国投资领域合作。由于标准不一致，中方的项目策划书被俄方要求按其标准制定，加大了投资成本。企业的资质和资格认证也是投资的一大障碍，两国资质体系认证存在一定差异，迫切需要两国相关政府主管部门加强沟通，就此形成共同标准，降低企业准入的门槛。

再次，劳务许可是制约两国扩大投资的一大障碍。劳务合作是中俄两国互补性很强的合作领域，但目前俄方出于各种原因考虑，限制中方劳务人员进入俄罗斯市场。劳务配额每年核准颁发，且提前一年申请，这种行政管理方式不适应市场经济的需要，贻误了很多投资机会，不利于扩大中方对俄投资，更不利于长远合作的发展。

最后，技术转让中的知识产权保护是俄方一直关注的问题，未来吸引俄罗斯技术向中方转让是提升两国经贸合作水平的重要方向。俄方已对中方知识产权保护不利提出一些质疑，中方迫切需要加强知识产权保护的执法，否则将影响未来两国在技术领域开展大规模合作。

（二）需要按照市场经济原则建立合作机制

目前中俄两国经贸合作机制具有很强的政府主导色彩，这符合两国作为经济转型国家的特点，即政府在经济活动中发挥主导作用，也有利于推动能源资源领域和基础设施领域的大型合作项目，但是这种合作机制存在明显缺陷，机制带有一定的官僚色彩，效率有待提高。

我国已明确未来改革的方向是使市场在资源配置中发挥决定性作用，在高新技术领域、加工制造业以及物流、通信等服务业领域我国早已引入市场化机制，民营企业、中小企业成为这些行业的主体并取得了良好业绩。相比之下，俄方的市场化进程相对比较缓慢，尤其在其大力推动的高新技术产业未能进行市场经济改造，严重制约了其经济发展。迄今，俄政府仍未提出明确的市场经济发展方向以及改革方案，普京总统奉行的保守主义是否对其市场化改革产生了不利影响，也是未解之谜。俄罗斯市场化进程缓慢不仅制约其自身经济发展，也影响中俄经贸合作的推进。未来中俄两国将进一步拓展合作领域，重点发展加工制造业、农业、高新技术产业，这些领域涉及行业众多、主体多样，无法采用能源领域政府操控模式，需要依据市场经济原则、以市场需求为导向开展深层次合作，为此，建立全新的、以市场经济原则为基础的合作机制势在必行。

（三）迫切需要培育双边贸易新的增长点

自 2010 年以来，中国已连续四年保持了俄罗斯第一大贸易伙伴国的地位。根据俄方海关统计，2013 年，俄中双边贸易达到 888 亿美元，占俄罗斯外贸进出口总额的 10.52%，其中对华出口占其出口总额的 6.76%，自华进口占其进口总额的 16.74%。通过横向比较可以发现，2013 年，中国与东盟 10 国的贸易额为 4 436.11 亿美元，占当年中国外贸进出口总额的 10.66%；中美贸易额为 5 210.02 亿美元，占中国外贸进出口总额的 12.5%。根据一般的国际标准，当双边贸易额占一国对外贸易进出口总额的 10% ~ 12% 间，已达到比较高的标准。因此，中俄贸易已进入一个瓶颈阶段，在现有贸易商品结构及贸易方式下，继续扩大中俄贸易规模已受到一定制约，需要培育新的增长点。

（四）双边贸易商品结构亟待调整

中俄两国的贸易商品结构以中方制成品和高附加值机电产品与俄罗斯资源性商品、低附加值商品之间的贸易。这种商品贸易结构对中方十分有利，但俄方对此十分不满，他们认为，俄罗斯已成为中方原料供应地。多年来俄方一直试图扩大对华机电产品出口，但终因其产品的国际竞争力不高且售后服务水平较低难以打开中国市场。尽管目前俄罗斯受自身产业结构限制难以迅速扩大对华高附加值商品出口，但着眼于未来发展，这是必须解决的难题，否则贸易结构上的不平衡性将会产生更多贸易摩擦，不利于双边贸易健康及可持续发展。

（五）双边贸易方式亟待调整

中俄两国贸易以一般贸易方式为主，其特点是货物之间的直接交换，这种贸易方式可最直接满足两国各自的市场需求，但也最容易受两国市场波动的影响，稳定性较差。另外，两国贸易与各自经济增长密切相关，根据中国商务部研究院的测算，俄罗斯的 GDP 增长 1 个百分点，可拉动对华贸易增长 1.8 个百分点，而一国经济下滑，必然会影响到双边贸易发展。自 2013 年以来，中方开始转变经济增长方式，调整经济结构，压缩过剩产能，对钢材、化肥、木材等资源型商品的需求急剧下降，而这些商品均为我国自俄进口的大宗商品，由此导致我国自俄进口规模大幅度下滑。探讨贸易方式的多样化，促进双边贸易的稳定发展是两国面临的迫切任务。

（六）俄罗斯的投资环境亟待改善

自 2011 年加入世界贸易组织以来，俄罗斯的投资环境在政府的大力推动下有所改善，但总体来看，仍差强人意。普京总统执政后实行了国有化方针，其市场完善程度有所下降，根据世界经济论坛发布的《2012—2013 年全球竞争力报告》，2013 年俄罗斯的商品市场效率、劳动力市场效率、金融市场发展以及商业成熟度等指标较 2006 年有所下降。根据《2012 年全球贸易便利化报告》，俄罗斯在市场准入、跨境管理等指标上较 2008 年有所下降，且未达到全球平均水平。俄罗斯在其入世后贸易成本上升了 50%，这说明其贸易投资环境仍未得到根本性改善。

此外，扩大双边贸易与投资的一个重要前提是信息沟通，为此需要搭建信息交流平台并提供可靠信息源。目前由于语言障碍以及信息发布的透明度不高，中方企业很难得到俄方真实的投资需求信息及技术合作信息。建立畅通、透明的信息交流平台是未来中俄双方扩大合作的重要支撑，需采取有效措施加以推动。

（七）人才短缺制约合作发展

人才短缺是制约中俄两国长远合作发展的重要因素。改革开放以来，中国引资引智基本向西方国家看，培养了一大批懂英文懂技术的人才，但在俄罗斯的留学生越来越少，尤其是懂俄文懂技术的人才极为短缺。目前，在美国的中国留学生有 16 万人，在俄罗斯的中国留学生只有 2 万人，这种状况很难满足大规模推动中俄经贸合作发展的要求，为此需要从长计议，加以培养，否则即使好的合作方案也会因人才短缺而搁浅。

四、中俄经贸合作发展前景与对策

（一）中俄经贸合作面临新的发展机遇

尽管中俄经贸合作发展面临诸多亟待解决的问题，尤其是目前两国经济增速出现放缓，受乌克兰危机及国际市场原油价格的影响，俄经济发展部预测，2015 年俄经济增幅为 -3%，中国经济进入新常态，预计经济增速为 7%，与前 10 年高达两位数的增幅形成巨大反差，使双边贸易面临巨大挑战，但总体来看，机遇仍大于挑战。

首先，两国处于工业化进程之中，俄罗斯处于再工业化阶段，中国处于后工业化时期，两国各自的经济发展潜力仍然巨大。经过 20 多年的发展，中国的技术水平已与俄罗斯形成了一定势差，俄罗斯再工业化进程需要吸引外资和先进技术，中方因资金实力雄厚且适用技术先进，恰好能满足其需求。中国建立创新型经济以及城镇化进程将释放出巨大需求，为推动双边贸易发展开辟了新的空间。

其次，两国经济互补性很强，中俄经济结构具有明显垂直分工特点，这是互补性最强的一种结构。根据欧洲复兴开发银行专家的评估，在俄罗斯大宗进口商品中，中俄之间可替代商品只占4%，其余96%是难以替代，需要进口，因而未来两国贸易空间仍然巨大。

再次，乌克兰事件之后，欧美国家加强对俄经济制裁迫使俄方强化了与中方合作的意愿。针对欧美经济制裁可能造成的影响，俄前财长库德林认为，每个俄罗斯人损失1/5的收入。俄罗斯经济因此会萎缩，日益增长的军费开支会推高通胀，企业越来越重的税负将进一步抑制经济增长。俄罗斯科学院世界经济与国际关系研究所国际资本市场处主任指出：俄罗斯可能要10～15年才能恢复到之前与世界经济的一体化水平。为了摆脱困境，俄罗斯各界已达成共识，将对华合作置于重点，表现出前所未有的合作热情。俄罗斯试图将经贸合作重点由西方转向东方，从而真正实现贸易投资的多元化战略。中方出于调整经济结构以及实现国家能源进口多元化战略的需要，也希望加强与俄罗斯的全方位经贸合作。双方更多的利益契合点为推动两国经贸合作创造最重要的政治前提。

（二）中俄经贸合作发展前景

2014年5月，中俄两国元首签署了《中俄全面战略协作伙伴关系新阶段联合声明》，10月两国总理又签署了《中俄总理第十九次定期会晤联合公报》，这些文件指出了未来中俄经贸合作的发展方向。

1. 推动双边贸易健康发展

为双边贸易创造稳定、可预见的条件，采取切实措施促进双边贸易额增长，提升贸易质量，促进贸易结构多元化，增加机电和农产品比重。扩大市场开放，反对贸易保护主义。

2. 扩大相互投资

在中俄投资合作委员会框架内开展有效协作，继续落实《中俄投资合作规划纲要》及《中华人民共和国政府和俄罗斯联邦政府关于经济现代化领域合作备忘录》，推动双方在制药、医疗器械、化学、电子、铝业、油气开采设备、船舶、机床和运输机械制造领域的交流合作。

（1）深化能源合作。加强中俄全面能源伙伴关系，进一步深化在石油领域的一揽子合作，组织落实向中国出口俄罗斯天然气，扩大煤炭领域合作，包括开发俄罗斯煤田及发展相应基础设施，提升双方在电力、能效、节能和可再生能源领域的合作水平。扩大中俄在和平利用核能领域的一揽子合作。

（2）推动信息通信领域的战略合作。在无线通信设备、网络设备、高端服务器、车载信息服务等领域加强合作，在集成电路设计、电信设备和配件研发、陆地光纤通信网络建设方面开展合作，在无线宽带接入、光纤网络、普遍服务、政府监管与政策等方面开展交流，共同努力降低中俄两国间的国际漫游资费。

（3）加强农业领域合作。积极扩大农产品贸易，加强动植物检验检疫合作，密切在农工综合体投资领域的合作，合作生产绿色农产品并促进两国间贸易及向第三国出口，扩大两国在渔业领域的长期互利合作。

（4）加强两国在高新技术领域的合作。积极开展民用航空和航空制造合作，推动重点项目，扩大航空发动机、科技、工艺与材料、适航等领域的合作。

结合本国和平利用外层空间的政策和发展规划，在执行《2013—2017年中俄航天合作大纲》基础上，拓展并深化两国在航天领域的长期互利合作，特别是有必要开展双方建议的新联合实施项目，涉及对地观测、卫星导航、火箭发动机、月球及其他有前景的基础科学研究等，以符合中俄两国科技、工业以及高新技术产业进一步发展的利益。

（5）加强基础设施互联互通建设。继续研究构建"中国（北京）—俄罗斯（莫斯科）"欧亚高速运输走廊，确保在优先实施"莫斯科—喀山"高铁项目上开展全面合作。在使用俄罗斯远东港口等交通运输基础设施发展中俄陆海联运合作方面加强合作。按照业已达成的共识推动同江—下列宁斯阔耶跨境铁路桥如期建成，抓紧协商《1995 年 6 月 26 日签署的〈中华人民共和国政府和俄罗斯联邦政府关于共同建设黑河—布拉戈维申斯克黑龙江（阿穆尔河）大桥的协定〉的补充协定》，继续就设立黑瞎子岛（大乌苏里岛）口岸开展工作。改善中方货物经俄铁路网络、远东港口及北方航道过境运输条件。

（6）开展经济园区合作。中方企业利用俄罗斯远东和东西伯利亚地区建立的经济特区和跨越式发展区的潜力，参与实施该地区的战略发展规划及商定的合作项目。

3. 加强金融领域合作

加强两国金融机构在相互提供出口信贷、保险、项目融资和贸易融资、银行卡等领域的合作，在双边贸易、直接投资和信贷领域扩大使用本币。

4. 加强边境地方合作

继续就落实《中华人民共和国东北地区与俄罗斯联邦远东及东西伯利亚地区合作规划纲要（2009—2018）》开展工作，商定地方合作重点项目清单。双方在中华人民共和国长江中上游地区和俄罗斯联邦伏尔加河沿岸联邦区合作机制框架内，在投资和人文等领域开展了积极工作，支持将这一合作经验推广到两国其他地区。

5. 推进贸易投资便利化

加强在标准、计量、认证及检验监管领域的合作，扩大在知识产权保护领域的合作。加强两国海关合作，推进以"信息互换、监管互认、执法合作"为主要内容的海关便捷通关合作，扩大海关监管结果互认试点范围，共同打击侵犯知识产权、偷逃税费、走私犯罪等违反海关法行为，促进贸易安全。深化和扩大边境地区海关合作。建立中国和欧亚经济联盟在海关领域的有效合作机制，推进信息交换领域的合作。

第三节　中哈经贸合作发展现状与前景

一、中哈经贸合作发展现状

自中哈建交以来，两国逐步建立了政府、地方和民间往来的合作关系。中国与哈萨克斯坦一直以来都有开展经济合作的强烈愿望，已经签订了一系列经济合作协议。2005年，两国政府签署了《中哈关于建立和发展战略伙伴关系的联合声明》，为两国各领域的合作提供了可靠的政治保障。近年来，中哈两国先后签署了《中哈睦邻友好条约》等重要文件以及经贸合作协定、投资保护协定、商检协定等一系列政府间协定，为两国经贸合作提供了必不可少的法律保障。

（一）双边贸易状况

哈萨克斯坦是中亚地区经济大国，也是中国在该地区最主要的贸易伙伴。根据中国海关统计[①]，自1992—2010年期间，中哈贸易额占中国与中亚5国进出口贸易总额的66%。2011—2012年，中哈双边贸易额分别为249.5亿美元、256.9亿美元。2013年，中哈双边贸易额创历史新高，达到285.9亿美元，同比增长11.3%，其中，中方对哈出口125.5亿美元，中方自哈进口160.5亿美元。在贸易平衡方面，2009年前中国对哈萨克斯坦保持有小幅贸易顺差，2010年后，随着中哈石油管线的贯通，中国自哈进口石油大幅增长，中方贸易逆差不断扩大，2011年中方贸易逆差达到58.2亿美元（表5-2）。

据哈方统计[②]，2012年，哈中贸易总额为239.8亿美元，同比增长

[①]　中国海关统计月报（2013年）。

[②]　哈方统计数据小于中方的主要原因是：哈方没有统计边境贸易方式下的纺织品、服装日用品项目。

12.5%，占哈国外贸总额的 17.5%，中国成为哈萨克斯坦第一大贸易伙伴。其中，哈向中方出口 164.8 亿美元，占其出口总额的 17.9%，中国是哈最大出口目的地国；自中方进口 75 亿美元，占其进口总额的 16.8%，中国仅次于俄罗斯是哈第二大进口来源国。

表 5-2 2007—2013 年中哈双边贸易情况

单位：亿美元

年份	贸易总额	总额增长（%）	出口额	出口增长（%）	进口额	进口增长（%）	贸易差额
2007	138.8	66	74.5	57.7	64.3	78.3	10.2
2008	175.5	26.5	98.2	31.9	77.3	20.2	20.9
2009	140	−20.2	77.5	−21.1	62.6	−19.1	14.9
2010	204.1	44.5	93.2	19	110.9	76.1	−17.7
2011	249.5	22	95.7	2.6	153.9	38.2	−58.2
2012	256.9	3	114.4	19.5	140.8	−8.5	−26.4
2013	285.9	11.3	125.5	9.7	160.5	14	−35

资料来源：中国海关统计。

在贸易结构上，中方对哈出口以纺织、轻纺类产品和机电产品为主。近年来，中国对哈机电产品出口增长加快。中国自哈进口商品以矿产品为主，矿物燃料、石油为大宗进口商品，其次为金属及其制品。2013 年，中方自哈国进口石油占全部进口总额的 62.88%，钢铁产品占比 4.48%，铜占比 9.4%，矿产品占比 9.16%，贵金属化合物占比 11.56%。

（二）相互投资情况

近年来，随着中哈经济合作的不断深化，中国对哈直接投资规模快速上升。

1. 相互投资规模

根据哈萨克斯坦国家投资委员会和哈国央行的统计[1]，1993—2011 年间，哈萨克斯坦累计吸引中国直接投资 57.51 亿美元，占同期哈国累计引

---

[1] 哈萨克斯坦国民银行网站。

进外资总额的 3.9%。而 2011 年和 2012 年，哈国引进中国直接投资分别达到 11.69 亿美元和 20 亿美元，同比增长 31% 和 71%。截至 2013 年年底，哈累计吸引中国直接投资达 56.7 亿美元，占同期哈累计吸引外国直接投资总额的 4.57%，中国为其第四大直接投资来源国。[①]

根据中国国家统计局、商务部和国家外汇管理局联合发布的《2013 年度中国对外直接投资统计公报》，2011—2013 年，中国对哈萨克斯坦的非金融类直接投资流量分别达到 5.81 亿美元、29.96 亿美元和 8.11 亿美元。截至 2013 年年底，我国对哈非金融类直接投资存量为 69.57 亿美元，[②] 哈萨克斯坦成为我国在中亚地区最主要的投资对象国（图 5-8）。

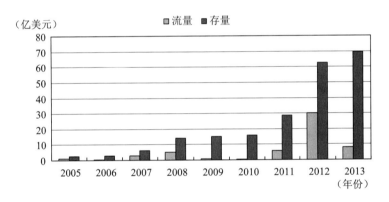

（亿美元）　　　　　■流量　■存量

图 5-8　2005—2013 年中国对哈萨克斯坦非金融类直接投资状况

资料来源：2013 年度中国对外直接投资统计公报。

根据哈萨克斯坦央行的统计，截至 2013 年年底，哈萨克斯坦对中国各类投资总额为 23.98 亿美元，其中对华直接投资为 1.4 亿美元，主要集中在中国新疆地区。

2. 相互投资的产业结构

根据哈萨克斯坦国家统计委员会的数据，截至 2013 年，在哈注册的

---

① 对外投资合作国别（地区）指南—哈萨克斯坦（2014 年版）.中国商务部，2014（10）.
② 2013 年度中国对外直接投资统计公报.北京：中国统计出版社，2014（9）.

中资企业有 2 800 家，主要投资领域涉及石油、矿产资源开发、建筑、建材、通信、餐饮等行业。中资企业对哈萨克斯坦直接投资的产业分布较广，中方大型跨国企业在哈投资主要分布于采矿业（如中石油、中石化、中海油等）、制造业（如中兴通讯、华为、中化集团等）、地质勘探业（东方物探、中石化国际勘探开发公司等）、金融业（如国家开发银行、中国银行、工商银行等）、建筑业（如中国水电、中国地质工程公司、中石油工程建设公司、中建总公司等）。还有一些中小企业在哈萨克斯坦的制造业、批发和零售业进行了卓有成效的投资，其中，新康番茄加工厂、茂林有限公司、亚联中国商贸城等企业，已经在哈拥有较稳定的市场地位和知名度。

中国在哈投资的主要项目有：中哈原油和天然气管道、阿克纠宾斯克油田、卡布扎奇油田、哈萨克斯坦 PK 石油公司、里海盆地东缘中区石油勘探、巴甫洛达尔电解铝厂、中兴 CDMA450 项目、阿斯塔纳北京大厦、中哈金矿开采项目、马伊纳克水电站等。

（三）工程承包与劳务合作

哈萨克斯坦是中资企业在中亚地区开展工程承包与劳务合作最主要的国家。根据中国商务部统计，[①] 2013 年中方在哈萨克斯坦新签工程合同 279 个，合同金额为 21.4 亿美元，完成营业额 29.2 亿美元，年末在哈各类劳务人员为 6 109 人。新签大型工程项目包括：中石油天然气管道局承建的中亚天然气管道 C 线哈萨克斯坦段、中国石油集团长城钻探工程公司承建的哈国扎那诺尔肯基亚克钻井项目、中国石油集团工程设计公司承建的 45 号自备电站扩建工程项目等。

---

① 中国商务统计年鉴 2014 年. 北京：中国商务出版社，2014（9）.

（四）中哈霍尔果斯国际边境合作中心

中哈霍尔果斯国际边境合作中心是我国目前批准运行的两大跨境经济合作区之一，2003年6月，哈萨克斯坦纳扎尔巴耶夫总统提出建立"中哈边境自由贸易区"的设想。2004年9月，中哈两国政府签订了《建立中哈霍尔果斯国际边境合作中心的协议》和《国际边境合作中心活动管理的协定》。该合作中心实行封闭式管理，总面积为5.28平方公里，其中，中方区域为3.43平方公里，哈方区域为1.85平方公里。其主要功能是贸易洽谈、商品展示和销售、仓储运输、商业和金融服务以及举办各类区域性经贸洽谈会等。

自2007年开工建设以来，中哈霍尔果斯国际边境合作中心项目已累计完成基础设施建设投资8.8亿元，完成中心区及配套区5平方公里基础设施和围网工程建设，主要基础设施工程已完工，合作中心运营主体成立并运作。2011年12月，合作中心建设基本完成并封关运营。2012年4月18日，连接中哈双方合作中心的通道正式开启，便利双方公民出入。

中哈霍尔果斯国际边境合作中心采用特殊管理模式，具体措施包括：边境线不设边检机构，"一关两检"等进出境查验机构退至合作中心入口处，进行"二线"管理；中、哈两国公民、第三国公民及货物、车辆可以在合作中心内跨境自由流动，可免签在中心内停留30天；中哈双方区域全部实行封闭管理，由横跨中哈两国的通道相连形成一个整体；合作中心各自一侧受本国司法管辖，适用本国现行法律及有关国际条约。中心区域内的货物及服务贸易项下的资金支付和转移，遵循经常项目可自由兑换原则办理，中心双方区域内设立的银行或其他机构，根据本国法律提供现钞兑换服务。

中哈霍尔果斯边境合作中心所享有的优惠政策包括：一是由国内进入中心的基础设施建设物资和中心内企业自用设备，按照出口贸易政策，予以退税。二是企业从哈方进口基础设施建设物资和区内设施自用设备进入中心中方区域，免征关税及进口环节增值税。三是区内企业之间的货物交易，不征收增值税和消费税。四是旅客从中心进入中方境内，每人每日一次可携带8 000元人民币的免税物品。另外，根据哈萨克斯坦《经济特区法》，在该区域内实行自由保税区制度，免企业所得税、土地税、短期土地租赁费、财产税，并根据哈政府制定的经济特区内实行零增值税的商品、劳务和服务清单，返还企业在区内商品流通、提供劳务和服务中征收的增值税。

中哈霍尔果斯国际边境合作中心将建设成为投资自由、贸易自由、人员出入自由、高度开放的综合性国际经济交流区域，成为中国西部边境重要的商品集散地和商贸城，该合作中心的建立对促进中哈以致中国与中亚地区的贸易发展将产生深远影响。这也是中哈双方积极推动的合作项目，这种"一区跨两国"的边境合作模式对上海合作组织区域经济合作具有重要的示范意义。

二、中哈经贸合作发展前景

经贸合作是中哈全面战略伙伴关系最具活力的组成部分，双方将进一步加强对两国经贸合作的政策规划，协调和推动双边在能源、经贸、金融、互联互通、地方合作等领域的合作。2014年5月，中哈两国元首签署的《中哈联合宣言》指出，哈方积极支持并参与丝绸之路经济带范围内经贸、运输、投资、金融和文化项目。同年11月，哈国政府推出促进哈萨克斯坦经济结构转型、实现经济增长的长远规划，即"光明大道"新经济计划，该计划力求通过进行大规模基础设施建设推动经济结构调整，促进企业发展并创造更多就业岗位。"光明大道"计划与中方丝绸之路经济带倡议的加强地区国家互联互通建设不谋而合，也为拓展双边经贸合作开辟了新的空间，未来两国将大力发展以下领域的合作。

（一）进一步完善投资合作的法律基础

为了促进相互投资，双方将尽快制定并签署新版《中华人民共和国政府和哈萨克斯坦共和国政府关于鼓励和相互保护投资协定》，为双边投资和经济技术合作提供更加完善的法律保障。

（二）促进双边贸易的稳定发展

充分利用中哈两国经济互补优势，逐步改善双边贸易结构，扩大贸易规模。努力扩大哈萨克斯坦磷肥、金属制品和农产品等对华出口，并经中国过境运输至第三国。哈方为中国有竞争力的机电和高新技术产品对哈萨克斯坦出口创造条件。

大力发展运输、旅游、教育等服务贸易。继续商签《中华人民共和国国家旅游局和哈萨克斯坦共和国投资和发展部旅游局关于中国旅游团队赴哈萨克斯坦共和国旅游实施方案的谅解备忘录》。双方将共同采取措施，打造"丝绸之路"旅游产品，鼓励实施双方旅游领域投资项目。

（三）基础设施建设将成为两国产能合作新亮点，为丝绸之路经济带建设做出典范

中哈双方通过产能合作政策对话、企业分组项目对接和部长级会谈，探讨推进和深化两国产能与投资合作问题，交流各自重点产业发展现状、规划和政策，达成诸多共识。目前已初步确定了 16 个早期收获项目和 63 个前景项目清单，涉及钢铁、水泥、能源、电力、矿业、化工等领域。

（四）继续推进能源领域合作

未来两国将进行全方位能源合作，进行大规模能源和资源开发。中国石油天然气集团公司与哈萨克斯坦国家石油天然气公司将加强在哈国原油开采方面的合作，签署了建设油气管道厂的框架协议。中哈两国将成立合

资公司开采哈国铀矿资源，向中国及其他国家核能发电厂提供核燃料。两国还将加强在电力、风能、太阳能等可再生能源领域的合作。

（五）加强互联互通，推动贸易投资便利化

推动两国在跨境交通运输领域的合作，继续提升两国阿拉山口—多斯特克和霍尔果斯—阿腾科里铁路口岸过货能力，为发展国际过境货运创造良好条件。加强中哈（连云港）物流合作基地的作用，加快"中国西部—欧洲西部"国际公路建设。

加强中哈合作委员会及口岸和海关合作分委会等机制作用，深化边境合作，包括边境口岸和海关管理合作、口岸配套设施建设、海关便捷通关合作、税费政策协调、过货运输费用等。

（六）拓展非资源领域合作

除了能源外，两国将促进非资源领域合作，推动加工制造、化工、新能源、机械、汽车、信息技术、生物制药、食品加工和基础设施建设等领域互利合作。两国将在哈萨克斯坦对华出口小麦、油料作物、肉类、奶制品、毛织品等方面加强合作。双方将鼓励两国相关企业商讨在哈萨克斯坦成立种植业和畜牧业产品生产加工及农机生产合资企业，产品销往第三国市场。推动两国相关科研机构和企业加强农业交流与合作，实施联合项目、培训专家、交流农业生产技术经验。

（七）加强两国金融合作

未来两国将扩大双边贸易、投融资领域本币结算。哈萨克斯坦国家银行和中国人民银行签署了用哈萨克斯坦坚戈和中国人民币进行相互结算和互换货币的协议，互换金额为 70 亿元人民币/2 000 亿坚戈，将中哈本币结算由边境贸易扩大到一般贸易和投资。2014 年 9 月 26 日，人民币在哈萨

克斯坦证券交易所开始挂牌交易，哈成为中亚第一个进行人民币挂牌交易的国家。

中国进出口银行向哈开行提供 10 亿美元优惠贷款协议。萨姆鲁克卡泽纳基金与中信集团签署了相互谅解与合作备忘录，与中国进出口银行签署了哈 PK 公司项目融资协议。哈开发银行与中国国家开发银行在上合组织银联体框架内签署了 5 亿美元的授信总协议用于对哈非资源领域项目投资。

（八）加强毗邻地区和地区间经贸合作

两国将尽快商签《中华人民共和国和哈萨克斯坦共和国毗邻地区合作规划纲要》，建立中哈地方合作论坛，加强两国边境地区经贸、能源、投资、农业、水利、科技、人文合作，尤其扩大中国新疆维吾尔自治区与哈萨克斯坦毗邻两州企业间务实合作。支持中哈霍尔果斯国际边境合作中心发展，促进商贸服务业发展，带动中哈边境地区经贸往来和社会经济发展。

（九）推动高新技术领域合作

中哈双方在高新技术、创新和科技成果转化领域互利合作潜力巨大。双方支持中国科技部火炬高技术产业开发中心和哈萨克斯坦国家技术发展署共同建立"中哈技术合作中心"，促进两国高科技领域主流机构和企业开展交流，发展伙伴关系。根据两国签署的《中华人民共和国政府和哈萨克斯坦共和国政府关于和平研究与利用外层空间的合作协定》，进一步发展两国航天领域合作。

第六章 南亚——丝绸之路
经济带的紧密区

南亚地区指亚洲南部地区，介于东南亚与西亚之间。南亚地区有 8 个国家：印度、巴基斯坦、孟加拉国、尼泊尔、不丹、斯里兰卡、阿富汗、马尔代夫，其中和中国接壤的有印度、巴基斯坦、尼泊尔，不丹（图 6-1）。南亚地区总人口约 15 亿，使用 210 余种语言。据 IMF 的统计，[①] 2013 年，南亚地区 8 个国家 GDP 总量为 2.36 万亿美元，约占全球 GDP 总量的 3.19%。根据 WTO 的统计，2013 年南亚国家进出口贸易总额为 9 629 亿美元，占全球贸易总额的 2.55%。

第一节 推动孟中印缅经济走廊的合作

一、建设孟中印缅经济走廊的历史渊源及意义

（一）孟中印缅经济走廊的历史渊源

孟中印缅经济走廊是地区和平友好传统在经济领域的延伸。早在 1943 年 10 月，为了抗击日本法西斯的侵略，中国与盟军经印度、过缅甸，发

---

① 根据 IMF 和 WTO 网站公布的 2013 年相关数据计算得出。

动了浴血奋战的大反攻，中印缅 70 年前的合作是抗击侵略、维护人类和平的正义之战。70 年后，中印缅的再度携手及孟加拉国的加入，共同建设经济、造福一方百姓，正是地区和平友好传统在经济领域的延伸。

图 6-1 南亚国家示意图①

20 世纪 90 年代末，中方提出了开展孟中印缅四国经济合作的构想，得到印度、缅甸和孟加拉国三国的回应。四方于 1999 年在昆明举行了第一次经济合作大会，共同签署了《昆明倡议》，规定每年召开一次会议。

自 1999 年以来，中国、印度、缅甸和孟加拉国四国在"孟中印缅地区经济合作论坛（BCIM）"框架下开展次区域经济合作。2011 年，在 BCIM 第九次会议上四方就推动构建"昆明—曼德勒—达卡—加尔各答经

---

① 百度地图，http：//image. baidu. com/.

济走廊"达成共识。根据设想，该走廊以中国昆明为东端，印度加尔各答为西端，以缅甸曼德勒、孟加拉国达卡为中间节点，连接中国西部和西南部地区、印度东部和东北部地区、缅甸和孟加拉国全境，形成促进沿线及周边地区发展的经济带。该走廊的建设主要包括互联互通、经贸合作、人文交流和地方政府合作等内容。1999年后，由于各种原因孟中印缅地区经济合作进展一直比较缓慢。

2013年5月，在中国总理李克强访问印度期间，中印双方共同倡议建设孟中印缅经济走廊。中印联合声明提出，两国共同倡议建设孟中印缅经济走廊，并将成立联合工作组，加强该地区互联互通。2013年12月，四国在云南昆明召开了孟中印缅经济走廊工作组第一次会议，决定共同研究制定走廊规划、确定优先项目，积极推进走廊建设。

（二）建设孟中印缅经济走廊的意义

孟中印缅经济走廊是互利互惠区域经贸合作的新载体。中国、印度、孟加拉国、缅甸同属发展中国家，中国已是世界第二大经济体，印度经济正处于加速发展阶段，而孟加拉国和缅甸同属最不发达经济体。相比中国与东南亚国家的经济合作，中国与南亚国家的经贸合作尚有较大发展空间，而孟中印缅边境地区的双边、多边经贸合作还是一片空白。另外，孟中印缅经济走廊建设也具有独特的后发优势：低廉的土地资源，丰富的自然资源，广阔的基础设施建设领域，需要巨额投资的交通、通信互联互通项目，发展潜力巨大的农林渔牧业、矿业、电力和制造业、食品和轻工产品加工业，以及承接可创造大量就业岗位的劳动密集型产业转移等。

孟中印缅经济走廊将加快中国西南地区与印度、缅甸和孟加拉国边疆地区的经济发展步伐。中国云南、西藏的边疆地区与接壤的孟、印、缅三国的边境地区一样，同属经济欠发达地区。孟中印缅经济走廊的建设，必将带动该地区经济建设的全面发展，尤其是可以极大地减少边境地区贫困人口，大幅提高各国边民的生活水平。

二、孟中印缅经济走廊建设的重点

2013 年 12 月，在中国昆明召开了孟中印缅经济走廊四方联合工作组第一次会议，在交通基础设施建设、投资和商贸流通、人文交流等方面达成诸多共识，决定建立四国政府间推进合作、共促经济走廊建设的工作机制。2014 年 12 月，孟中印缅经济走廊联合工作组第二次会议在孟加拉国科克斯巴扎尔召开，会议深入探讨了在互联互通、能源、投融资、货物与服务贸易及贸易便利化、可持续发展与扶贫及人力资源、人文交流等重点领域开展合作的设想和推进机制建设。中方提出了早期收获计划，得到其他三方的积极回应。拟议中未来四方重点合作领域集中在以下几个方面。

（一）基础设施互联互通

加快交通通信等领域的基础设施建设，其中公路和铁路互联互通项目率先推进。目前四国达成一致的线路是中线，从中国昆明经瑞丽进入缅甸木姐，经腊戍、曼德勒等地从莫雷进入印度，经因帕尔等地从舒拉进入孟加拉国，再经达卡、班纳普从佩纳普进入印度，最终到达加尔各答。

南线沿孟缅边境海岸线，从缅甸孟都方向进入孟加拉国。该线路是中国通往孟加拉国直达印度洋距离最短的通道，从技术难度、经济发展、地缘政治等多方面都更具优势，一旦通达，对孟中印缅四国，乃至整个大湄公河次区域发展都有裨益。

（二）能源领域的合作

缅甸、孟加拉国的石油、天然气、水能等能源储备丰富，但缺乏开发资金和技术，中国和印度在此方面优势明显。2009 年，由中国、缅甸、韩国、印度四国六方投资建设的中缅油气管道工程开工，① 中缅天然气管道（缅甸段）已于 2013 年向中国输送天然气，该项目是孟中印缅经济走廊在能源领域成功合作的范例。

（三）旅游合作

孟中印缅经济走廊各国旅游资源优势互补性强，可探讨大力开展旅游业合作，使其成为未来发展的一大亮点。2008 年中国提出了构建"孟中印缅大旅游圈"的设想。近年来，印度、孟加拉国、缅甸等国积极参加中国国际旅游交易会、中国—南亚博览会等展会并积极推介旅游项目，推动各国旅游业合作发展。加快发展以原始自然风光为主的旅游业，推动多种、灵活的旅游方式，包括包机游和自驾游等。争取将孟中印缅边境地区的旅游业与东南亚连成一线，互为依托，互惠发展。

（四）扩大农产品贸易

随着我国农产品消费支出的强劲增长，中国对进口农产品的需求也相应提高，为印度、缅甸、孟加拉国农产品出口提供了众多机会。目前，中国已经成为印、缅、孟三国农产品（如棉花、大米、黄麻等）的重要出口市场。

（五）打造经济走廊产业园

孟、中、印、缅四国经济互补性很强，可以围绕共同打造产业园区问题加强合作。

---

① 中缅油气管道是中国继中亚油气管道、中俄原油管道、海上通道之后的第四大能源进口通道。它包括原油管道和天然气管道，中缅原油管道的起点位于缅甸西海岸的马德岛，天然气管道起点在皎漂港。2013 年 9 月 30 日，中缅天然气管道全线贯通，开始输气。这条管道每年能向国内输送 120 亿立方米天然气，而原油管道的设计能力则为 2 200 万吨/年。

（六）拓展金融合作

为了推动经济走廊的建设，可研究筹建 BCIM 经济走廊发展基金问题，为经济走廊建设提供融资支持。

三、孟中印缅经济走廊的发展前景

孟、中、印、缅山水相连，友好往来源远流长，四国物产丰富，资源能源富集，经济互补性强，合作潜力巨大。印度学者约书亚·托马斯认为："中国的制造业发达，缅甸有丰富的资源，印度的服务业和医疗业有优势，孟加拉国的劳动力成本相对低廉，孟中印缅经济走廊可以充分发挥各国的优势，同时将印度东北这一'闭锁之地'变成'联结之地'。"① 印度学者狄伯杰认为，建设这条经济走廊十分必要，四国地理毗邻，经济互补性强，"随着相关投资的引入，印度东北部地区的基础设施建设将会有很大提升，社会问题也会逐渐得到解决"。而作为不发达国家的缅甸和孟加拉国对孟中印缅经济走廊建设更是寄予厚望。缅甸学者查查森认为，缅甸处于这条经济走廊的中心地带，应发挥重要作用，"缅甸能帮助中国通往其他东南亚国家，也能有助于实现印度的雄心"。由于受西方多年的经济制裁，缅甸经济不发达，境内的交通设施非常落后。查查森指出，中印两国领导人同意在产业园区、基础设施等领域开展大项目合作对改善缅甸交通，加强基础设施建设，实现产业转移，发展加工制造业和商业物流具有重大意义。孟加拉国学者拉曼指出，孟加拉的大部分出口还是针对欧美市场，与南亚、中国的贸易量依然不足，因此，这一经济走廊的宗旨可以刺激孟与有关国家之间的贸易，如果进展顺利的话，这将形成所有各方多赢的局面。

中国和印度是世界上人口占第一和第二位的大国，市场潜力巨大。据

---

① 王志民. 建设西南次区域经济走廊的地缘战略思考. 中国浦东干部学院学报，2014（7）.

统计，印度目前的人口规模已达到 12.4 亿，中国与印、缅、孟都是发展中国家，共同拥有约 26 亿人口的巨大市场，合作潜力不可估量。印度被誉为"世界办公室"，其经济发展主要依靠服务业驱动，服务贸易已经成为推动印度对外贸易发展的主要力量。印度服务业发达而制造业缺口大，中国则急需打开制造业和基础设施输出市场，双方在这些领域合作潜力很大。中印两国与缅甸和孟加拉国都有长期经济合作，具有一定的合作基础。目前，中印双方一致同意在产业园区和基础设施等领域开展大项目合作，这必将推动孟中印缅经济走廊的快速发展。

根据中方学者的预测，到 2020 年，孟中印缅经济走廊次区域国际贸易额可达到 5 000 亿美元，次区域经济体 GDP 平均增长率可达 12%，次区域经济体人均国民总收入（GNI）平均增长率可达 9%，在互联互通基础设施建设方面投资总需求为 3 243 亿美元。预计到 2040 年，经济走廊次区域互联互通基础设施建设投资总需求为 7 600 亿美元。

到 2040 年，孟中印缅经济走廊次区域经济体将彻底消除贫困，真正实现互联互通、包容性经济增长，建成加尔各答、达卡、曼德勒、昆明 4 个区域性国际金融中心和国际物流中心，形成若干层次的以服务业为主、按照市场化运作的产业集群。次区域经济体经济规模占亚洲总产出15%～18%，成为亚洲经济增长的新动力。

第二节　加速中巴经济走廊建设

巴基斯坦是中国南亚外交的支点，中巴两国建立了全天候、全方位的友好关系，中巴战略合作伙伴关系经历了时间的考验。在两国良好政治关系的推动下，双边经贸合作也取得了较大成就，中巴合作关系一直是中国与南亚国家双边经贸合作的典范。

一、中巴双边贸易与投资现状

（一）中巴双边贸易状况

1. 双边贸易规模与结构

近10年来，中巴贸易呈稳步增长态势。据中国海关统计[①]，2006年中巴双边贸易额为52.5亿美元，2007年双边贸易额上升到69.4亿美元。受国际金融危机影响，2009年，两国贸易额回落至67.8亿美元。2010年，中巴双边贸易额达到86.7亿美元，同比增长27.7%。2011年，两国双边贸易额超过百亿，达到105.6亿美6元。2012年，中巴双边贸易额为124亿美元，同比增长17.6%，其中，中方自巴进口31.4亿美元，中方对巴出口90亿美元。2013年，两国双边贸易再创历史新高，达到142.2亿美元，同比增长14.5%，其中，中方对巴出口110.2亿美元，自巴进口32亿美元。目前，中国已经成为巴基斯坦第一大贸易伙伴。由于巴基斯坦出口商品结构单一，中国对巴长期保持较大贸易顺差，2013年中方贸易顺差约78亿美元。

在贸易商品结构上，中方对巴出口以机电产品为主，占出口总额的50%左右，出口商品包括机械设备、电子电器、计算机与通信产品、纺织品、化工产品、塑料制品和运输设备等。中方自巴基斯坦进口商品包括棉线纱、矿石及其他矿产品、皮革和金属制品等，其中棉线纱等纺织品占进口比重超过50%。

2. 中巴自由贸易协定

巴基斯坦是南亚国家中最早与中国签署自由贸易协定的国家。2006年11月，中巴双方签订了《中国和巴基斯坦自由贸易协定》。根据该协定，双方于2007年7月起对全部货物产品分两个阶段实施降税。第一阶段，双方在3年内将约占各自税目总数36%的产品关税降为零，在5年内将约占

[①]　中国海关统计月报（2007—2013年）。

各自税目总数 49% 的产品关税进行削减。第二阶段从协定生效的第六年开始，在合理时间内消除占税目数和贸易量 90% 产品的关税。除货物贸易自由化之外，《中国和巴基斯坦自由贸易协定》还就投资促进与保护、投资待遇、征收、损害补偿和投资争端解决等事项作了规定。另外，自 2009 年 10 月开始，《中巴自贸区服务贸易协定》生效实施。

目前，中巴自由贸易区建设进展顺利，至 2012 年，两国货物贸易税目的 85% 实现了"自由贸易协定"的关税减免。巴基斯坦也提出了最新一批"自由贸易协定"的出口商品清单，这样巴方对华出口额每年将增加 10 亿到 15 亿美元，由此中巴双边贸易将在未来 5 年内实现翻番，即 2015 年两国贸易额将达到 150 亿美元。

（二）中国对巴基斯坦投资状况

建立中巴自由贸易区为两国企业创造了良好的投资环境，有关投资保护和投资促进等各项措施也为企业对外投资提供了制度性保障。根据中国商务部、国家统计局和国家外汇管理局联合发布的统计数据，[①] 截至 2013 年年底，中国在巴基斯坦的非金融类直接投资存量达到 23.43 亿美元，巴基斯坦成为我国在南亚地区对外投资的最大对象国，中方投资的领域主要集中在通信、家电、汽车制造、建筑和电力等领域（表 6-1）。其中较大的投资项目包括，2006 年 11 月，在巴基斯坦拉合尔市，中方以海尔工业园为基础建立了海尔—鲁巴经济区，这是巴政府批准建设的"巴基斯坦中国经济特区"，也是我国首个"中国境外经济贸易合作区"。2007 年，中国移动投资约 8 亿美元收购巴基斯坦 PAKTEL 公司并进行通信基础设施建设；振华石油公司获得巴基斯坦两个石油区块的开采权等项目。2011 年，东方集团控股的香港上市公司联合能源公司成功收购 BP 巴基斯坦公司全

---

① 2013 年度中国对外直接投资统计公报. 北京：中国统计出版社，2014（9）.

部资产，该公司目前在巴投资累计已经超过 10 亿美元。①

表 6-1　2005—2013 年中国对巴基斯坦直接投资状况

单位：亿美元

年份 项目	2005	2006	2007	2008	2009	2010	2011	2012	2013
直接投资流量	0.04	-0.62	9.11	2.65	0.77	3.31	3.33	0.89	1.64
直接投资存量	1.89	1.48	10.68	13.28	14.58	18.28	21.63	22.34	23.43

资料来源：2013 年度中国对外直接投资统计公报。

（三）工程承包与劳务合作

巴基斯坦是中国海外承包工程重点市场之一。据中国商务部统计，②
2012 年，中国企业在巴基斯坦新签订工程合同 108 份，合同金额 23.48 亿
美元，完成营业额 27.78 亿美元。2013 年，中国企业在巴基斯坦新签订工
程合同 120 份，合同金额为 54.6 亿美元，完成营业额 37 亿美元。截至
2013 年 2 月，中国企业在巴累计签订承包工程、劳务合作和设计咨询合同
额 253.6 亿美元，完成营业额 202.6 亿美元。截至 2013 年年底，中国企业
在巴基斯坦各类劳务人员数量共计 6 020 人。

目前，中国企业在巴基斯坦在建的重点项目包括：葛洲坝集团承建的
尼勒姆杰勒姆电站项目、中国路桥工程公司承建的喀喇昆仑公路改扩建项
目、中国建筑公司承建的伊斯兰堡机场航站楼项目等。中巴劳务合作主要
集中在基础设施建设和能源开发等领域。

二、中巴经济走廊建设的方向

（一）建设中巴经济走廊的意义

中巴经济走廊是指连接位于中国西部并贯穿巴基斯坦南北的公路和铁

---

① 对外投资合作国别（地区）指南—巴基斯坦（2013 年版）. 中国商务部，2013（11）.
② 中国商务统计年鉴 2014 年. 北京：中国商务出版社，2014（9）.

路主干道,从中国新疆的喀什直通至巴基斯坦的西南港口城市瓜达尔港,建设这条经济走廊具有重要的政治和经济意义。从最早的中巴公路建设到中巴铁路及油气管线的构想直至目前的中巴经济走廊,两国历任领导人多年共同努力推动双边关系的全面发展(图6-2)。

图6-2 中巴经济走廊示意图①

1. 维护国家能源安全

能源合作是中巴经济走廊建设的重要目标之一。目前,从中东地区经马六甲海峡进口的石油约占中国石油进口总量的一半以上。由于近年南海局势日趋紧张,开拓新的能源进口渠道对中方而言越来越迫切。开辟一条全新的、不经马六甲海峡的石油运输通道意义重大。经巴基斯坦将石油运输到中国新疆则为距离最短、最便捷的线路。中巴经济走廊的起点——瓜达尔港地处波斯湾海口,毗邻中东产油区,中国可以借助这一陆路开放通道,将中东的石油经巴基斯坦转运到中国内陆来。因此建设中巴经济走廊,推进中巴能源合作,有利于中国能源供应渠道多元化,不仅缓解两国石油的紧张状况,而且有利于维护中国的能源安全。

---

① 百度地图,htt://image.baidu.com/.

2. 促进两国经济发展

中巴经济走廊建设会进一步加强中巴互联互通，有利于促进两国贸易往来，提升经贸合作水平，惠及两国民众。中巴经济走廊建设将使中国西部的出海距离从 3 500 公里缩短到 1 500 公里，连接中巴铁路网线的同时，也可给沿线地区带来新的发展机遇。对于巴基斯坦而言，建设中巴经济走廊，吸引中国企业到巴投资，进行基础设施建设、兴建产业园区等，能为巴方人民提供更多的就业机会。巴基斯坦总理谢里夫曾经指出，中巴经济走廊不仅将使中国中西部受益，而且还将使巴基斯坦和整个南亚地区受益。

3. 维护我国西部边疆的社会稳定

巴基斯坦与中国新疆边境地区的社会安全形势一直比较严峻，其中一个重要原因是经济相对落后，民生问题难以改善。建设中巴经济走廊，将促进两国边境地区的经济发展，增加边境地区的居民收入、改善民生，这有利于维护中巴边境地区的稳定，为消除"三股势力"创造良好条件。[①]

（二）中巴经济走廊的建设现状

2013 年 5 月，李克强总理访问巴基斯坦期间，提出要加强战略和长远规划，开拓互联互通、海洋等新领域合作，要着手制定中巴经济走廊远景规划，稳步推进中巴经济走廊建设。同年 7 月 5 日，中巴两国在北京发表了《关于深化新时期中巴战略合作伙伴关系的共同展望》，双方提出成立"中巴经济走廊远景规划联合合作委员会"，这标志着中巴经济走廊正式进入两国共同规划阶段。2014 年 2 月，中巴经济走廊联委会第二次会议在北京举行，双方签署了建立中巴小型水电技术国家联合研究中心、设立孔子学院、喀喇昆仑公路升级改造二期工程等合作文件。

在中巴经济走廊远景规划当中，巴方希望与中国开展"四位一体"合

---

① 陈利君. 中巴经济走廊建设前景分析. 印度洋经济体研究，2014（1）.

作，即公路、铁路、油气管道、光缆的通道建设合作。根据该规划，将建设长达2 000公里的运输路线，连接中国的喀什和巴方的瓜达尔港，以公路建设为开始，之后还可能增加铁路建设。另外，还将建设中国边境通往巴基斯坦拉瓦尔品第的光纤电缆，以便利巴方接入国际通信网络。中国对这个3年期项目4 400万美元预算提供85%融资支持，巴基斯坦自行承担剩余部分。[①] 在双方已经确定实施的中巴经济走廊合作项目中，除了公路、铁路外，另一重点领域是油气管道及电网的互联互通。根据巴基斯坦计划与发展部门的信息，中巴经济走廊建设相关协议中包含多项电力合作项目，中国国家电网公司将在巴基斯坦至少建4座电站。

目前，中巴双方正在积极推进喀喇昆仑公路、加达尼和塔尔能源项目、瓜达尔港口运营、卡拉奇—拉合尔高速公路等项目。其中，喀喇昆仑公路又称"中巴友谊公路"，东起新疆喀什，穿越喀喇昆仑、兴都库什和喜马拉雅三大山脉，经过中巴边境口岸红其拉甫山口，直达巴基斯坦北部城镇塔科特，全长1 224公里，全线海拔600至4 700米。由于年久失修，加上春季融雪、夏季降雨等原因，这条陆路交通常被堰塞湖阻断。2008年2月，由中国路桥工程有限责任公司负责实施的喀喇昆仑公路改扩建项目正式启动，新的二期工程改造包括塔科特至伊斯兰堡段。

（三）建设中巴经济走廊面临的挑战

1. 巴基斯坦经济发展滞后

巴基斯坦是世界上最不发达国家之一，2013年人均GDP只有1 332美元。巴基斯坦的支柱产业是农业，工业主要以原材料和初级产品生产为主。巴基斯坦制造业落后，没有健全的产业结构，科学技术水平相对较低，其出口商品技术含量低，附加值低，难以满足中国市场的需求。近年

---

① 冯宗宪. 中国向欧亚大陆延伸的战略动脉——丝绸之路经济带的区域、线路划分和功能详解. 学术前沿，2014（2）.

来，巴基斯坦经济增长率一直徘徊在 4% 以下，全国 40% 的人口生活在贫困线以下，基础设施落后，能源和电力极其缺乏。[①]

2. 巴基斯坦政局不稳定，恐怖活动频繁

巴基斯坦国内政局不稳，安全问题突出，恐怖活动猖獗。据统计[②]，2003—2013 年间，在恐怖袭击及反恐战争中平民死亡的人数达到 18 035 人。中巴经济走廊穿越巴基斯坦境内基础设施最差、安全局势最动荡的西北部和西南部落后地区，巴基斯坦的安全形势对中巴经济走廊的建设会产生较大的负面影响。

近年来，巴基斯坦一直配合美国反恐，投入了大量资金和精力。巴基斯坦紧邻阿富汗，2014 年美国从阿富汗撤军后阿富汗的安全形势面临更多的不确定性，塔利班势力可能重返阿富汗，恐怖主义将会威胁到这一地区的稳定。另外，中巴经济走廊的建设有助于提升中国在中东和南亚的影响力。基于地缘政治因素的影响，中巴经济走廊建设计划可能会引起美国等西方国家对中国战略目标的怀疑与反对，其干扰因素也不容忽视。

第三节　加强中印双边经贸合作关系

中国与印度于 1950 年 4 月 1 日建交。20 世纪 50 年代，中印两国领导人共同倡导和平共处五项原则，双方交往密切。1959 年西藏平叛后，中印关系恶化。1962 年 10 月，中印边境发生大规模武装冲突。1976 年双方恢复互派大使后，两国关系逐步改善。2003 年 6 月，印度总理瓦杰帕伊对中国进行正式访问，双方签署《中印关系原则和全面合作的宣言》。2005 年 4 月，温家宝总理访印，双方宣布建立面向和平与繁荣的战略合作伙伴关系。2006 年 11 月，胡锦涛主席对印度进行国事访问，双方发表《联合宣言》，制定深化两国战略合

---

① 李轩. 自贸协议下的中巴贸易存在的问题、原因及对策研究. 南亚研究季刊, 2014 (1).

② http://www.satp.org/.

作伙伴关系的"十项战略"。2008 年 1 月，印度总理辛格访华，两国签署《中印关于二十一世纪的共同展望》。2010 年 12 月，温家宝总理访印，两国领导人确定了 2015 年双边贸易额达 1 000 亿美元的目标。2013 年，李克强总理访问印度，2013 年 10 月，辛格总理访华，这是 1954 年以来两国总理首次在同一年内实现互访，中印关系进入快速发展的新阶段。2014 年 9 月，习近平主席访问印度，两国签署了《中华人民共和国和印度共和国关于构建更加紧密的发展伙伴关系的联合声明》，两国关系发展步入新阶段。

一、中印双边贸易状况

近年来，中印双边贸易实现了跨越式发展：2000 年双边贸易额仅有 29 亿美元，2013 年已超过 650 亿美元。印方统计，2012 至 2013 财年，印中贸易额 678.3 亿美元。目前中国是印度第二大贸易伙伴和最大的进口来源国。印度已成为中国在南亚地区的第一大贸易伙伴。

根据中国海关统计，目前中国对印度出口的主要商品是机电产品和纺织服装类商品，包括钢材、纺织纱线、无线电话、自动数据处理设备、肥料、抗生素等（表 6-2）；中方自印度进口的主要商品大多为原料型商品，包括铁矿石、农产品、棉花、铜材、钻石等（表 6-3）。

表 6-2　2012 年中国对印度出口主要商品情况

商品名称	金额（亿美元）	占比（%）
矿物肥料及化肥	29.6	6.2
自动数据处理设备及其部件	28.6	6.0
纺织纱线、织物及制品	26.7	5.6
钢材	22.6	4.8
手持或车载无线电话机	10.4	2.2
抗生素（制剂除外）	6.9	1.5
家具及其零件	6.2	1.3
汽车零件	5.9	1.2
农产品	5.8	1.2
服装及衣着附件	5.2	1.1

资料来源：中国海关统计。

表6-3　2012年中国自印度进口主要商品情况

商品名称	金额（亿美元）	占比（%）
农产品	41.1	21.9
铁矿砂及其精矿	36.8	19.6
棉花	30.3	16.1
未锻造的铜及铜材	21.7	11.5
钻石	12.5	6.6
纺织纱线、织物及制品	11.1	5.9
初级形状的塑料	5.9	3.2
成品油	4.2	2.2
二甲苯	3.3	1.8
牛皮革及马皮革	2.2	1.2

资料来源：中国海关统计。

二、中印相互投资状况

（一）中国对印度投资

近年来，中资企业对印度投资增长迅速。根据《2013年度中国对外直接投资统计公报》，① 2011—2013年，中国对印度非金融类直接投资流量分别为1.8亿美元、2.77亿美元和1.49亿美元，截至2013年底，中国在印度非金融类直接投资存量为24.47亿美元。主要投资领域包括电信、机械制造、冶金和家用电器制造等。

根据印度商工部统计，自2000年4月至2013年底，印度累计吸引外国直接投资2 098.4亿美元，其中，中国（大陆）累计对印投资3.1亿美元，占印累计吸引外资总额的0.15%，中国是印度第30大外资来源国。主要投资项目如下。

1. 中国工商银行孟买分行。该行于2011年5月16日正式取得印度储备银行颁发的全功能银行牌照，并获准在印度全境内经营包括公司金融、商业金融、投资银行、资产管理等在内的所有银行业务。2011年9月15

① 2013年度中国对外直接投资统计公报. 北京：中国统计出版社，2014（9）.

日正式成立并实现对外营业。

2. 三一重工印度公司。2006 年 11 月，三一重工与印度马哈拉斯特拉邦政府签订三一浦那投资协议，在该地投资 6 000 万美元建设工程机械制造基地。2009 年 10 月，三一印度浦那产业园竣工投产，占地 500 亩，成为三一集团首个集研发、制造、营销、服务、物流于一体的综合性海外产业园。截至 2012 年底，投资总额接近 1 亿美元。

3. 印度海尔。这是海尔集团全资子公司，成立于 2004 年 1 月，总部设在德里，在孟买、班加罗尔、海德拉巴、金奈、加尔各答等地设有 32 个营销销售分中心，以浦那为设计、生产基地，营销销售网络覆盖全印度。2011 年，海尔产品进入印度前十大家电传统零售渠道。

4. 华为印度公司。自 2000 年以来，华为公司陆续在印度建设了海外最早、最大的研发中心、本地销售服务中心、本地生产中心、本地培训中心、全球网络运营中心、全球服务资源共享中心等。近 5 年来，华为公司陆续投资约 2 亿美元建设班加罗尔华为软件园区、金奈生产中心、班加罗尔全球网络运营中心等。

（二）印度对华投资

据中国商务部统计，截至 2013 年年底，印累计来华直接投资项目 866 个，实际投资额 5.12 亿美元。印度在华投资领域覆盖金融、软件、高等教育、制药、贸易、钢铁、化工、清洁能源等。迄今共有 10 家印资银行在华设立了 4 家分行和 9 个代表处，在华资产总额 27.5 亿元人民币。主要投资项目如下。

1. 博拉经纬纤维有限公司。设立于 2006 年 9 月 22 日，投资总额 16.5 亿元人民币（折合 2.6 亿美元），位于湖北省襄阳高新区，主要从事差别化化学纤维、二硫化碳、硫酸钠及相关产品的生产与销售。2012 年营业收入 8.1 亿元人民币。

2. 印孚瑟斯技术（中国）有限公司。全球著名软件服务外包企业。2004 年，印孚瑟斯在上海张江投资设立了印孚瑟斯技术（上海）有限公司，注册资本金 500 万美元，2007 年更名为印孚瑟斯技术（中国）有限公司，2012 年注册资本金增至 1.5 亿美元。

三、中印工程承包合作

印度是中国重要的海外承包工程市场之一。据中国商务部统计，[①] 2006 至 2011 年，印度曾连续 6 年居中国海外工程承包市场之首，2012 年排名第二。2013 年，由于印度经济增速减缓、新开工项目减少以及融资困难等因素，中国企业对印度工程承包合作新签合同额有所下降。当年中国企业在印新签工程承包合同额 22.7 亿美元，同比下降 49.8%，完成营业额 52.8 亿美元，同比下降 21.1%。新签约项目主要集中于火力发电和通信领域。截至 2013 年底，中国企业在印累计签订工程承包合同额 624 亿美元，完成营业额 388 亿美元。中国企业在印工程承包主要项目情况如下。

第一，南车浦镇孟买地铁 1 号线车辆项目。南车浦镇车辆有限公司承建，业主为孟买地铁 1 号线私营有限公司（MMOPL）。双方于 2008 年 5 月签订 16 列 64 辆不锈钢地铁车辆项目合同，合同总金额为 1.16 亿美元。这是中国首次向印度出口地铁车辆。

第二，印度 SASAN 6 × 660MW 超临界、超大型燃煤电厂 BTG 项目。2008 年 6 月签约，2010 年 6 月开工。上海电气集团股份有限公司承建。项目位于印度中央邦，从事 6 × 660MW 超临界、超大型电厂锅炉、汽轮机、发电机岛设计、成套设备、供货、安装指导、调试指导、试运行、性能试验、机组移交，合同金额约 13 亿美元。

---

① 中国商务统计年鉴 2014 年. 北京：中国商务出版社，2014（9）.

第三，印度古吉拉特 5×660MW 超临界燃煤电站项目。山东电力建设第三工程公司承建。项目位于印度古吉拉特邦蒙德拉，中方提供 5 台 660MW 超临界燃煤电站的设计、采购、施工，合同金额约 30 亿美元。2007 年 9 月签约并开工，2012 年 4 月 5 台机组已全部投产发电并进入商业运行。

四、中印经贸合作发展前景展望

印度是继中国之后又一快速崛起的新兴发展中大国，也是中国的重要邻国和南亚地区最大的经贸合作伙伴。两国经济互补性较强，进一步深化和发展双边经贸关系是中印两国政府和企业的共识，也符合双方的共同利益。

（一）提升贸易规模并促进贸易平衡

通过进一步加强药品监管（含注册）合作，加快对中印互输农产品的检验检疫磋商，扩大中国自印度药品及农产品进口，扩大货物贸易规模。与此同时，加强印度 IT 企业与中国企业的联系，促进旅游、电影、医疗保健、IT 和物流等服务产业贸易。

近年来，中国对印度贸易顺差不断扩大，已成为印度最大贸易逆差来源国。中印贸易不平衡的主要原因在于两国经济产业结构和市场需求的差异，但印度限制铁矿石、棉花等产品出口，进一步加剧了这种不平衡。为改善双边贸易不平衡问题，双方都有必要采取积极措施，营造有利环境和条件，促进印度优势产品，包括信息技术、药品、农产品、电影等对华出口。与此同时，双方都须秉持积极和开放的态度，进一步加强在货物贸易、服务贸易、投资、科技合作、旅游等广泛领域开展合作，以寻求双边经贸关系的总体平衡和可持续发展。

（二）扩大投资和工程承包合作

印度正在实施的"十二五"计划，将在基础设施部门投资 1 万亿美元，重点发展发电、电信、电力设备、农产品加工、食品加工、药品、化工产品等产业，推进包括德里—孟买经济走廊、国家投资制造业区建设，其中半数资金来源于外国投资。中印在投资和工程承包领域具有较大合作潜力。未来 5 年中方将向印度工业和基础设施发展项目投资 200 亿美元，主要投资领域如下。

1. 基础设施建设

中印双方签署了铁路合作备忘录和行动计划，包括：一是双方将合作确认金奈—班加罗尔—迈索尔路段既有线路提速所需的技术投入。二是中方将为印 100 名铁路技术官员提供重载运输方面的培训。三是双方将在车站再开发、在印建立铁路大学等领域开展合作。四是印方愿积极考虑与中方合作建设一条高速铁路。

2. 建设工业园区

中方将在印度古吉拉特邦和马哈拉施特拉邦建立两个工业园区，双方将共同打造生产和供应链。

3. 加强新能源合作

双方将根据各自国际承诺，开展民用核能领域的双边合作，包括中国国家原子能机构和印度原子能委员会之间在工作层面开展磋商。

4. 加强金融合作

加强两国金融监管部门之间的合作，印方原则批准中国银行在孟买设立分行。

5. 建立地方友好合作关系

推动广东省与古吉拉特邦、上海与孟买、广州与艾哈迈达巴德友好省邦及城市之间的合作。

（三）推动双边区域贸易安排谈判

2005 年 4 月，温家宝总理访印期间两国总理达成共识，中印于 2007

年 10 月完成了双边区域贸易安排联合可行性研究。双方认为，中印应通过建立区域贸易安排，相互减少和消除贸易壁垒，改善投资环境，加强经济合作，实现互利共赢，促进亚洲经济一体化。

2008 年辛格总理访华时，两国总理同意择机启动区域贸易安排谈判。后印度政府因担心其对华贸易逆差扩大和工商界反对，一直缺乏开展谈判的政治意愿，导致谈判迄今未能启动。目前，亚洲各国和地区积极推进自贸区建设，各层次区域贸易协定谈判方兴未艾，中印尽早启动区域贸易安排谈判可成为进一步提升双边经贸合作水平的重要起点。

第七章 西亚——丝绸之路 经济带的延伸区

西亚地区国家包括：土耳其、伊朗、伊拉克、科威特、沙特阿拉伯、叙利亚、约旦、以色列、巴勒斯坦、阿联酋、卡塔尔、巴林、也门、阿曼、黎巴嫩、格鲁吉亚、阿塞拜疆、亚美尼亚、塞浦路斯等 19 个国家和地区（图 7-1）。2013 年，西亚地区 GDP 总量约为 3.66 万亿美元，占世界 GDP 总量的 4.95%，进出口贸易总额约为 2.6 万亿美元，占全球贸易总额的 6.89%。①

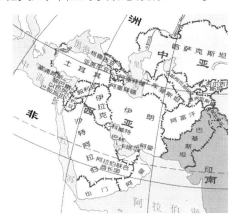

图 7-1　西亚地区国家示意图②

---

① 根据 IMF 和 WTO 网站公布的 2013 年各国相关数据计算得出。
② 百度地图，http：//image.baidu.com/.

第一节　中国与海合会国家经贸合作现状与前景

海湾阿拉伯国家合作委员会（简称"海合会"）是西亚及中东地区重要的区域性组织，其成员国为阿联酋、阿曼、巴林、卡塔尔、科威特、沙特阿拉伯6国。[①] 海合会国家拥有丰富的石油天然气资源，据 BP 公司统计，[②] 截至 2010 年年底，海合会6国可探明石油储量总计为 4 952 亿桶，约占世界可探明石油储量的 35.8%，可探明天然气储量总计为 41.94 万亿立方米，约占世界可探明天然气储量的 22.1%。

一、中国与海合会国家贸易发展状况

（一）双边贸易现状

21 世纪以来，中国与海合会国家双边贸易额呈快速增长趋势。据中国海关统计，2001—2008 年，中国与海合会国家进出口贸易总额由 97.6 亿美元上升至 923 亿美元，增长了约 8.5 倍。其中，中国对海合会国家的出口额由 40.7 亿美元上升至 385.8 亿美元，增长了 8.48 倍；进口额由 56 亿美元提升至 537.3 亿美元，增长了 8.6 倍。受国际金融危机的影响，2009 年，我国对海合会国家进出口贸易额降至 679.2 亿美元，同比下降了 26.4%。

2010 年以后，中国与海合会国家的双边贸易额再次大幅增长，2010 年，中国与海合会国家贸易总额为 927.7 亿美元，同比增长 36.2%，占中国与阿拉伯国家联盟[③]贸易总额的 63.8%。2011 年，中国与海合会国家贸

---

① 1981 年 5 月 25 日，6 个海湾国家（阿联酋、阿曼、巴林、卡塔尔、科威特、沙特阿拉伯）的元首在阿联酋开会，宣布成立海湾阿拉伯国家合作委员会（简称"海合会"），并签署了委员会章程。
② BP, BP Statistical Review of World Energy June 2011, London: BP, 2011, pp. 6-26.
③ 阿拉伯国家联盟（League of Arab States）是为了加强阿拉伯国家联合与合作而建立的地区性国际组织，目前有 22 个国家：阿尔及利亚、阿联酋、阿曼、埃及、巴勒斯坦、巴林、吉布提、卡塔尔、科威特、黎巴嫩、利比亚、毛里塔尼亚、摩洛哥、沙特、苏丹、索马里、突尼斯、叙利亚、也门、伊拉克、约旦、科摩罗。

易额达到 1 337 亿美元，同比增长 44.5%，占中阿双边贸易总额的 68.3%，其中，中方出口 468.7 亿美元，中方进口 868.3 亿美元。2012 年，中国与海合会国家贸易额为 1 550 亿美元，同比增长 15.9%。2013 年，中国与海合会国家贸易总额达到历史新高 1 653.1 亿美元，其中，中方出口 596.7 亿美元，进口 1 056.2 亿美元（表7-1）。

表 7-1　2001—2013 年中国与海合会 6 国贸易状况

单位：亿美元

年份＼项目	进出口总额	进出口增长率（%）	中方进口额	中方出口额	中方贸易差额
2001	97.6	−3.6	56	40.7	−15.3
2002	115.7	18.6	60.2	55.5	−4.7
2003	168.8	45.9	88	80.6	−7.4
2004	247.3	46.6	143	104.4	−38.6
2005	337.6	36.5	200	137.7	−62.3
2006	449.5	33.2	265.6	183.9	−81.7
2007	580.2	29.1	302.7	277.2	−25.5
2008	923.1	59.1	537.3	385.8	−151.5
2009	679.2	−26.4	366.7	312.5	−54.2
2010	925.3	36.2	564.8	360.5	−204.3
2011	1 337	44.5	868.3	468.7	−399.6
2012	1 550	15.9	1 010	540	−470
2013	1 653.1	6.7	1 056.2	596.7	−459.5

资料来源：2002—2012 年中国统计年鉴，2013 年中国海关统计月报。

在贸易平衡方面，中国对海合会国家总体上保持逆差地位。近年来，中方贸易逆差呈现扩大态势，2009—2013 年，中国对海合会国家的贸易逆差从 54 亿美元增长到 460 亿美元左右。

在海合会 6 国中，沙特和阿联酋是我国在西亚地区排名第一和第二位的贸易伙伴。2013 年，中国与沙特、阿联酋双边贸易额分别为 722 亿美元和 462 亿美元，分别占当年中国与海合会国家贸易总额的 43.7% 和 28%。阿联酋是世界重要的转口贸易中心，阿联酋已成为中国在海湾地区最大的出口市场，2013 年，中国对阿联酋出口额高达 334.1 亿美元。

（二）贸易商品结构

中国与海合会国家的贸易商品结构特点是工业制成品与原油产品的贸易。石油、矿物燃料和相关原料一直是中国自海合会国家进口的主要商品，矿物燃料进口约占中国自海合会国家进口总额的 80%，其中原油为主要进口商品。例如，2010 年，中国从中东进口原油 1.3 亿吨，占中国进口总量的 47%，海合会国家为主要进口来源国。2012 年，中国自海合会 6 国进口原油 9 371 万吨，同比增长 9.7%，占当年中国海外进口原油总量的 35%。其中，沙特是中国进口原油的最大来源国。

中国出口到海合会国家的产品多为工业制成品和传统加工制成品，如机械及运输设备、杂项制品、服装鞋帽等。近年来，中国出口商品的技术含量显著增加，机电产品和高科技产品出口增长较快，对海合会等西亚国家出口商品结构升级比较明显。

二、中国与海合会国家相互投资与经济合作

（一）中国对海合会国家的直接投资

近年来，中国企业对海合会国家的直接投资保持增长，但总体规模和占中国对外直接投资总量的比例仍较小。根据《2013 年中国对外直接投资统计公报》[①] 2005 年，中国对海合会国家非金融类直接投资存量为 2.15 亿美元；2008 年，非金融类直接投资流量和存量分别为 2 亿美元和 10.64 亿美元；2011—2012 年，中国对海合会国家非金融类直接投资存量分别为 23.11 亿美元、28.86 亿美元；2013 年，中国对海合会国家非金融类直接投资存量为 37.82 亿美元，仅占当年中国非金融类对外直接投资存量 5 434 亿美元的 0.7%。其中，沙特和阿联酋是吸引中国非金融类直接投资最多

---

① 2013 年度中国对外直接投资统计公报. 北京：中国统计出版社，2014（9）.

的两个海合会国家。2013 年，中国对沙特和阿联酋直接投资存量分别为 17.47 亿美元、15.15 亿美元，分别占中国对海合会 6 国非金融类直接投资总存量的 46% 和 40%（表 7-2）。

表 7-2　2005—2013 年中国对海合会国家直接投资存量

单位：亿美元

年份\国家	2005	2006	2007	2008	2009	2010	2011	2012	2013
沙特	0.58	2.73	4.04	6.21	7.11	7.61	8.83	12.06	17.47
阿联酋	1.44	1.45	2.34	3.76	4.4	7.64	11.75	13.37	15.15
阿曼	0.07	0.34	0.37	0.14	0.08	0.21	0.29	0.33	1.75
卡塔尔	0.03	0.09	0.4	0.5	0.36	0.77	1.3	2.2	2.54
科威特	0.01	0.06	0	0.03	0.06	0.51	0.93	0.83	0.89
巴林	0.02	0	0	0	0	0	0.01	0.07	0.02
合计	2.15	4.67	7.15	10.64	12.01	16.74	23.11	28.86	37.82

资料来源：2013 年度中国对外直接投资统计公报。

（二）海合会国家对华投资

近年来，海合会国家对华投资（包括直接和间接投资）呈上升趋势。沙特、阿联酋对华投资总量位居中东国家第一和第二位，截至 2011 年年底，沙特和阿联酋在中国的投资存量分别为 87.4 亿美元、18.7 亿美元，两国占中东国家对华投资总额的 80% 左右。[①]

目前，沙特、阿联酋对华直接投资主要集中在石油化工领域，如沙特基础工业公司（SABIC）与中石化集团公司以各占一半的比例投资 183 亿元人民币，在天津建设炼油化工一体化综合项目等。在金融领域，海合会国家的主权财富基金目前已经入股中国工商银行、中国银行、中国农业银行等金融机构。

---

① 中国贸易外经统计年鉴 2012，中国统计出版社，2012.

（三）工程承包

海合会国家目前已经成为中国对外承包工程的重要市场和增长点。由于石油价格高涨，海合会国家积累了大量石油美元，沙特、阿联酋等利用石油收入大力开展基础设施建设，当地建筑市场需求强劲，中国对海合会国家的工程承包规模不断扩大。2001 年，中国在海合会国家工程承包营业额只有 3.4 亿美元，到 2009 年，承包工程完成营业额高达 92.5 亿美元，年均增长 76%。根据中国商务部统计①，2013 年，中国在海合会 6 国新签合同额高达 100 亿美元，同比增长 31.5%，完成营业额 101.8 亿美元，同比增长 17%。

三、中国—海合会自贸协定谈判的历程与前景

海合会国家已成为中国"充分利用国内国外两个市场、两种资源"战略的重点地区。中国已成为世界第二大石油消费国和进口国，中国对石油的巨大需求是推动中国与海合会国家合作的最大动力，双边经贸合作潜力巨大。因此，从国际资源战略和经济安全考虑，中国有必要与海合会国家缔结双边自由贸易协定，为我国经济的可持续发展提供稳定的能源保障。

（一）中国与海合会自贸协定谈判历程

2004 年 7 月，中国与海合会国家签署了《经济、贸易、投资和技术合作框架协议》，并同时启动了中国—海合会自贸区谈判。2005 年，中国与海合会 6 国不仅签订了《经济贸易协定》、《投资保护协定》，还与除沙特以外的 5 国签订了《避免双重征税协定》。2006 年 1 月，第三轮中国—海合会自贸区谈判在北京举行，具体就关税问题进行了磋商，集中讨论了市场准入与原产地规则两方面问题。

2009 年 6 月，第四轮中国—海合会自贸区谈判在沙特首都利雅举行，

---

① 中国商务统计年鉴 2014 年．北京：中国商务出版社，2014（9）．

双方还开启了服务贸易谈判，并取得了积极进展。2011 年 5 月 2 日，中国——海合会战略对话在阿拉伯联合酋长国首都阿布扎比举行，双方均认为应尽快召开专家会议，落实框架协议，并且在各领域制订相关行动计划，尽早完成自由贸易区谈判。2012 年年初，中国与海合会就尽快完成自贸区货物贸易谈判达成重要共识。

（二）中国与海合会自贸协定的前景

截至 2014 年年初，中国与海合会已经举行五轮自贸区谈判和两次工作组会议，双方在货物贸易谈判的大多数领域达成共识，并启动了服务贸易谈判。2014 年 1 月 17 日，中国国家主席习近平会见海合会代表团时指出，中海自由贸易区谈判已经持续 10 年，双方做了大量基础性工作，中方愿同海方共同努力，早日签署协定，推动丝绸之路经济带和 21 世纪海上丝绸之路建设。目前，中国与海合会自贸区谈判已经进入最后阶段，一旦建成，将为双方合作带来更广阔的前景。

目前虽然沙特等国的整体经济环境还是很开放的，但是这些国家规定，外国企业、个人不能单独直接从事贸易活动，必须借助当地代理或通过与当地公司进行合资的办法来开展经贸活动。一旦自由贸易区建成，这些问题便能够得到有效解决，这将有利于扩大双边贸易规模，为双方合作带来更多机遇。

第二节　大力推动中国与西亚国家的双边经贸合作

一、中国与沙特阿拉伯双边经贸合作现状及前景

沙特阿拉伯（以下简称"沙特"）是西亚和北非地区最大的经济体，沙特长期雄居世界石油产量冠军宝座。据统计，[①] 截至 2012 年年底，沙特石油剩余

---

① 美国《Oil and Gas Journal》，2012 年 12 月。

探明可采储量为 363.61 亿吨，占世界总储量的 16.2%，在世界和中东地区均位居第 1 位；天然气剩余探明可采储量为 8.15 万亿立方米，居世界第 4 位。

（一）中沙双边贸易

自 1990 年 7 月建交以来，中国与沙特双边经贸关系得到了快速发展，双方合作规模不断扩大，合作领域不断拓宽，两国企业在能源、工程承包、通信等领域的合作发展尤为迅速。

根据中国海关统计，[①] 2000 年，中沙双边贸易额仅为 27 亿美元。2013 年，中沙双边贸易总额达到 722 亿美元，增长了 26.7 倍。其中，中方对沙特出口 187.4 亿美元，中方自沙特进口 534.6 亿美元，中方贸易逆差高达 347.2 亿美元。沙特已连续 10 年成为中国在西亚非洲地区最大的贸易伙伴，中国则是沙特第二大进口来源国和第四大出口市场。

在贸易商品结构上，中国对沙特出口的主要商品为计算机及相关产品、通信设备及产品、纺织、家电、建材、家具等，其中部分产品已占据沙特较大市场份额。中国从沙特进口的主要商品包括原油、乙二醇、液化天然气、塑料和钢材等资源和原料性产品。[②] 近年来，中国从沙特进口原油数量迅猛增长，2002—2010 年，中国自沙特的原油进口量从 1 139 万吨增至 4 463 万吨，8 年间年均增长 18.61%。2012 年，中国自沙特进口原油高达 5 400 万吨，进口金额为 441 亿美元，占当年中国海外进口原油总量的 20%。目前，中国已经取代美国成为沙特最大的石油出口对象国。

（二）中沙投资合作

1. 中国对沙特投资状况

从总量上看，中国对沙特直接投资规模仍然较小。根据《2013 年度中

---

① 历年中国海关统计年鉴。
② 刘磊．中沙经贸合作现状及前景分析．阿拉伯世界研究，2011（7）.

国对外直接投资统计公报》，2010 年至 2013 年，中国对沙特非金融类直接投资流量分别为 1.23 亿美元、1.54 亿美元和 4.79 亿美元。截至 2013 年年底，中国在沙特非金融类直接投资存量达到 17.47 亿美元（表 7-3）。

表 7-3　2005—2013 年中国对沙特、伊朗、土耳其直接投资情况

单位：亿美元

年份 项目		2005	2006	2007	2008	2009	2010	2011	2012	2013
沙特	流量	0.21	1.17	1.18	0.88	0.9	0.37	1.23	1.54	4.79
	存量	0.58	2.73	4.04	6.21	7.11	7.61	8.83	12.06	17.47
伊朗	流量	0.12	0.66	0.11	−0.35	1.25	5.11	6.16	7.02	7.45
	存量	0.56	1.11	1.22	0.94	2.18	7.15	13.52	20.7	28.51
土耳其	流量	—	0.01	0.02	0.09	2.93	0.08	0.14	1.1	1.78
	存量	0.04	0.1	0.12	0.22	3.86	4.04	4.06	5.03	6.42

资料来源：2013 年度中国对外直接投资统计公报。

目前在沙特经营的中资企业数量近 160 家，涉及建筑承包、电信、基础设施建设、石油化工、工程机械、物流运输等行业。中国对沙特的投资项目主要集中在能源领域。2003 年，中石化集团公司中标开发沙特南部勒巴阿地区一个大型天然气田，总投资额约 19 亿美元。另外，中石化上海工程公司与荷兰 AK 公司联合中标沙特萨比克公司年产 40 万吨聚乙烯和聚丙烯生产装置建设项目，该项目位于红海重镇延布开发区，合同金额约 7 亿美元，2008 年 3 月生产线正式投入使用，这是中石化同外国公司合作在沙特夺得的第一个石化下游产品建设项目，中石化承担项目总额 50% 的工程任务。[①] 2012 年 1 月，中石化与沙特企业签署延布炼油厂合资协议，该厂位于沙特西部延布市工业区内，设计加工能力约 2 000 万吨/年，加工沙特重质原油，该项目预计投资 85 亿美元，计划于 2014 年下半年投入运行，中石化投资股比占 37.5%，沙特阿美占 62.5%。[②] 这是中石化首次在海外投资建设炼油厂，也是中国在沙特最大的投资项目。

2. 沙特对中国投资状况

随着中国经济的快速发展，沙特企业逐渐重视发展与中国企业的合作关系，沙特对华投资也呈逐年上升趋势。沙特对华投资企业资金雄厚，近年来已陆续进入中国能源、轻工、金融、房地产等市场。例如，2009 年，中石化集团公司与沙特基础工业公司以各占一半的比例投资 183 亿元人民币，在天津建设炼油化工一体化综合项目，所需原油由沙特供应。沙特阿美石油公司与中国公司在福建省共同投资的炼油乙烯大型项目已投产运营。

（三）中沙工程承包及劳务合作

自 1997 年沙特对华开放国内工程承包市场以来，中方承包工程总量迅速提升，沙特已经成为中国最具增长潜力的海外承包市场之一。据中国商务部统计，[③] 截至 2012 年 12 月底，中资企业在沙特承包的在建项目存量共 163 个，合同总额 206 亿美元。其中，规模较大的项目包括：中国铁建公司承建的麦加轻轨铁道项目、中材国际工程公司承建的延布水泥公司 5 号线 EPC 项目、山东电力第三建设工程公司的电站项目等。麦加轻轨项目历经波折，中国企业攻坚克难，最终实现项目按期交付，并连续几年出色地完成了后续的轻轨运营工作，每年运送数百万来自世界各地的朝觐人群，为当地公共服务做出了巨大贡献。2013 年，中国企业在沙特新签订工

---

① 刘佳骏，汪川. 中国与沙特阿拉伯能源合作现状、障碍与对策. 全球化，2013（12）.
② 中石化与沙特企业签署两项合资协议. 中国石化报，2012-01-17.
③ 对外投资合作国别（地区）指南—沙特（2013 年版）. 中国商务部，2013（11）.

程合同 138 份，合同金额为 63.8 亿美元，完成营业额 58.8 亿美元。

（四）中沙经贸发展前景

中国与沙特经济互补性强，未来双方将深化互利合作，实现共同发展。双方要相互扩大市场开放，充分发挥各自的比较优势，以能源合作为支柱，拓展航天、新能源等高技术领域合作，提升双边合作水平。

1. 进一步扩大双边贸易规模

目前中国是世界第二大能源消耗国，中国对国际资源的依赖度日渐提升。从资源可获取量看，中东的油气资源仍将是中国未来数十年内不得不倚重的获取目标，中国未来能源安全保障问题仍有赖于中东石油供应。随着中国经济的快速发展和对能源需求的增长，中国从沙特进口原油的数量仍将不断增加，中方对沙特的较大贸易逆差在短期内仍难以改变。同时还应扩大自沙特非能源类产品的进口，使双边贸易结构更趋合理并且更加平稳。

2. 拓展加工制造业及服务业领域的合作

近年来，海合会国家普遍实行工业化和多元化发展战略，对中国具有比较优势的机电设备、信息通讯等高新技术产品和各种轻工类商品需求量较大。中国是商品出口大国，而沙特则是商品进口大国，两国战略互惠关系显而易见。展望未来，在中国与海合会自贸区协定即将完成谈判的背景下，中方将继续鼓励企业赴阿拉伯国家投资办厂，实施更多有影响力的大项目。拓展能源全产业链的合作，从资源开发延展至资源加工及销售环节等，中国与沙特的经贸合作仍具有广阔的发展前景。

3. 提升贸易投资便利化水平

双方将共同提高投资便利化水平，为双方企业提供更加完善的贸易与投资政策环境和优质服务。

二、中国与伊朗双边经贸合作现状及前景

伊朗是中东地区的传统大国，自然资源相当丰富，已探明石油总蕴藏

量居世界第三位，天然气已探明储量居世界第二位。自 1971 年中国与伊朗正式建立外交关系以来，两国在政治、经贸、文化等各个领域的友好合作关系不断巩固和发展。在西方世界对伊朗实施封锁的背景下，中国则坚持发展与伊朗的友好合作关系。

（一）双边贸易状况

2000 年以来，中国与伊朗经贸关系发展进一步加快，双边贸易额逐年攀升。据中国海关统计，[①] 2004 年，中伊货物贸易总额超过 70 亿美元；2005 年，中伊双边贸易额达 100 亿美元，2008 年突破 250 亿美元。2011 年，中伊双边贸易额创历史新高，达到 451 亿美元，其中，中方对伊出口 147.6 亿美元，中方自伊进口 303.4 亿美元；2012 年，中伊贸易额下降到 365 亿美元。2013 年，两国双边贸易回升至 395.4 亿美元，其中，中方对伊出口 141.5 亿美元，自伊进口 253.94 亿美元，中方贸易逆差为 112.44 亿美元。10 年间中伊双边贸易额提高了 5 倍多。

自 2003 年起，中国对伊朗双边贸易从顺差逐渐变成逆差，这种状况持续至今，且有扩大之势。目前，中国已经是伊朗最大的贸易伙伴国，伊朗则是中国在西亚地区的第三大贸易伙伴国，中国已取代欧盟成为伊朗最大的石油贸易伙伴。

在贸易商品结构方面，原油是中国自伊朗进口的第一大商品。据统计，2011 年，中国自伊朗进口原油高达 2 777 万吨。近十年来，中国原油 10% 左右的进口量来自伊朗，伊朗已经成为中国第三大原油进口来源国。中国向伊朗出口的主要商品是机电产品，包括机械产品、金属产品、车辆运输设备、生活用品等消费品。

---

① 历年中国海关统计年鉴。

（二）相互投资情况

由于中国的商品、技术和设备非常符合伊朗的消费水平和市场需要，因此两国的经贸关系不断发展，双方合作已经涉及能源、通信、交通、造船等诸多领域。根据《2013 年度中国对外直接投资统计公报》，[①] 2010 年以来，中国对伊朗的非金融类直接投资额实现快速增长，2011—2013 年，中国对伊朗非金融类直接投资流量分别为 6.16 亿美元、7.02 亿美元和 7.45 亿美元；截至 2013 年年底，中国在伊朗的非金融类直接投资存量达到 28.51 亿美元，位列中国对海湾国家直接投资额存量的第一位（表 7-3）。

目前，中资企业在伊朗的主要投资项目包括：海尔集团在伊朗投资设立的伊朗海尔公司，苏州阀门厂在伊朗投资设立的合资阀门厂，北方工业公司、长春客车厂与德黑兰铁道公司合资组装地铁客车等项目。在能源领域，中国的三大石油公司——中海油、中石油和中石化都与伊朗在石油天然气开发方面进行了密切合作。

（三）工程承包现状

伊朗也是我国在海外工程承包、成套设备出口的重要市场之一。据中国商务部统计，[②] 2012 年，中国企业在伊朗新签订工程承包合同 78 个，合同金额 46.6 亿美元，完成营业额 14.94 亿美元。新签订的大型工程项目有：中铁国际有限公司承包的伊朗高铁项目，中国石油工程建设公司承建的伊朗北阿油田设施项目，中国天辰工程公司承建的年产 5 千吨甲醇项目等。2013 年，中国企业在伊朗新签订工程合同 141 份，合同金额为 43.1 亿美元，完成营业额 21.8 亿美元。2013 年底，中资企业在伊朗各类劳务

---

① 2013 年度中国对外直接投资统计公报. 中国统计出版社,2014（9）.
② 对外投资合作国别（地区）指南—伊朗（2013 版）. 中国商务部, 2013（11）.

人员共计 1 700 多人。[①]

（四）中伊经贸合作发展前景

受意识形态和西方外部制裁的双重影响，伊朗经济长期处于脆弱状态。2012 年以来，伊朗的原油出口遭欧美国家的严厉制裁，其原油日出口量由 200 多万桶降至 100 万桶。伊朗的金融体系也被西方世界隔离，其大量官方外汇资产被冻结。根据世界银行报告，2012—2013 年，伊朗 GDP 连续两年负增长，伊朗官方公布的年通胀率连续两年高达 30% 左右，本币贬值超过 50%，政府收支连续两年赤字，失业率居高不下。

伊核问题一直是国际社会关注的焦点，中国与伊朗发展经贸合作也自然受到欧美国家制裁的影响，但中伊两国具有较强的经济互补性，随着我国经济的快速发展，能源短缺问题日益突出，保证能源供应安全是中国的重要战略。目前，欧洲企业纷纷撤出伊朗市场，但伊朗加快能源开发和基础设施建设的需求十分迫切，这为中资企业在伊朗拓展业务提供了机遇。因此，中国要采取灵活多样的外交政策，在不影响我国发展大局的前提下，坚持发展与伊朗的友好关系，实现双方互利共赢。

三、中国与土耳其双边经贸合作现状与发展方向

中国和土耳其于 1971 年建交，20 世纪 80 年代后，两国往来逐步扩大。进入 21 世纪以来，中土政治交往频繁，在国际事务中合作良好，各领域互利合作水平不断提升。2010 年 10 月，温家宝总理访土期间，双方宣布建立战略合作关系。2012 年 2 月，时任国家副主席习近平访问土耳其；同年 4 月，土耳其总理埃尔多安访问中国，两国关系进入全面快速发展的新阶段。

---

① 中国商务统计年鉴 2014 年．北京：中国商务出版社，2014（9）.

（一）中土双边贸易状况

中土两国直接贸易始于 1965 年。1974 年，两国签订双边贸易协定。1982 年，两国正式建立经济贸易科技联合委员会机制，至今已成功召开了 16 次联委会会议。1990 年，两国签署双边相互投资保护协定。1995 年，两国签署避免双重征税协定。2010 年，两国签订关于扩大和深化双边经贸合作的协定。

近年来，中土双边贸易额呈现快速增长势头。据中国海关统计，[①] 2003 年至 2013 年的 10 年间，中土双边贸易规模扩大了 7.5 倍。2013 年，中土双边贸易额达到 222.1 亿美元，同比增长 16.3%；其中，中方对土出口 177.5 亿美元，自土进口 44.6 亿美元，同比分别增长 13.9% 和 27.1%。中国是当年土耳其第三大贸易伙伴、第二大进口来源国和第十一大出口市场。

中国对土耳其出口的主要商品包括：电子产品、纺织品和机械设备等，2013 年中国对土出口电子类和计算机与通信技术产品 76.84 亿美元，占同期中方对土出口总额的 43.3%（表7-4）；中国自土进口的主要商品包括：矿砂、矿渣及矿灰，大理石以及铬、铜、硼等矿产品和化工原料等（表7-5）。

表7-4　2013 年中国对土耳其出口主要商品情况

商品名称	金额（亿美元）	占比（%）
电子类	55.79	31.4
计算机与通信技术	21.05	11.9
纺织纱线、织物及制品	17.85	10.1
机械类	13.38	7.5
钢铁及其制品	9.51	5.4
交通工具类	7.22	4.1
光电技术	6.83	3.8
有机化学品和药品	5.76	3.2
服装及衣着附件	5.68	3.2
鞋类	2.88	1.6

资料来源：中国海关统计。

---

① 中国海关统计月报（2004—2013 年）。

表7-5 2013年中国自土耳其进口主要商品情况

商品名称	金额（亿美元）	占比（%）
矿砂、矿渣及矿灰	15.91	35.7
盐、硫黄、土、石料、石灰和水泥等	11.66	26.1
无机化学品、贵金属等化合物	3.19	7.2
交通工具	1.41	3.2
针织或钩编的服装及衣着附件	1.26	2.8
非针织或钩编的服装及衣着附件	1.14	2.6
农产品	1.13	2.5
棉花（纺织品）	1.03	2.3
铜及其制品	0.93	2.1
化学纤维短纤	0.80	1.8

资料来源：中国海关统计。

（二）相互投资状况

根据《2013年度中国对外直接投资统计公报》，① 2012—2013年，中资企业对土耳其非金融类直接投资流量分别为1.09亿美元和1.79亿美元。截至2013年底，中国对土耳其非金融类直接投资存量达6.42亿美元，主要投资领域是矿业、交通、农业、能源等（表7-3）。

近年来，中资企业在土投资了多个大型项目，取得较好经济与社会效益。主要投资项目包括：华为公司在伊斯坦布尔设立研发中心和实验室，投资额达7 000万美元；海航集团投资3 000万美元收购土耳其MRO机务维修公司60%的股权，从事机务维修业务，投资3 025万美元收购土耳其ACT货运航空公司49%股权，从事航空货运业务；新希望集团投资1 000万美元，在土设立饲料工厂，生产饲料等。

土耳其企业在华投资虽然增长较快，但总体规模仍然较小。据中国商务部统计，2013年土耳其企业在华新增投资项目77个、实际投资额4 004万美元，同比分别增长42.6%和157.3%。截至2013年年底，土耳其累计

---

① 2013年度中国对外直接投资统计公报. 北京：中国统计出版社，2014（9）.

在华投资 502 个项目，实际投资额 1.9 亿美元。主要投资领域包括纺织品、电器、发电机制造，农产品加工，房地产开发及零售等。中国沈阳星光购物中心（Starmall）是土耳其企业在华投资的代表性项目之一。

（三）工程承包发展现状

土耳其是中国在西亚地区重要的工程承包市场之一。据中国商务部统计，2013 年，中国企业在土工程承包合作新签合同金额 9.2 亿美元，完成营业额 19.4 亿美元，同比分别增长 7.6% 和 83.8%。截至 2013 年年底，中国企业在土工程承包合作累计签订合同金额 124.2 亿美元，完成营业额 73.2 亿美元，其中 90% 以上的合同金额和营业额为 2008 年以来实现的。主要合作领域包括电力、化工、城市轨道交通、铁路等基础设施建设。

中国在土耳其已建成的大型项目包括：中国南车集团安卡拉地铁车辆和备件项目，合同总金额约 25 亿元人民币，已于 2014 年 2 月完工；中国机械设备进出口总公司承建 EREN 电站项目，建设 2 台 600MW 的燃煤超临界机组，同步配套建设烟气脱硫和脱硝设施，总金额约 6.2 亿美元，该项目于 2010 年建成。

目前，中国在土耳其规模较大的在建项目包括：中国铁建集团公司承建的安卡拉—伊斯坦布尔高速铁路二期，全长 158 公里，项目合同金额 12.7 亿美元；中航技公司承建的 Atlas 燃煤电站项目，建设 2 台 600MW 的燃煤超临界机组，合同金额 7 亿美元；中国天辰工程有限公司承建的 BO-TAS 地下天然气储库项目，储气量为 10 亿立方米，这是迄今土耳其最大的天然气储库项目，合同金额 6 亿美元。

（四）中土经贸合作发展方向

2002 年金融危机后，单独执政的土耳其正义与发展党政府制定了一系列中长期经济发展规划，鼓励和扩大出口，加大吸引外资力度，扶持私营经济和中小企业发展，提升金融系统的抗风险能力，相关政策成效日益显现。2002 年至 2008 年间，土耳其国内生产总值增速一直保持在 7% 以上，是全球增长最快的经济体之一。2010 年，土经济从国际金融危机中迅速复苏。2011 年土经济增速高达 8.8%，成为近年来快速崛起的新兴工业化国家之一。

中土两国经济互补性强，合作潜力巨大，加强双边经贸关系，符合双方共同利益。2010 年 10 月，两国领导人提出了双边贸易额至 2015 年达到 500 亿美元、2020 年达到 1 000 亿美元的目标。中土双方下一步经贸合作主要方向是：

1. 扩大贸易规模，促进贸易平衡

最近 10 多年间，中国对土贸易持续顺差，且顺差规模不断扩大，土方对此颇有意见。2013 年中方贸易顺差为 132.9 亿美元，而据土方统计，当年土方逆差为 211.0 亿美元。造成双边贸易不平衡的根本原因在于中土两国经济、产业结构的差异。为实现双边经贸合作的健康可持续发展，两国有必要共同努力，采取积极措施，解决双边贸易不平衡问题。

积极扩大双边服务贸易发展。中土在服务贸易领域各具优势，但总体合作规模较小，发展潜力较大。未来双方可就共同关注的旅游、文化、影视、服务外包、技术贸易等重点领域合作开展对话与交流，力争使服务贸易成为双方合作的新增长点。土耳其融合东西方文明，历史文化悠久，旅游资源丰富，交通运输便利，对中国游客有较大吸引力。未来中土旅游合作有望取得较大发展，可为促进双边贸易平衡发挥积极作用。

2. 扩大相互投资，推进"一带一路"建设

2013 年，习近平主席在访问中亚和东南亚时，分别提出共同建设丝绸之路经济带和 21 世纪海上丝绸之路的战略构想。

土耳其地跨亚欧两大洲，是连接东西方的"桥梁"，也是"一带一路"的重要节点，具有得天独厚的地缘优势。共同建设"一带一路"，为中土两国进一步深化经贸合作、实现互利共赢、共同发展提供了新的动力。历史上，土耳其就是古丝绸之路的重要集散地。如今，土耳其在"一带一路"建设中仍然可以发挥重要作用。

土耳其政府制定了到 2030 年建国 100 周年时跻身世界经济强国的目标，其重要内容之一是大力发展交通、能源等基础设施，这与"一带一路"建设目标高度契合。在未来合作中，双方可将高铁、航空、航运等领域的互联互通建设作为重点，同时推进产业合作和人文交流，积极打造连接北京至伦敦的欧亚大陆桥。

3. 加强贸易投资促进工作

土耳其战略地位重要，不仅是西亚大国，也是欧洲自由贸易联盟的成员国，并正在积极争取加入欧盟，具有较强的市场潜力和周边辐射能力。实行市场开放政策，法律制度完善，鼓励和吸引外国直接投资，是中国企业"走出去"的重要市场之一，也有望成为中资企业拓展与包括欧盟在内的土周边国家合作的"桥头堡"之一。总体而言，目前双方相互投资和经济合作规模远未体现两国经济实力和双边合作水平，未来拥有更为广阔的发展空间。为此，双方应：

（1）加强相互了解和宣传，加深对两国互补优势的认识。近年来，土耳其出台了新的投资鼓励政策，对特定区域、特定行业的规模投资者在土地、能源和税收等方面给予优惠政策。一方面，中国政府和有关商协会可组织贸易投资促进团访土；另一方面，土方也可在中国发达省市举办投资推介会和企业对口洽谈会，开展有针对性的投资环境和项目推介，吸引中国企业赴土投资。

（2）为扩大相互投资创造良好的法律环境。目前，两国虽已签署避免双重征税协定，但尚未签署实施细则。在实际经营过程中，双方在对方国家的企业和人员需在两国分别缴纳社保基金，负担较重。双重社保缴费也严重削弱了企业在对方国家的竞争力，影响其进一步扩大投资的积极性。

因此，两国主管部门有必要尽快制定避免双重征税协定的实施细则，力争尽早启动谈判，早日解决双方企业关切的问题。

（3）推动双边贸易投资便利化。深化双方在海关、质检等领域的合作，扩大土耳其产品对华市场准入。推动双方经贸团体加强合作，组织贸易投资促进团互访，协助土耳其企业参加广交会、厦洽会、中国—亚欧博览会等展会，积极宣传和推广土方优势商品，有效带动土产品对华出口。

4. 探讨建立优惠贸易安排

积极商讨两国签订自贸协定，为双边贸易发展创造更为自由与便利的制度环境。

第八章　中东欧国家——丝绸之路经济带的拓展区

中东欧国家位于欧洲中东部，总面积 133.6 万平方公里，人口 1.23 亿。中东欧国家主要包括三大区域共 16 个国家，即中欧 5 国（波兰、捷克、斯洛伐克、匈牙利、斯洛文尼亚）、波罗的海 3 国（爱沙尼亚、立陶宛和拉脱维亚）和东南欧 8 国（罗马尼亚、保加利亚、克罗地亚、塞尔维亚、黑山、马其顿、波黑、阿尔巴尼亚）（图 8-1）。2013 年，中东欧国家 GDP 总量约为 1.48 万亿美元，进出口贸易规模约为 1.6 万亿美元。[①]

第一节　中国与中东欧国家经贸合作现状与前景

中东欧国家一直同中国保持着良好的政治和经贸合作关系。欧洲主权债务危机以来，特别是 2012 年和 2013 年中国与中东欧国家领导人两次会晤，将双边关系发展推向新的里程碑。随着中国推进向西开放战略并启动丝绸之路经济带建设，全面推进与中东欧国家合作更加凸显出来。

---

① 根据 IMF 和 WTO 网站公布的 2013 年各国相关数据计算得出。

图8-1 中东欧和西欧国家示意图①

一、中国与中东欧国家经贸合作现状

（一）双边贸易稳步增长

据中国海关统计，② 2013 年，我国与中东欧 16 国的进出口贸易额为 551.1 亿美元，较 2009 年（323.9 亿美元）增长了 70.1%，占中欧贸易的整体比重从 2009 年的占比 8.9% 上升至 9.9%。2009—2013 年，我国对中东欧 16 国的出口额从 263.5 亿美元增长到 405.2 亿美元，增长了 53.8%；我国从中东欧 16 国的进口额从 60.5 亿美元增至 145.9 亿美元，增长了 141.2%（图 8-2）。同期，我国与欧盟双边贸易、我国对欧盟出口及自欧盟进口分别增长了 53.6%、43.5% 和 72.2%。

近年来，我国与中东欧 16 国的贸易结构不断优化，机电和高新技术

---

① 百度地图，http：//image.baidu.com/.
② 中国海关统计月报，http：//www.customs.gov.cn/.

产品贸易所占比重已超过60%。目前，我国物美价廉的日用消费品深受中东欧消费者的喜爱，而中东欧国家对华出口的主要商品包括：玫瑰油、琥珀、水晶、啤酒、乳制品、肉类及小轿车等产品。

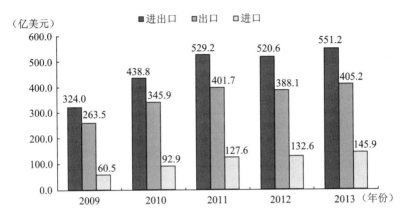

图 8-2　2009—2013 年我国与中东欧 16 国贸易状况

资料来源：中国海关统计。

（二）相互投资状况

1. 投资规模逐步扩大

根据《2013 年度中国对外直接投资统计公报》，[①] 截至 2013 年年底，我国对中东欧 16 国非金融类直接投资存量为 14.27 亿美元（表 8-1），占我国在欧洲国家非金融类直接投资存量总额（531.6 亿美元）的 2.68%。截至 2012 年底，中东欧 16 国累计对华实际投资金额为 11.8 亿美元，[②] 占欧盟累计对华实际投资金额的 1.4%。

从整体看，自欧洲主权债务危机爆发以来，我国对欧盟地区的投资呈快速增长态势，尤其对卢森堡、英国、法国的投资增速迅猛。与之相对应，我国对中东欧 16 国的直接投资增速远落后于对欧盟的整体投资。

①　2013 年度中国对外直接投资统计公报. 北京：中国统计出版社，2014（9）.

②　16 国对华投资截至 2013 年 3 月商务部数据。

2008—2012 年期间，我国对中东欧 16 国的非金融类直接投资存量增长 2.8 倍，而我国对欧盟的非金融类直接投资增长 8.9 倍，对卢森堡、英国和法国直接投资分别增长 72 倍、9.6 倍和 22.6 倍。

表 8-1 2013 年我国对中东欧 16 国投资情况

单位：亿美元

项目 国家	2013 年存量	占比（%）	2013 年流量	占比（%）
匈牙利	5.32	37.31	0.26	25.02
波兰	2.57	18.01	0.18	17.87
捷克	2.05	14.37	0.18	17.39
罗马尼亚	1.45	10.17	0.02	2.11
保加利亚	1.50	10.5	0.21	20.16
斯洛伐克	0.83	5.8	0.00	0.32
克罗地亚	0.08	0.58	—	—
立陶宛	0.12	0.87	0.06	5.37
塞尔维亚	0.19	1.3	0.12	11.21
斯洛文尼亚	0.05	0.35	—	—
阿尔巴尼亚	0.07	0.49	0.01	0.55
爱沙尼亚	0.04	0.25	—	—
拉脱维亚	—	—	—	—
黑山	—	—	—	—
波黑	—	—	—	—
前南马其顿	—	—	—	—
合计	14.27	100	1.03	100

数据来源：2013 年度中国对外直接投资统计公报。

2. 投资国别相对集中

匈牙利、波兰、捷克、罗马尼亚和保加利亚 5 国是我国对中东欧地区非金融类直接投资的主要目的地。据统计，截至 2013 年年底，我国对上述 5 国非金融类直接投资存量总计为 12.89 亿美元，占我国对中东欧 16 国投资存量的 90.35%，其中，我国对匈牙利的非金融类直接投资占我国对中东欧 16 国投资存量的 37.3%（表 8-1）。欧洲主权债务危机以来，我国对中东欧地区的投资逐渐下降，对匈牙利和波兰的直接投资 2011 年呈大幅下跌，但自 2012 年以来有所恢复。

　　我国企业在匈牙利的投资主要涉及电子产品、信息通信技术以及可再生能源领域。中国银行、华为公司、中兴公司等均是较早在匈投资的中国企业。国际金融危机后，我国企业对匈投资大幅增长。2010年，中资企业对匈直接投资流量高达3.7亿美元，是此前历年我国对匈投资额存量的3.9倍。其中，北京七星华创科技公司成功收购匈牙利太阳能设备公司（EnergoSolar），使匈牙利超过波兰成为中国在中东欧16国中投资最多的国家。2011年，烟台万华实业集团以12.63亿欧元收购匈牙利宝思德（BorsodChem）化学公司，为匈牙利解决约3 000个就业岗位。2013年我国与匈牙利、塞尔维亚达成共同投资建设连接贝尔格莱德至布达佩斯的匈塞铁路。

　　波兰是中资企业在中东欧投资最早的国家，20世纪50年代成立的中波轮船公司一直是中波之间合作的典范。20世纪90年代末，TCL集团通过其境外企业在波兰设立的电视机工厂已步入正轨。波兰加入欧盟后，我国对波兰投资主要集中在家用电器和电子产品领域，主要投资项目有苏州胜利波兰电视机座生产厂、山西运城制版波兰工厂等。2012年以来，我国在波兰的投资并购逐步增加。2012年初，广西柳工集团并购波兰HSW公司工程机械部；2013年5月，湖北三环集团成功并购波兰最大的轴承制造企业KFLT轴承公司。

　　罗马尼亚是我国中小企业在中东欧的重要投资市场。据罗马尼亚官方数据，截至2013年，罗马尼亚有将近1.1万家中资公司。中资企业在罗马尼亚主要从事商品零售批发业，包括中烟国际欧洲有限公司、风佳国际木材加工厂以及工业园、东辉运动器材有限公司（主要生产自行车）等。中国—中东欧国家领导人第二次会晤期间，中罗签署涉及电信、交通、核电、火电、风电等多个项目的合作文件，以及中方承诺参与投资建设罗核电站机组，为推动中资企业扩大对罗投资奠定基础。

3. 投资领域较为广泛

欧盟统计局数据显示，我国对中东欧 16 国投资分布广泛，但相对集中于制造业和服务业等领域。制造业主要集中在办公机械、电脑和通信设备、家用电器制造等；服务业以金融中介、贸易维修服务及承包工程为主。2012 年，在中国对 16 国投资存量中，制造业和服务业投资所占比重分别为 32.0% 和 23.5%，位居前列。

二、中国与中东欧国家经贸合作的主要问题

（一）国情差异大制约双边经贸合作发展

当前的中东欧 16 国构成复杂。从经济发展水平看，既有 2004 年以来分 3 次入盟的 11 个成员国，又有 5 个列入欧盟候选国身份的国家。同时，在 11 个欧盟成员国中还有 5 个欧元区国家和 6 个非欧元区国家。16 国处在 3 个层次的经济发展水平。就地域而言，中东欧 16 国实际上可以细分为中欧 5 国（波兰、匈牙利、捷克、斯洛伐克、斯洛文尼亚）、波罗的海 3 国、东南欧 8 国。地域的差异性意味着民族、语言、文化和风俗多样性，中国企业在相关国家开展投资，难以适应当地规则与习俗，更难以融入当地社会。中东欧 16 国经济与社会的较大差异，客观上制约中国全面提升与中东欧国家的经贸合作关系。

（二）利益诉求多样化加大合作难度

我国与中东欧国家长期以来保持着传统友好的关系。冷战时期，双方的友好体现在政治层面；东欧剧变后、国际金融危机前，多数中东欧国家致力于内部政治、经济和社会的调整，与中方的合作步伐有所放缓。欧元区主权债务危机爆发后，中东欧国家整体向东发展的战略意识增强，希望借助亚洲新兴市场的增长潜力拉动本国经济增长。中国作为其传统的友好伙伴被寄予厚望。在实际发展过程中，因为利益诉求不同，中东欧国家与

中国的利益交织呈现多元化特点。例如，以匈牙利、罗马尼亚和塞尔维亚为代表的国家，希望与我国发展全方位合作关系，充当中资企业进军西欧的桥头堡，而波兰等中欧大国则更多关注与我国的经贸往来。西巴尔干地区的其他国家选择同我国发展关系，寄希望吸引中国投资，缓解其因欧盟援助减少而遭遇的国内经济发展困境。因为利益诉求不同，中东欧国家在推动与我国的双边合作更多基于自身的国家利益以及传统的国家关系考量，对我国从地区层面推进与其合作形成一定障碍。

（三）投资环境有待完善

中东欧 16 国的投资条件差异较大。中资企业所面临的投资环境十分复杂。一方面要遵循欧盟的法律法规，尤其是较高保护水准的劳工法和环境保护法，以及有关产品技术和安全的标准规定，企业在中东欧欧盟成员国投资需申请环保、建筑、生产等许可，程序复杂，耗时冗长。在当地投资面临较高的社会风险和投资成本。另一方面，非欧盟国家相关投资法律法规缺失，或者难以落实到位，灰色经济泛滥，腐败盛行，加大了中资企业投资的社会风险。

（四）中资企业需提高自身竞争力

与欧洲跨国公司相比中资企业实力较弱，在技术研发、经营管理、市场营销、人才储备等方面还需提升自身的发展水平：大中型企业核心竞争力不足，在自主知识产权、资源和能源开发、工业设计、品牌等方面缺乏全球领先的技术与产品；而中小企业普遍存在研发投入不足，人才匮乏等问题。中国企业"走出去"起步晚，海外经营经验不足，对 16 国市场、法律、文化等环境缺乏全面及深入了解，且普遍缺少既懂跨国经营管理、又通晓当地语言的人才，制约扩大对中东欧国家的投资。

第二节 《中国—中东欧国家合作布加勒斯特纲要》及合作前景

2013 年 11 月，中国与中东欧国家第二届领导人会晤，发布《中国—中东欧国家合作布加勒斯特纲要》（以下简称《纲要》），将中国与中东欧国家合作推向新的高度。《纲要》视中国—中东欧国家合作为中国与欧盟合作的增长点，与中欧全面战略伙伴关系相辅相成，是新时期中国与中东欧国家双方共同愿望和利益的体现。中国的"向西开放"政策、契合中东欧国家"向东看"需求，形成了中国—中东欧合作的 6 个方向，即促进投资与经贸合作、扩大金融合作、推进互联互通、拓展科技创新和环保能源合作、活跃人文交流、鼓励和支持地方合作。

一、扩大双边贸易规模

中国与中东欧国家合作重点是扩大双边贸易，未来 5 年双边贸易额要从 500 亿美元增长到 2015 年的 1 000 亿美元，因而进一步扩大双方优势产品出口成为扩大双边贸易额的唯一选择。中国对中东欧国家货物贸易顺差比较大，有关国家反应强烈。为此，有必要采取切实措施，解决中东欧国家重点关切，扩大进口中东欧国家优势商品。

二、推动相互投资快速发展

中国与中东欧国家在投资领域具有较大的互补性，合作前景广阔。

（一）加强基础设施领域的合作

中国企业在基础设施建设方面有较强实力和丰富经验，中东欧国家经济发展对基础设施改造需求较大，但资金短缺，双方在此领域合作大有可为。目前,中国企业正在积极寻求参与中东欧国家基础设施建设的机会,并取得初步进展。中方支持中国企业以公私合营(PPP)、建设—经营—转让(BOT)等方式,承接中东欧国家的基础设施建设项目。充分利用我国对中东欧国家的专项信贷和中国—中东欧投资合作基金,积极引导中资企业参与中东欧国家公路、铁路、港口、电信、电站等基础设施改造项目,加快欧亚铁路建设步伐,打造中欧物流新动脉,产生"1+16"的扩散经济效益。

(二)开拓其他领域的投资合作

环保和能源合作将成为双方重点合作领域,双方将拓展科技创新,加强核电、风电、水电、太阳能发电等清洁电力领域的合作。中资企业将积极投资 16 国基础设施、传统制造业、生物制药、林业、现代服务业、信息通讯和设立研发中心等领域。

三、加强金融合作

为了促进贸易与投资合作,应逐步加强双边金融机构的合作,推动本币结算,促进优质项目的实施。

四、拓展双边地方合作

地方合作是中国加强与中东欧国家合作的特色之一。服务双方企业、促进各自地方发展,是中国与中东欧国家合作的一个重要目的。未来应在地方层面推动电信设施改造及其他具有地方特色的合作项目,以简捷、顺畅、有效原则实现合作项目"短平快"的效果,打造坚实的地方合作平台。

五、提升贸易投资便利化水平

提升加强海关、质检相互认证合作,对于欧盟国家,中方要推动本国企业适应欧盟标准；对于非欧盟国家，可积极推动输出中国标准，为实现贸易投资便利化创造条件。

在投资合作方面，加强对在中东欧国家投资成功项目的宣传和推介，发挥其示范效应。邀请中东欧国家定期来华举办投资促进活动，将其打造成中国与中东欧国家合作的品牌。引导企业合理布局。

在合作过程中，推动中国企业研究并遵循当地法律、法规和市场环境。同时，支持企业建立畅通的物流网络，使双方货物及人员往来更加便捷。

六、探讨建立优惠贸易投资制度安排

推动中欧投资协定谈判，落实好与各国的避免双重征税协定，推动签署社保协定。促使中东欧国家适当放宽市场准入等方面的限制，共创良好投资环境。

第三节 中波经贸合作现状与前景

2004 年中波两国建立友好合作伙伴关系。2011 年 12 月，两国关系提升为战略伙伴关系。2013 年 11 月，李克强总理出席罗马尼亚布加勒斯特中国—中东欧国家领导人会晤期间与图斯克总理举行双边会晤。波兰是中国在中东欧地区最大的贸易伙伴。

一、中波经贸合作现状

（一）中波双边贸易状况

近年来，中波贸易实现了快速发展。根据中国海关统计，[①] 2013 年，中波双边贸易额为 148.1 亿美元。2004—2013 年间中波贸易增长 6 倍多，

---

① 中国海关统计月报，http：//www.customs.gov.cn/.

年均增长率为 23.6%；中方对波兰出口从 18.4 亿美元增至 125.8 亿美元，增长了 5.8 倍；中方自波进口从 4.9 亿美元增至 22.4 亿美元，增长了 3.6 倍。目前，波兰是中国在中东欧地区最大的贸易伙伴、第一大出口市场和第四大进口来源地；中国是波兰在亚洲地区最大贸易伙伴，及其第五大贸易伙伴和第四大进口来源地。

2013 年，中国对波兰出口的前三大类商品分别是机电产品、纺织品及原料、贱金属及制品，三类商品出口额分别占中国对波出口总额的 52.7%、8.9% 和 7.8%。机电产品主要为电视机、无线电广播设备和电信设备组件、电脑硬件、电脑部件、固定电话设备、变压器等。中方自波进口的大宗商品是：金属及其制品、机电产品、动物产品，进口规模分别占中方自波进口总额的 38.4%、20.7% 和 8.8%。金属及其制品中，铜及其制品的进口占进口总额的 90.5%。进口的机电产品包括机械、车辆和精密设备等精加工产品。

（二）中波相互投资状况

1. 中资企业对波兰投资增长迅速

根据《2013 年度中国对外直接投资统计公报》，截至 2013 年底，中国对波兰非金融类直接投资存量达 2.57 亿美元（表 8-1），波兰是中国在中东欧地区的第二大投资对象国，仅次于匈牙利。在波兰注册的中资企业共 723 家，其中 80% 以上为小型公司（员工为 9 人或 9 人以下），[1] 主要投资领域涉及电信、机械、金融、电子、航空、商贸服务等。从地域分布上看，中资企业主要分布在华沙、罗兹、格但斯克、大波兰戈茹夫、科别日采、斯塔洛瓦沃拉等地。

在投资合作方面，从 1951 年第一家合资公司 "中波轮船公司" 成立

---

[1] 波兰统计局数据。

到 21 世纪初，中国民营家电企业陆续进入波兰。2008 年国际金融危机后，中国的机械工程类企业和工程承包企业纷纷前往波兰寻找合作机会，中国赴波兰投资出现高潮。近年来，波兰凭借强劲的经济增长和地处欧洲大陆心脏的独特位置，得到越来越多中国投资企业的青睐。

近年来，中国企业在波兰投资了一批大型项目：2012 年，柳工集团收购波兰 HSW 公司民用机械部分及 ZNN 核心零部件厂，这是中资企业在波兰的首宗收购案；2013 年，湖北三环襄阳轴承公司收购波兰 KFLT 汽车轴承控股权，这是中资企业积极参与波兰私有化进程的成功案例；2014 年，中国—中东欧投资合作基金入股波兰能源伙伴有限公司（PEP）16% 股份并收购波兰 2 家优质风场共 50.1% 的股权。中资企业还在波兰积极开展承包工程，主要包括中国水电建设集团国际工程有限公司承建的弗罗茨瓦夫奥得河河道整治项目、平高集团中标承建的 3 个输变电项目等。

2. 波兰在华投资仍有潜力

根据中国商务部统计，截至 2013 年年底，波兰累计对华直接投资约 2 亿美元，主要分布在矿产和机械制造领域。目前，双方正在探讨的投资合作项目逐渐增多，涵盖通信设施、工程机械、采矿设备、电缆生产、拖拉机、地铁车辆、发电设备等领域。重点投资项目包括：三北—拉法利锅炉有限公司工业锅炉生产项目、山东新汶矿业集团与 KOPEX 公司合资生产液压支架项目、泰安良达机械制造公司与 FASING 公司输煤机圆环链生产项目、江西九江红鹰科技公司与 PZL-SWIDNIK 合作生产直升机项目等。

二、扩大中波经贸合作的发展方向

在中国与中东欧国家积极发展新型合作关系的形势下，中波经贸合作的互补性进一步增强。双方充分发挥各自比较优势，开展更为紧密的经贸合作，实现互利共赢、共同发展。

（一）提升双边贸易规模并实现贸易平衡

中波双方应进一步挖掘潜力，培育新的贸易增长点，尤其中方应扩大自波兰进口。波兰是欧洲农业大国，奶制品、肉类和果蔬产量居欧洲前列；工业是波兰经济的重要组成部分，产值占国内生产总值的24.8%，超过西欧国家16%的平均水平。波兰一些工业部门的产量在欧洲占据重要地位，如白色家电产量排名欧洲第一，汽车配件出口居欧洲前列。一些经济部门特色鲜明，如煤炭行业拥有世界领先的采掘与清洁技术，钢铁行业拥有现代化的冶炼水平与技术，农产品加工技术先进等。在扩大双边贸易规模的同时，努力实现贸易平衡，促进经贸合作关系的可持续发展。

（二）提升相互投资的水平

中波两国政府签署了《加强基础设施建设合作备忘录》、《高新技术合作备忘录》等多项合作文件，相互投资的领域不断拓宽。未来双方应积极落实相关文件，在绿色能源、高新技术、互联互通等领域推动中波企业对接，力争在相关重大投资合作项目上取得突破。

1. 加大对基础设施领域的投资

2014 年 4 月欧盟委员会发布了成员国交通系统排名，波兰位居末位5 个国家之一。波兰是欧盟大国中唯一没有高速铁路的国家，且大多数公路不适于大型车辆通行。波兰电力和电信设施落后，截至 2012 年底，60% 的电力生产设施使用年限超过 30 年；固网宽带平均渗透率为17.3%，在欧盟成员国中排名倒数第三，而高速宽带（网速至少30Mbps）的渗透率也居欧盟倒数第五。双方在基础设施建设方面合作潜力巨大。

2. 参与波兰企业私有化进程

为提升经济竞争力，波兰国库部自 2012 年起对国有企业开始实施新一轮私有化计划，其中包括 260 家国有控股公司；涉及能源、食品、交通、冶金、化工、服务、采煤、房地产、国防及农业等领域，给外来投资者提供了新的合作机遇。

3. 促进加工制造业领域的合作

波兰以纺织和小家电为代表的轻工业发展相对滞后；装备制造业、汽配行业产业链条不健全，原材料和市场两头在外；工业领域缺乏具有国际影响力的品牌，产品质量差、创新不足导致波兰工业产品在欧盟缺乏竞争力。中方可以充分发挥自身的产业优势，结合波兰的实际情况，加大对波加工制造业领域的投资。中方投资波兰乳制品行业，不但可以缓和波方对贸易逆差问题的关注，同时也可将波兰优质产品引入中国，提升中国国内消费质量，满足国内经济转型需要，发展前景广阔。

（三）积极搭建两国地方合作平台

自 2013 年首届中波地方合作论坛召开以来，地方合作已成为中波合作的重要组成部分。目前，两国已有 30 多个地方结成友好省市，如滨海省（格但斯克）与上海的姊妹港合作、南京与克拉科夫的文化城合作等。随着双边关系的发展，两国地方合作的积极性不断提升，务实合作更加深入，合作领域从贸易与投资扩展到旅游、科技、文化等方面。未来双方应结合两国各自的特点，进一步挖掘合作潜力，充实双边合作的内涵。在农业领域，可通过搭建主要农业产地之间的合作平台，推动两国特色农业贸易与投资合作，如湖南省与波兰 3 大农业省（玛佐维茨省、波兹南省、凯尔采省）的合作；在基础设施领域，根据欧盟成员国地方政府在投融资方面所具备的便利条件，重点推动与波兰地方政府的合作项目，如波兰国家宽带项目中东部 5 省电信设施优先改造项目等。

（四）推动贸易投资便利化

为扩大企业之间的投资创造必不可少的法律条件。目前中波两国尚未签署社会保障协定，中方劳务人员在波兰必须缴纳养老保险、失业保险等费用，回国时也无法支取，一定程度上加大了中资企业投资成本和中方员工负担。签署相关法律文件以保障企业利益可为进一步扩大合作创造重要前提。

搭建投资促进平台，协助企业了解波兰的投资法律环境。企业在波投资受到波兰法律和欧盟法律双重约束。例如，企业投标公共工程项目，不仅受波兰公共采购法、建筑工程法的规范，同时也受欧盟相关行业技术规格限制；波兰政府制定了投资鼓励政策，但企业申请优惠政策，如对雇佣失业人员的资助、地方税费优惠和员工培训资助等，都需满足众多条件；在建筑工程领域，由于法律程序复杂、涉及面广，重大投资项目必须聘请当地资深专业律师处理所有与法律相关的事宜，否则将难以推进。波兰环境保护标准要求高，且相关规定多与基础设施建设紧密关联直接影响工程成本。在劳动制度方面，各项法律法规十分严格，对用工制度及劳动保障要求高于中国，需要予以极大关注。

向企业推介适宜的投资方式。波方希望外国企业以 PPP 和 BOT 模式参与其基础设施项目建设，[①] 而不是中国企业擅长的 EPC 模式。但无论 PPP 还是 BOT，对中国企业都是一个挑战。PPP 考验的是企业的国际融资能力，BOT 考验的是企业对项目的经营和管理能力，中资企业需要大力提升自身的国际经营能力。

---

① 项目 PPP（Public-Private Partnership）融资模式也可称为"公私合营"融资模式，是指政府和企业基于某个项目而形成的相互合作关系的形式，是适用于基础设施、公用事业和自然资源开发等大中型项目的越来越流行的重要筹资手段。BOT（Build-Operate-Transfer）即建设—经营—转让，是指政府通过契约授予私营企业（包括外国企业）以一定期限的特许专营权，许可其融资建设和经营特定的公用基础设施，并准许其通过向用户收取费用或出售产品以清偿贷款，回收投资并赚取利润；特许权期限届满时，该基础设施无偿移交给政府。

第九章　加强丝绸之路经济带的互联互通建设

丝绸之路经济带的互联互通涉及公路、铁路、航空、通信、管道及网络等方面联通，将形成立体型交通运输网络架构。

第一节　丝绸之路经济带与国际铁路运输通道建设

一、我国国际铁路通道发展现状

我国与欧亚内陆和周边国家的经贸往来主要通过陆路通道进行。铁路运输具有长距离、大运量、低污染且受自然条件影响较小的特点，是最佳陆路运输方式，承接了我国与周边国家绝大部分的陆路贸易运量。

目前，我国有 3 条亚洲到欧洲铁路货运通道，即通过俄罗斯西伯利亚铁路的北部亚欧通道、通过第二亚欧大陆桥的中部亚欧铁路通道、正在策划中的南部亚欧铁路通道。我国已经开通的国际铁路线路共有 8 条，[①]

---

① 我国还有 3 条国际铁路通道（丹东、集安、图们）与朝鲜铁路接轨，由于与亚欧通道和丝绸之路经济带无关，故未在本书统计之列。

分别与 4 个国家铁路接轨。其中，与俄罗斯铁路接轨的有 3 条（满洲里、绥芬河和珲春），与蒙古国铁路接轨的有 1 条（二连浩特），这 4 条过境铁路是与北部亚欧铁路通道（西伯利亚铁路）连接的。与哈萨克斯坦接轨的有 2 条（阿拉山口和霍尔果斯），这是连接我国陇海线、兰新线的中部亚欧铁路通道。与越南铁路接轨的有 2 条（凭祥和河口），这是策划中的南部亚欧铁路通道，即泛亚铁路通道。

（一）与西伯利亚铁路衔接的国际通道

1. 中俄国际铁路运输通道

（1）满洲里—后贝加尔斯克跨境铁路通道。满洲里车站是中国第一条国际铁路通道，满洲里国境站位于滨洲线西端终点站，与俄罗斯铁路的后贝加尔斯克站接轨。自正式开通以来，满洲里车站一直是我国国际铁路运量最大的铁路口岸车站，担负着我国对俄罗斯主要进出口货物运输任务。目前，满洲里站年接运能力已超过 2 200 万吨以上，2007 年达到历史最大过货量 2 329.9 万吨，其中进口原油 1 000 万吨左右，在中俄原油管道正式投入运行后，满洲里铁路口岸过货量有所下降。

近年来，在我国国内发运的亚欧国际铁路货物运输中，部分班列是从满洲里出境通过西伯利亚铁路运行的。例如，2012 年 11 月，苏州市开通的经满洲里通往欧洲的"苏满欧"集装箱班列运输。

（2）绥芬河—格罗迭科沃跨境铁路通道。绥芬河位于黑龙江省境内，是滨绥线东部的终点站，东与俄罗斯的格罗迭科沃口岸站相连，相距 26 公里。绥芬河站地理位置十分优越，处于东北亚经济区中心，通过绥芬河站陆海联运通道被黑龙江省确定为对外贸易的首选通道。格罗迭科沃站位于俄罗斯边境城市波格拉尼奇市内，该站的过货能力为 500 多万吨/年。由于该口岸主要通向俄罗斯远东地区，虽然与西伯利亚铁路连接，但由于路途较远，基本没有去欧洲的货物运输。

（3）珲春—卡梅绍瓦亚跨境铁路通道。吉林省图们至珲春口岸铁路是我国第一条地方铁路国际通道，珲春口岸距俄罗斯卡梅绍瓦亚铁路口岸26.7公里。1996年10月，中国珲春—俄罗斯卡梅绍瓦亚口岸铁路完成接轨。1998年12月，国务院批准珲春铁路口岸为国家一类口岸。1999年5月，珲春—卡梅绍瓦亚站试运行，2000年2月开始办理运输，2002年5月暂时关闭口岸，2003年11月恢复开通运营，但2004年4月再次停运，直至2013年5月开始试验运输。由于这条铁路通道主要面向俄罗斯远东地区，虽然通过马哈林诺铁路和西伯利亚铁路连接，但由于路途较远，基本没有去欧洲的货物运输。

2. 中蒙国际铁路运输通道

中国和蒙古国接轨的国际铁路口岸通道只有一条，即二连浩特—扎门乌德铁路口岸。该口岸站位于内蒙古自治区锡林郭勒盟二连浩特市，北与蒙古国铁路扎门乌德站接轨，是集二铁路（自京包铁路集宁站到二连浩特站）终点站。我国进出口到蒙古国和过境蒙古国到俄罗斯的货物列车均在二连浩特—扎门乌德口岸车站换装货物，二连浩特站年换装能力为1 620万吨。

二连浩特站通过蒙古国过境铁路连接俄罗斯铁路纳乌什基站，并与西伯利亚铁路接轨，形成北部亚欧大陆桥的分支路线。目前，从成都发运的"蓉欧快铁"亚欧铁路直通列车经过此线，即从成都经二连浩特过境蒙古国，经西伯利亚铁路到波兰罗兹，这条运输线路也是中铁总公司所策划的全程铁路运输路线之一。

（二）新亚欧大陆桥国际铁路通道

新亚欧大陆桥通道（又名第二条亚欧大陆桥）是从中国连云港经过中亚国家到荷兰鹿特丹的国际运输通道。它东起中国东部港口连云港，途经河南、陕西、甘肃、新疆等国内省区，到中哈边境阿拉山口口岸，与哈萨克斯坦的土西铁路接轨，再通过中亚、俄罗斯、东欧等国铁路到达大西洋港口鹿特丹（图

9-1）。经过我国陇海线、兰新线的新亚欧大陆桥国际铁路口岸共有 2 个：即与哈萨克斯坦铁路接轨的阿拉山口—多斯特克通道和霍尔果斯—阿腾科里通道。

图 9-1　第一条和第二条亚欧大陆桥示意图[①]

1. 阿拉山口—多斯特克跨境铁路通道

阿拉山口口岸是中国西部最大的、也是铁路、公路和管道"三位一体"的口岸，口岸距新疆博乐市 79 公里，距乌鲁木齐市 477 公里，距哈国多斯特克（原称德鲁日巴）口岸 12 公里。1991 年 9 月，我国北疆铁路与哈萨克斯坦铁路在阿拉山口实现接轨。由于中哈两国铁路轨距不同，进出口货物需要在国境站换装才能进行运送。多年来，阿拉山口口岸占新疆口岸过货量的 90% 以上，口岸的装卸能力和仓储能力都比较强，拥有大型的装卸作业机械，可以办理国际标准集装箱的换装。目前，阿拉山口口岸也是新亚欧大陆桥最大的集装箱口岸，铁海联运的过境集装箱货物已经占到铁路口岸出口货物的 50% 左右。我国发往欧洲的直通班列大部分通过阿拉山口运行，如重庆的"渝新欧"、郑州的"郑新欧"、武汉的"汉新欧"等国际班列。

2. 霍尔果斯—阿腾科里跨境铁路通道

霍尔果斯口岸自然条件优于阿拉山口，是我国西部最大的公路口岸。霍尔果斯站铁路口岸站是"精伊霍"铁路终点站，[②] 东距伊宁市 88 公里、

---

① 百度地图，http：//image. baidu. com/.

② 精伊霍铁路是新疆维吾尔自治区境内一条铁路，东起精河县北疆铁路精河站，穿过北天山主岭，经尼勒克县、伊宁县、伊宁市和霍城县到达终点霍尔果斯口岸，并与哈萨克斯坦铁路相接。它是继阿拉山口之后中国又一条连接中亚的铁路通道。

乌鲁木齐市 670 公里，西距哈萨克斯坦铁路口岸站阿腾科里 15 公里，到哈萨克斯坦阿拉木图市距离 378 公里。2011 年 12 月 2 日，中哈第二条铁路通道（霍尔果斯—阿腾科里口岸）接轨；2012 年 12 月 22 日正式开通，开始办理国际联运货运。目前，霍尔果斯铁路口岸站运输能力可达 1 000 万吨，2013 年实际过货量约为 230 万吨。

（三）中越国际铁路通道

我国南部的铁路口岸有 2 个，均与越南铁路接轨，即广西凭祥与越南铁路同登接轨的通道、云南河口与越南铁路老街站接轨的通道。

1. 凭祥—同登跨境铁路通道

凭祥车站位于广西凭祥市南面，与越南谅山省相邻，距中越两国铁路接轨点 13.2 公里。由于越南国内自同登（国境站）至安员（河内的货运站）有一段准轨、米轨的混合轨铁路，所以出口越南的货物可不用换装，直接用中国车辆发至"安员"站（此站距河内市 10 公里）。目前，凭祥站现有货运能力每年可达 400 万吨左右。

2. 河口—老街跨境铁路通道

这条国际铁路通道也称"滇越铁路"，自越南海防经老街、河口到昆明，全长 854 公里，建于 1904 至 1910 年，是我国最早修筑的铁路之一，也是目前我国最长的一条轨距为 1 米的窄轨铁路。我国境内称昆河铁路（昆明至河口铁路），长 469 公里。河口国境车站位于云南省红河哈尼族彝族自治州的河口瑶族自治县境内，是昆河线的终点站，由于相连的两国铁路轨距相同（均是米轨），我国与越南的进出口货物均在昆明王家营站换装、办理国际运输手续，换装后货物可以原车过境，在口岸站无须换装。目前，河口车站年接运能力可达 85 万吨。

二、亚欧铁路货运班列运行现状

近年来，在中国、蒙古、俄罗斯、哈萨克斯坦、德国等各国铁路部门及合作组织的共同努力下，我国组织开行了多列至欧洲国家的集装箱直达列车，进行了多次试验性运输，取得了良好效果，充分显示了铁路运输的优势。已经开行和试验开行的亚欧铁路集装箱列车如下（按发运时间顺序排列）。

（一）2005—2008 年间我国发运的亚欧铁路货运专列

1. 呼和浩特—法兰克福"如意号"集装箱列车

中铁集装箱运输公司在 2005 年 3 月开行了第 1 列到欧洲的集装箱铁路运输专列（如意号班列）。自 2005 年第 1 列试开以来，至 2006 年 2 月共试开 9 列，运送集装箱 586TEU。[①] 该集装箱列车由中国呼和浩特出发，途径蒙古国、俄罗斯、白俄罗斯和波兰，到达德国的法兰克福，全程 9 814 公里，运行 15 天。2006 年 2 月以后，该集装箱列车未再开行。

2. 富士康国际联运专列

自 2007 年 5 月起，在中铁集装箱运输有限公司的组织下，为台湾富士康公司承运了共 6 列国际联运直达专列。列车从深圳北站至捷克美尼克站，货物主要是计算机机箱等电子产品，每列装运 52 个 40 英尺箱。为了多方研究运输路线，当时 6 列专列分别经过了 3 条不同的亚欧铁路通道，即满洲里通道 2 次、二连浩特经蒙古通道 3 次、阿拉山口通道 1 次。

3. 北京—汉堡集装箱示范列车

2008 年 1 月 9 日，中国铁路和中铁集装箱公司开行了北京—汉堡集装箱示范列车，途径蒙古、俄罗斯、白俄罗斯、波兰，全程运行 9 902 公里，用时 12 天 21 小时抵达德国汉堡，创造了亚欧铁路运输的最好水平。沿线各国铁路对该示范列车的开行给予了大力支持，示范列车体现了较强的影

---

① TEU 是英文 Twenty-feet Equivalent Unit 的缩写，是以长度 20 英尺的集装箱为国际计量单位，也称国际标准箱单位。

响力和示范效应，增强了沿线各国铁路发展亚欧集装箱运输的信心。

4. 乌鲁木齐—德国汉堡集装箱专列

专列自乌鲁木齐从阿拉山口铁路口岸出境后，途经哈萨克斯坦、俄罗斯、拉脱维亚，再经拉脱维亚汶茨皮尔斯港海运至德国汉堡。2008 年 4 月 25 日，满载 1 870 吨新疆番茄酱的首趟乌鲁木齐至德国汉堡铁路集装箱专列发运。

（二）我国最新开通的亚欧铁路货运班列

1. "渝新欧"集装箱班列

重庆市为了发展地方经济、改善投资环境，以保证亚欧集装箱直通班列的正常运行，成立了"渝新欧"（重庆）物流有限公司，协调和组织"渝新欧"通道的运输管理。2011 年 3 月 19 日，重庆组织开行了首列重庆—德国杜伊斯堡集装箱列车，国内段经过达州、安康、西安、兰州、乌鲁木齐和阿拉山口，国际段途径哈萨克斯坦、俄罗斯、白俄罗斯、波兰到达德国，全程约 12 000 公里，运行时间 15 天 23 小时。自 2011 年开通以来，"渝新欧"铁路建立了常态化运行机制，保持每周 2 到 3 班的常态开行。至 2014 年 7 月，"渝新欧"已累计开行 130 列，货物运输总量 1.2 万标箱，实现进出口贸易额超过 40 亿美元，将重庆及周边地区的电子、机械等产品运往欧洲。

2. "苏满欧"集装箱班列

2012 年 11 月，苏州市开通了经满洲里通往欧洲的"苏满欧"集装箱班列运输。苏州的各种家用电器及电脑备件从白洋湾苏州铁路西站直发，经中国最北口岸满洲里到达波兰，全程运输时间 18 天，运距 11 800 公里。虽然"苏满欧"班列通过满洲里在距离上比阿拉山口多 1 000 公里，但由于通过我国东部较密集的铁路网，与阿拉山口繁忙的铁路口岸相比，国内段运输可以节省一些时间和费用。另外，该条线路的境外运输也由于减少过境运输国家，节省了时间和环节，成为目前亚欧直通班列成本最低的班列路线。

3. "汉新欧"铁路国际货运专列

2012年10月24日，武汉开通了发运至捷克的集装箱直通列车，这是武汉工业物流首次直通欧洲。该货运专列从武汉东吴家山铁路集装箱中心站出发，经安康、西安、兰州、乌鲁木齐到达阿拉山口，出境后经过哈萨克斯坦、俄罗斯、白俄罗斯、波兰，最后抵达捷克的巴尔杜比采，全程10 863公里。虽然铁路运费比海运高1/3，但专列20天内抵达捷克，走海运则需要40天。

4. "蓉欧"快铁直通集装箱列车

2012年12月18日，成都开通发运到波兰罗兹车站的集装箱直通列车，运输路径也是从阿拉山口出境，沿途经过哈萨克斯坦、俄罗斯、白俄罗斯到达波兰罗兹奥莱霍夫火车站（罗兹站），行程1万多公里，历时15天，计划每周发运1列。后改从二连浩特出境，经蒙古国、俄罗斯到波兰。至2014年7月底，成都至波兰的"蓉欧"快铁开行50余趟。

5. "郑新欧"国际货运专列

2013年7月17日，"郑新欧"国际货运铁路班列始发于郑州，经新疆阿拉山口出境，途经哈萨克斯坦、俄罗斯、白俄罗斯和波兰，到达德国汉堡，全程10 214公里，运行时间16天左右，比海运到欧洲节省15天左右。该专列计划每周1列，至2014年7月底，郑州至德国汉堡的"郑新欧"班列累计开行40多趟。

三、亚欧大陆桥铁路运输中现存的问题

（一）运能和运量需求矛盾

随着我国与周边国家对外贸易的不断发展，国际铁路联运货物运量大幅度提高，使得各国境站的进出口货量快速增长。尽管我国铁路部门对国

际铁路运输通道和口岸站不断增加投入，但运力不足的问题仍时有发生。我国西部国境铁路口岸所在地区大部分是边远待开发地区，也是资源富集地区，对铁路运力的需求很大，这进一步加剧了口岸及后方通道能力紧张的状况。

与此同时，国外铁路口岸站及后方通道运力不足的问题更为突出。例如，哈萨克斯坦铁路的多斯特克口岸站和俄罗斯铁路的后贝加尔口岸站，长期以来接运能力严重不足，尤其是集装箱专用平车非常短缺。其后方通道均为单线铁路，运输十分紧张，导致我国出口货物经常在口岸等待换装挂运，长时间滞留，迫使国际货物运输经常停装、限装。

（二）进出口运量不均衡和货物品类不匹配

我国从周边国家的进口以能源、原材料为主，出口以轻工、机电产品为主。由于出口货物的货值较高，则运输量较少；进口货物均是低值货物，相对运输量较大，这样造成口岸铁路运输量的不平衡。为确保进口货物运输，需要向口岸车站调配大量空车。例如，阿拉山口站每天需从西安、郑州、上海等铁路局调配数百辆空车，减少了这些地区数百万吨运力供应。

另外，货物品类不匹配问题十分突出。铁路运输的运输车型有敞车、棚车、平车、集装箱车、保温车等类型，应与所装载货物品类相匹配。我国各铁路口岸出口物资多为纺织、轻工、电器等货物，装运的多为棚车和集装箱（集装箱装运敞车和平车），而进口货物多为矿石、煤炭、原油及其他原材料。由此造成我国出口货物到达口岸换装后卸完空车不能利用，还需调配空车装运进口货物。

（三）国际铁路运输途经国家运输规定和限制不同

在国际铁路联运中，若发货人对我国铁路和外国铁路的运输规则了解不清时，易发生口岸不接车和卸货、甩货情况，这也是造成口岸拥堵的原因。我国铁路与邻国铁路轨距、运输规范不相同，货物需要换装。我国铁路与国外铁路的车辆规格、载重不一样，在换装时经常发生货物的短装、溢装和甩货。另外，我国海关、商检的规定与周边国家也不尽相同，如各国铁路的运输限制规定不一致等，这极大地影响了铁路运输便利化。

（四）国际铁路联运的运输规则与国际贸易惯例的差异

我国是《国际铁路货物联运协定》成员，① 在国际铁路运输中执行《国际货协》的规定和单据。由于历史原因，国际铁路货物联运规则一直未能与国际惯例接拢。《国际商会 2000（2010）国际贸易术语解释通则》和《跟单信用证统一惯例 UCP600》等国际通行贸易惯例都与《国际货协》铁路联运的运输规则存在很大差异。在国际铁路货物联运实际操作中，由于没有准确、适当的贸易规范，往往套用一些国际贸易术语，这样会造成误差和纰漏，甚至经济损失。

（五）运输专业人员供需矛盾突出

国际铁路联运的运输规则和操作方式与其他国际运输方式有很大差别。国际铁路联运规则与国际贸易惯例的区别，国际铁路运输单据文字差异等，都对从事国际铁路运输业务人员的业务素质提出较高要求。如果铁路运输业务人员对于所到达国家和经过国家的铁路运输限制规定不了解，在装载方式和材料使用不符合上述国家铁路规定，也会造成口岸滞留或被

---

① 《国际铁路货物联运协定》简称《国际货协》，是于 1951 年 11 月由原苏联、捷克、罗马尼亚、东德等 7 个国家共同签订的一项铁路货运协定。中国、朝鲜、蒙古于 1953 年 7 月加入该协定。目前执行的是 1974 年 7 月 1 日生效的修订本，其成员国有 12 国家。《国际货协》是参加国际货物联运协定各国铁路和发、收货人办理货物联运所必须遵守的基本文件，是调整我国与该协定参加国之间铁路货物运输的主要法律依据。

境外铁路拒收。目前在商务部备案的国际货运代理企业有 2 万多家，难以满足实际运输业务的需求。各种运输代理在办理国际铁路货物运输相关手续时，由于相关工作人员专业素质不同，误差较多，造成货损和滞留现象，严重影响了国际铁路货物运输秩序。

（六）关于亚欧铁路集装箱运输中存在的问题

1. 回货不足提高了运输成本

我国发往欧洲的货物大部是电子产品等较高附加值商品，使用集装箱运输。而欧洲到亚洲的适箱货物很少，造成空箱返运的费用很高。为此，"渝新欧"国际铁路在 2014 年 8 月开行进口汽车回程班列，并积极寻找返程货源。

2. 运输手续烦琐

在亚欧铁路联运中，全程没有统一运输单据，在我国发运需要缮制"国际货协运单"及补充报单，出境后运至《国际货约》① 参加国还要重新制作国际货约运单，每次每车（每票）需制作铁路运单即商务单据共 20 余张，整列约需 2 000 余张单据。虽然《国际货约/国际货协运单指导手册》（《国际货协》附件第 22 号）已经公布，但我国铁路不是适用手册的参加者，所以亚欧直通运输还必须在途中换单运输。目前在我国铁路发运亚欧直通运输货物，还不能全部直接使用《国际货协/国际货约直通运单》，只有重庆的"渝新欧"班列在试验使用。另外《国际货协》的工作语言是中文、俄文，而《国际货约》的工作语言是德文、英文。在运抵欧盟国家货物的运输中，商务单据在途中换单时还要增加大量翻译工作。

---

① 《国际货约》，全称《关于铁路货物运输的国际公约》，1975 年 1 月 1 日生效。其成员国包括了主要的欧洲国家，如法国、德国、比利时、意大利、瑞典、瑞士、西班牙及东欧各国，此外还有西亚的伊朗、伊拉克、叙利亚、西北非的阿尔及利亚、摩洛哥、突尼斯等共 28 国。

3. 各国运费差异大

欧盟实行统一的货运费率，欧盟统一的货运费率是独联体各国铁路运费的 4 倍多，是中国铁路运费的 2 倍多。在各类亚欧铁路直通货物运输中，以波兰、德国、捷克等欧盟国家的运费最高，而欧盟铁路运费在短期内难以改变，这使亚欧铁路货物直通运输的成本难以降低。

第二节 丝绸之路经济带与国际公路运输通道建设

我国陆地边境线东起辽宁省丹东市的鸭绿江，西至广西防城港市的北部湾，总长度约 2.2 万公里。与朝鲜、俄罗斯、蒙古国、哈萨克斯坦、吉尔吉斯斯坦、塔吉克斯坦、阿富汗、印度、巴基斯坦、尼泊尔、不丹、缅甸、老挝、越南 14 个国家接壤。目前，我国的陆路边境线上有 9 个直属海关，国家一类口岸有 63 个（包括铁路口岸 10 个，公路口岸 37 个，水运口岸 16 个）。我国公路对外通道主要分布于黑龙江、辽宁、吉林、内蒙古、新疆、西藏、云南、广西、广东 9 省境内，通过连接国道网和国家高速公路网进入我国内陆地区。

根据东北、内蒙古和西南各省口岸的统计数据，公路通道完成这些省份口岸过货总量的 19%。[①] 从公路口岸发展现状看，我国现有通往境外的公路通道口岸主要以边境贸易货物运输为主。公路运输能力上的技术特点决定了公路通道难以承担较大的运量，更多的是作为补充和集散手段与铁路通道共同发挥作用。

一、西北国际公路通道建设

我国西北国际公路通道主要分布在新疆，新疆拥有 17 个国家一类口

---

① 冯浩，陆成云. 我国国际通道建设布局及能力分析. 综合运输，2011（6）.

岸，其中包括陆路口岸 15 个。在 15 个陆路口岸中，对哈萨克斯坦 7 个、对吉尔吉斯斯坦 2 个、对塔吉克斯坦 1 个、对巴基斯坦 1 个、对蒙古国 4 个（图9-2）。其中，阿拉山口和霍尔果斯两大口岸是新疆对外贸易最重要的窗口和门户。2012 年，霍尔果斯公路口岸进出口货运量为 30.6 万吨，阿拉山口公路口岸进出口货运量为 25.9 万吨。另外，吉木乃、都拉塔、老爷庙、吐尔尕特、伊尔克什坦、卡拉苏等一类公路口岸年过货量都超过 10 万吨。

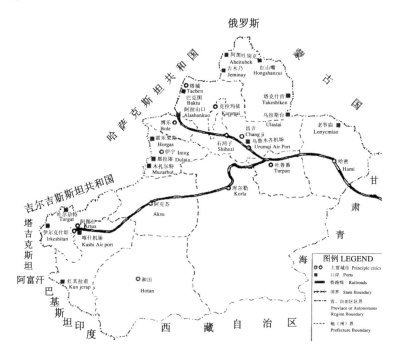

图9-2   新疆 17 个一类口岸分布示意图

目前，新疆公路已形成以乌鲁木齐为中心，以国道、省道公路为主，连接区外和周边国家的交通运输网。15 个陆路一类口岸均与国省县道连接，并构建了新疆与周边国家"一纵三横"国际公路大通道的框架。"一纵"是指经塔城、喀什，纵贯整个新疆，连接俄罗斯和南亚的国际公路大通道。"三横"是经阿拉山口的第二亚欧大陆桥、经霍尔果斯的国际公路，以及规划建设中的中—吉—乌铁路和公路通道，由此构成横跨新疆及亚欧大陆的北、中、南 3 条主干线。

据统计，至 2013 年年底，新疆高速和一级公路里程突破 4 000 公里（其中高速公路 2 728 公里）。目前，新疆共开通国际道路客货运输线路 107 条，占全国直达国际道路客货运输线路的 43.4%，成为我国国际道路运输营运里程最长、营运线路最多、发展最为迅速的省区。① 新疆交通运输发展的总体目标是：构筑"五横七纵"高速、高等级公路网，建设七大国家级公路运输枢纽，建成 4 条东联内地通道和 8 条西出国际通道。其中，8 条西出国际通道分别是：霍尔果斯口岸、阿拉山口口岸、巴克图口岸、伊尔克什坦口岸、红其拉甫口岸、都拉塔口岸、吉木乃口岸、红山嘴口岸。

二、东北及内蒙古国际公路通道建设

(一)黑龙江省国际公路通道

黑龙江省与俄罗斯的边境线长 3 000 多公里，其中界江 2 300 公里。黑龙江省拥有对外开放一类口岸 25 个，包括 15 个河运口岸，以及东宁、绥芬河、密山、虎林 4 个公路口岸。其中，东宁口岸是中国距俄远东地区最大的城市—海参崴最近的口岸，绥芬河口岸是中俄边境最大的公路口岸，黑河口岸与对应的俄布拉戈维申斯克市口岸是黑龙江流域运输距离最近、通过能力最强的口岸。

黑龙江省已开通了哈尔滨—牡丹江—绥芬河—波格拉尼奇内—乌苏里斯克—符拉迪沃斯托克国际道路运输线路。近年来，黑龙江省加快了口岸公路改造建设，做强绥芬河、东宁口岸，畅通陆海联运国际通道；扩大黑河口岸的过货能力，建成国际商品集散地和商贸旅游通道。另

---

① 袁建民. 新疆口岸物流发展现状及对策. 大陆桥视野，2012（10）.

外，黑龙江省还大力拓宽对外通道，通过加快同江界河铁路大桥和黑瞎子岛口岸公路建设，推进东宁瑚布图界河公路大桥、黑河界河公路大桥、洛古河界河公路大桥等项目前期工作，逐步形成一批大运量、常年开通的跨境通道。

（二）吉林省国际公路通道

吉林省现有 30 个口岸通道和临时过货点，其中国家一类口岸 6 个，分别是珲春公路口岸和铁路口岸、圈河公路口岸、图们铁路和公路口岸、长春和延吉航空口岸；国家二类口岸有 9 个。其中，珲春公路和铁路口岸是东北亚地区的物流中心，珲春公路口岸对应的克拉斯基诺口岸是俄罗斯国家一类口岸。

在公路通道建设方面，2012 年，珲春—图们高速公路全线通车，珲春—乌兰浩特高速公路全线贯通。吉林市—珲春的高速公路在 2014 年 10 月全线贯通。在 2007 年，锦州与蒙古国就开通中蒙大通道展开合作，该通道起点为蒙古国乔巴山，由锡林郭勒盟珠恩嘎达布其恩口岸入境，到达锦州港，全程 1 340 公里。为了尽快建成东北亚地区的跨国物流运输通道，吉林省正在积极推动开通中、蒙"两山"铁路（阿尔山—乔巴山），即以蒙古国乔巴山为起点，连接阿尔山—白城—长春—珲春，通过主动参与多边谈判、制定合理规划、加强经济合作与文化交流，推动吉林省"开边通海战略"的实现。[①]

（三）内蒙古国际公路通道

内蒙古自治区北部与蒙古国为邻，东北部与俄罗斯交界。内蒙古现有对外开放口岸 19 个，包括常年及季节性开放口岸和国家及地方性开放口

---

① 梁振民，陈才. 吉林省"开边通海战略"实现路径研究. 经济纵横，2013 (12).

岸等，与蒙古国对接口岸有 10 个，与俄罗斯对接口岸为 6 个。其中，满洲里享有"东亚之窗"的盛誉，是我国最大的陆路口岸和开展对俄罗斯、蒙古国经贸合作的重要口岸城市。满洲里口岸承担着中俄贸易 65% 以上的陆路运输任务，对外贸易占内蒙古对俄罗斯进口贸易的 80% 以上。另外，二连浩特是我国对蒙古国开放的最大公路、铁路口岸，策克口岸、甘其毛都口岸是中蒙之间重要的煤炭进口通道。

2010 年，内蒙古自治区提出了"用 2 至 3 年时间，把内蒙古与周边省市区大城市的高速公路出区通道全部打通"的战略部署。至 2013 年年底，内蒙古 30 条出区公路通道全部建成，高速公路里程突破 4 000 公里。[①] 14 条高速、16 条一级公路出区通道的建成，使内蒙古与华北、东北、西北地区及毗邻国家的口岸公路网融为一体。满洲里、二连浩特、策克等主要口岸全部以一级以上公路连通，内蒙古南联北开、东西贯通的开放格局基本形成。

三、西南国际公路通道建设

（一）广西国际公路通道

广西具有沿海、沿边、沿江的独特区位优势，是我国西南地区最便捷的出海通道之一，也是我国对东盟开放的前沿。广西与越南边境线长达 1 020 公里，已开放的陆地边境有东兴、友谊关、凭祥（铁路）、水口、龙邦、平孟 6 个国家一类口岸。其中，凭祥素有"中国南大门"之称，是广西最大的边境口岸城市，东兴口岸是进出境旅客总人数较多的国际陆路口岸。

近年来，广西加强与越南的交通基础设施建设合作，积极推动越南加快与广西接壤的边境公路网络建设，提高公路等级和通行能力，逐步实现

---

① 乔雪峰，陈力．中国经济网—《经济日报》，2013-12-06.

互联互通。2005 年，我国第一条连接东盟国家的高速公路——广西南宁至友谊关高速公路全线通车，这条路线已经成为中国通往越南乃至东南亚地区最便捷的国际陆路大通道。至 2011 年，广西通往越南所有一类口岸的公路全部实现高等级化，广西与越南间已实现客货运输车辆直达运输和公务车辆相互驶入，出入境口岸达到 4 个，客货运输线路达到 29 条。[①] 2012 年 5 月 30 日，中国和越南签署了《关于建立中越国际汽车运输行车许可证制度的协议》，放宽限制的货车和客车可以穿行于越南河内和中国深圳之间 1 300 公里长的公路。

目前，广西百色至龙邦、防城至东兴高速公路已开工建设。根据广西交通运输规划，在未来几年，广西境内所有的一类口岸贯通高速公路，二类口岸贯通二级以上公路，广西与越南接壤的每个县至少有一条二级以上公路与之相连，所有边贸互市点通四级以上油路。广西要形成连接越南通往华南、华中及西南地区便捷的陆上通道，广西通往东盟的快速、便捷的公路交通网络基本建成。

（二）云南国际公路通道建设

云南省与越南、老挝、缅甸接壤，边境线长 4 060 公里，占全国陆上边界的五分之一。云南省有 13 个国家级一类口岸，其中，陆路一类口岸 9 个，分别是：畹町、瑞丽、河口、磨憨、金水河、天保、猴桥、打洛和孟定。瑞丽口岸已经成为我国对缅甸贸易额最高、货物吞吐量最大、进出境人员最多的边境内陆口岸。西双版纳州勐腊县的磨憨口岸是我国与老挝接壤的唯一陆路国家级口岸。

近年来，云南与周边国家交通运输合作已取得一定成效，云南连接南亚、东南亚的公路大通道已经形成了"四出境"的规划格局，分别是：昆

---

① 赵壮天，雷小华 . 中国与东盟互联互通建设及对南亚合作的启示 . 学术论坛，2013（7）.

明—磨憨—老挝—泰国曼谷公路，昆明—河口—越南河内公路，昆明—瑞丽—缅甸皎漂公路，以及昆明—腾冲—缅甸密支那—印度雷多公路。其中，云南省与东盟国家相连的高等级公路有3条，[①] 分别是：

1. 昆明—曼谷国际高等级公路。从昆明出发，经老挝北部至曼谷，总里程1 896公里，已于2008年正式建成通车，不考虑过关停留时间，单程仅需20个小时左右，是云南省与东盟国家连接的重要通道。

2. 昆明至河内公路。从昆明经河口（老街）至越南河内，然后至越南海防，总里程约880公里。其中，昆明至河口445公里，基本上实现了全程高速，老街至河内330公里，是东盟公路体系中比较薄弱的一段，目前越南已规划修建高速公路，预计到2015年昆明至海防的高速公路可贯通。

3. 昆明—瑞丽公路。自昆明出发，经瑞丽入缅甸至仰光，全程共1 925公里。云南境内已经实现全程高速，缅甸境内为三级路面，至仰光与东盟高速公路网络相连，向西可达印度，向东可至越南，是云南省与缅甸的重要国际通道。

第三节　丝绸之路经济带与国际能源通道建设

目前，我国已经建成并投入使用的跨境油气管道包括：中哈原油管道、中俄原油管道、中国—中亚天然气管道、中缅天然气管道。这些跨境油气管道与俄罗斯、中亚、东南亚等国家和地区形成了我国正在构建的东北、西北、西南能源战略通道，加上海上能源通道，构成了我国四大国际能源通道（图9-3）。

---

① 赵雪松. 东盟国家与云南省国际通道建设研究——双边视角. 价值工程，2013（6）.

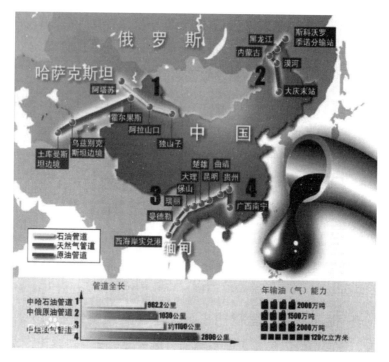

图9-3 中国四大油气通道战略布局示意图

一、西北国际能源管道建设

我国西北地区与中亚5国毗邻，其中哈萨克斯坦、吉尔吉斯斯坦、塔吉克斯坦3国与中国新疆共同边界线总长达3 309公里。中亚国家被称为21世纪的战略能源和资源基地，是当今世界重要的油气富集区之一。其中，哈萨克斯坦石油已探明储量为40亿吨，排名世界第7位，天然气探明储量为2.36万亿立方米；土库曼斯坦已探明天然气储量约为8.1万亿立方米，约占世界天然气总储量的4.3%，在独联体国家中居第2位。① 目前，我国已经建成的西北国际能源管道有2条：中哈原油管道和中国—中亚天然气管道。

---

① 英国BP公司，BP世界能源统计年鉴（2010）［EB/OL］：www. bp. com/statisticalreview，2011（6）.

（一）中哈原油管道

中哈原油管道是我国第一条陆上原油进口管道。2004 年 7 月，中国石油天然气勘探开发公司和哈萨克斯坦国家石油运输股份公司各参股 50% 成立了"中哈管道有限责任公司"，负责中哈原油管道的项目投资、工程建设、管道运营管理等业务。中哈原油管道分三期实施：该管道的前期工程"阿特劳—肯基亚克"输油管线全长 448.8 公里，于 2003 年年底建成投产；中哈原油管道一期工程"阿塔苏—阿拉山口段"，西起哈萨克斯坦的阿塔苏市，东至我国阿拉山口市，全长 965 公里，于 2006 年 5 月实现全线通油；二期工程"肯基亚克—库姆克尔段"，全长 794 公里，于 2009 年 10 月建成投产。中哈原油管道设计年输油能力为 2 000 万吨，建成后，哈萨克斯坦西部里海地区阿克纠宾的原油将直接输往我国，与新疆阿拉山口—独山子原油管道相连（图9-4）。

图 9-4　中哈原油管道示意图①

中哈石油管线的开通运营是中国能源领域国际合作的重大突破，具有里程碑意义。该石油管线的开通不仅拓展了中哈双边的合作，而且极大地推动了中俄能源合作。自 2006 年 5 月中哈原油管道投入商业运营以来，中

---

① 百度地图，http://image.baidu.com/.

国通过该管道进口原油量以年均 20% 的速度递增。截至 2013 年 12 月 31 日，中哈原油管道累计向我国输油 6 360 万吨，[①] 保障了我国中西部地区能源的平稳供应，满足了独山子炼厂原油加工需求，成为名副其实的"中国西部能源大动脉"。

（二）中国—中亚天然气管道

中国—中亚天然气管道是中国修建的第一条跨国长输天然气管道，西起土库曼斯坦和乌兹别克斯坦边境，穿越乌兹别克斯坦中部和哈萨克斯坦南部地区，经新疆霍尔果斯口岸入境，该管道线路总长度为 1 830 公里，年设计输气量为 300 至 400 亿立方米，工程总造价约为 200 亿美元，境内与中国西气东输二线管道相连（图 9-5）。

图 9-5　中国—中亚天然气管道和西气东输二线管道示意图[②]

---

①　国家能源局网站，www. nea. gov. cn，2014-01-09.
②　百度地图，http：//image. baidu. com/.

建设中国—中亚天然气管道也是中亚国家积极推行能源出口多元化的战略举措。2006 年 4 月，土库曼斯坦总统尼亚佐夫访华时，两国签署了《关于实施中土天然气管道项目和土向中出口天然气的协议》，规定从 2009 年起的 30 年内，土库曼斯坦每年将经中亚天然气管道，向中国输送 300 亿立方米天然气。2008 年，中国—中亚天然气管道开工建设，2009 年 12 月，天然气管道 A 线正式运营。2010 年 10 月管道 B 线建成投产，A、B 两线设计天然气输送量每年 300 亿立方米。除此之外，2011 年 4 月，中国石油天然气集团公司与乌兹别克斯坦油气国家控股公司签订了"中国—乌兹别克斯坦天然气管道建设协议"，该管线是中国—中亚天然气管线的第三条管线（C 线），年输气量为 250 亿立方米，2014 年 5 月建成。土库曼斯坦是中国—中亚天然气管道的主供气源，自该天然气管道 2009 年开通至 2013 年 8 月 31 日，土库曼斯坦向中国出口天然气总量达到了 606.45 亿立方米。

中国—中亚天然气管道工程是迄今中国在海外最大的天然气项目，被誉为新时期的能源"丝绸之路"。中国—中亚天然气管线的建成投产，为中国能源版图又增添了一条重要动脉，有利于缓解中国天然气供应紧张的局面，进一步优化了中国的能源消费结构。这条管线为中国经济发展提供了更多清洁高效的天然气资源，推动沿线城市用清洁燃料代替部分电厂及生产和生活用煤气与煤炭，在提升百姓生活质量的同时，也有效改善了中国的空气污染。

二、东北国际能源管道建设

我国东北地区与俄罗斯有 4 300 多公里的共同边境线。俄罗斯是世界上最大的能源生产国之一，其石油、天然气等能源出口位居世界前列，为铺设中俄能源管道提供了有利条件。

（一） 中俄原油管道

中俄两国政府高度重视能源领域合作，石油贸易和管道建设合作是两国能源领域合作的重大项目。2009 年 2 月 17 日，中国石油天然气集团公司与俄罗斯石油管道运输公司签署了从俄罗斯斯科沃罗季诺到中国边境的管道设计、建设和运营协议，并与俄罗斯石油公司和俄罗斯石油管道运输公司分别签署了开展长期原油贸易的协议。根据这项 "贷款换石油协议"，中国向俄罗斯提供总计 250 亿美元的长期贷款。俄罗斯则以石油为抵押，以供油偿还贷款。俄在 20 年的期限内，向中国出口 3 亿吨原油，即从 2011 年至 2030 年按照每年 1 500 万吨的规模通过石油管道向中国供应石油。

中俄原油管道起自俄罗斯远东管道斯科沃罗季诺分输站，经我国黑龙江省和内蒙古自治区 13 个市、县、区，止于大庆站，管道全长约 1 000公里（图 9-6）。中俄原油管道工程于 2010 年 9 月 27 日竣工，2011 年 1 月 1 日正式启用。管道设计输油量为每年 1 500 万吨，最大输油量为 3 000 万吨。[①] 中俄原油管道的运行标志着俄罗斯的能源输出战略从传统的西方开始转向东方，中俄能源合作开启了新阶段。另外，2013 年 3 月，中国国家主席习近平访俄期间，俄罗斯石油公司与中国石油天然气集团公司签署协议，把每年对中国的石油供应量提高至原计划量的 3 倍。根据该协议，2013 年俄罗斯石油公司增加 80 万吨供应，未来每年对华石油供应量将达到 4 500 万吨以上，就此中国将成为俄罗斯石油的最大进口国。

---

① 中俄两国首脑将共同出席中俄原油管道工程竣工仪式 ［EB/OL］. http：// china. cnr. cn / gdgg/ 201009 /.

图 9-6　中俄原油管道示意图①

（二）中俄天然气管道

从 20 世纪 90 年代中期起，中俄两国就关于铺设天然气管道问题展开谈判。1997 年，俄罗斯天然气工业公司与中国石油天然气集团公司签署了《关于实施向中国东部地区供应俄罗斯天然气项目》的备忘录，奠定了双方在天然气领域的合作基础。

2006 年 3 月，中国石油天然气集团公司与俄罗斯天然气工业股份公司就建设两条通往中国的天然气管线达成共识，一条是从俄罗斯阿尔泰共和国的泰舍特到中国新疆的西线管道，另一条是从俄罗斯萨哈林半岛到中国东北的东线管道（图 9-7）。根据协议，俄罗斯将通过西线线路每年提供 300 亿立方米天然气，通过东线线路每年提供 380 亿立方米天然气。② 2009 年 6 月 24 日，两国政府签署了《关于天然气领域合作的谅解备忘录》。

2014 年，在乌克兰危机的持续影响下，俄罗斯遭到美国和欧盟的严厉经济制裁，出于地缘政治和地缘经济发展的需要，俄罗斯调整了其能源战略，加快了向东，即向亚洲国家能源出口的步伐。2014 年 5 月 21 日，在普京总统访华期间，中俄两国在上海共同签署了《中俄东线天然气合作项目备忘录》、中

---

①　百度地图，http：//image. baidu. com/.
②　岳小文等. 俄罗斯出口天然气管道建设规划及对中国引进天然气资源的影响. 石油规划设计，2010（3）.

国石油天然气集团公司和俄罗斯天然气工业股份公司签署了《中俄东线供气购销合同》，结束了始于 2004 年的中俄天然气"马拉松"谈判。根据双方商定，从 2018 年起，俄罗斯开始通过中俄天然气管道东线向中国供气，输气量逐年增长，最终达到每年 380 亿立方米，累计 30 年，该合同总价值 4 000 亿美元。目前，中俄东线天然气管道俄罗斯境内段已于 2014 年 9 月 1 日开工建设，中国境内段管道建设计划在 2015 年上半年开工，2018 年建成。

2014 年 11 月，在中国举办亚太经济合作会议（APEC）期间，中国石油天然气集团公司与俄罗斯天然气工业股份公司签署了《关于沿西线管道从俄罗斯向中国供应天然气的框架协议》。协议规定了未来俄罗斯通过西线天然气管道向中国供气的基本技术经济条款，确定供气规模为 300 亿立方米/年、供气量渐增期为 4 至 6 年、供气期限 30 年的合作框架。

综上所述，中俄东线和西线管道供气购销合同的签订是在中俄两国领导人亲自推动下，在双方企业长期共同努力下实现的，这是中俄两国深化全面战略协作伙伴关系的又一重大成果。中俄东线天然气管道与已经投入运营的中俄原油管道一起，构成了我国东北能源进口大动脉。同时，中俄东西线天然气管道项目的最终落实意味着我国天然气进口多元化的战略布局基本完成。

图 9-7　中俄天然气管道示意图①

---

① 百度地图，http：//image.baidu.com/.

三、西南国际能源管道建设

目前，中国石油进口的 50% 来自中东地区，这些石油进口的运输线都是从印度洋途经马六甲海峡进入太平洋抵达中国海港的。但中东国家政局不稳且马六甲海峡海盗频繁出没，使中国的能源安全难以得到充分保障。在这种情况下，中国积极寻求能源进口安全，突破"马六甲困局"的破解方案由此展开，一条经缅甸的实兑港、曼德勒直至云南瑞丽的陆路通道逐渐推进。

2005 年 7 月，中国国家发展改革委员会与缅甸能源部签署《关于加强能源领域合作的框架协议》，启动了项目前期工作。2008 年 12 月，中、缅、韩、印四国六方——中国石油天然气集团公司与韩国大宇、印度石油海外公司（OCEBV）、缅甸油气公司（MOGE）、韩国天然气公社（KO-GAS）以及印度燃气公司（GAIL）——在仰光签署了《缅甸 Shwe 气田项目出口天然气购销协议》，锁定了缅甸西海岸若开盆地 A1、A3 两个区块的天然气输往中国。经过历时 5 年的多方论证，2009 年 3 月，中缅两国政府签订了《关于建设中缅原油和天然气管道的政府协议》。

中缅油气管道于 2010 年开工建设，该管线是原油管道和天然气管道双管线，起于缅甸西海岸皎漂港，途径缅甸第二大城市曼德勒，从中国云南瑞丽入境，终点是云南昆明，全长约 1 100 公里。原油管道设计能力为每年 2 000 万吨，天然气管道设计能力为每年 120 亿立方米。该管道建成后，来自非洲和中东的石油以及产自缅甸近海的天然气将通过这条管道直达昆明，比经过马六甲海峡缩短 1 200 公里（图9-8）。①

2013 年 10 月 20 日，中缅天然气管道禄丰—贵港段顺利投产，这标志着中缅天然气管道全线贯通。至此，我国东北、西北、西南和海上 4 大油

---

① 解晓燕，刘咏梅. 中国周边跨境油气管道布局及联动效应研究. 长江大学学报（社科版），2014（6）.

气通道战略布局已初步完成。

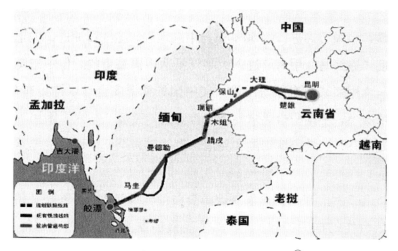

图 9-8　中缅原油和天然气管道示意图①

---

① 百度地图，http：//image. baidu. com/.

第十章　提升国际金融合作水平

　　丝绸之路经济带建设需要做到"五通"，货币流通是其重要支撑，即推动实现本币兑换和结算，增强抵御金融风险能力。深化区域金融合作，构建新型金融主体和交易方式，推动人民币区域化，发挥金融政策的资源配置功能，这是促进丝绸之路经济带沿线各国共赢发展的前提和保障。近年来，中国各类金融机构与俄罗斯、中亚、西亚和南亚国家大力开展金融合作，对促进中国与这些地区及国家的经贸关系发挥了重要作用。

　　2014年10月24日，亚洲21个首批意向创始成员国的财长和授权代表在北京签约，共同决定成立亚洲基础设施投资银行（简称亚投行）。亚投行是一个政府间性质的亚洲区域多边开发机构，按照多边开发银行的模式和原则运作，重点支持基础设施建设，总部设在北京，法定资本1 000亿美元，初始认缴资本为500亿美元左右，实缴资本为认缴资本的20%。正式签署《筹建亚投行备忘录》的国家包括中国、孟加拉国、印度、巴基斯坦、斯里兰卡、缅甸、尼泊尔、哈萨克斯坦、乌兹别克斯坦、科威特、老挝、马来西亚、蒙古国、阿曼、卡塔尔、文莱、柬埔寨、新加坡、泰国、菲律宾和越南。亚洲基础设施投资银行是继金砖国家开发银行之后，中国推进"一带一路"建设的又一重大举措。

第一节 中国与俄罗斯及中亚国家金融合作

一、中国与中亚国家金融合作现状

（一）边贸本币结算及本币互换

中国与中亚各国经济往来取得的丰硕成果离不开金融的支持。2003年，中国人民银行与吉尔吉斯斯坦中央银行签署以双方货币作为支付结算的协定。2005年，中国人民银行与哈萨克斯坦央行签署以双方货币作为边境贸易支付结算的协定，先后签署《中哈霍尔果斯国际边境合作中心框架协议》及《中哈霍尔果斯国际边境合作中心活动管理协定》，允许双方货币用于边境贸易结算，此后中国银行与哈萨克斯坦人民储蓄银行签署合作协议书，以边境贸易开展人民币结算为突破口，逐渐实现人民币在中亚国家的自由流通。2009年年初，中国人民银行出台《跨境贸易人民币结算试点管理办法》，正式启动跨境人民币结算业务。同年11月，上海合作组织成员国召开首届央行和财政部长会议，积极探讨地区融资领域合作方式。新疆作为全国第二批跨境贸易人民币结算试点省区于2010年6月22日开始运行，2010年9月又成为全国第一个获准开展跨境直接投资人民币结算的试点省区，为中国与中亚的经贸往来提供金融便利。

2011年初，中国人民银行发布《境外直接投资人民币结算试点管理办法》，标志着人民币国际化由跨境贸易结算全面扩展至投资结算领域，同时也意味着中国和中亚国家的跨境贸易可以用人民币结算，双方企业也可以使用人民币相互投资。2011年，中国人民银行和乌兹别克斯坦央行签署7亿元人民币的双边本币互换协议，与哈萨克斯坦央行签署70亿元人民币的双边本币互换协议，这些协定的签署为人民币在中亚国家跨境结算业务的开展奠定了良好基础。2014年12月15日，中国人民银行与哈萨克斯坦国家银行续签本币互换协议，同时签订了新的双边本币结算与支付协议。双边本币互换规模为 70 亿元人民币/2 000 亿哈萨克斯坦坚戈，协议有效期 3 年，经双方同意可以展期。双边本币结算与支付协议签订后，中哈本币结算从边境贸易扩大到一般贸易。两国经济活动主体可自行决定用自由兑换货币、人民币和哈萨克斯坦坚戈进行商品和服务的结算与支付。该举措有利于深化中哈两国货币金融合作，便利双边贸易与投资，维护金融稳定，标志着中哈两国金融合作进入新阶段。2012 年 9 月，中国人民银行联合金融监管机构发布《关于金融支持喀什霍尔果斯经济开发区建设的意见》，为把喀什和霍尔果斯经济开发区建设成为我国向西开放的重要窗口提供了金融保障。

（二）上海合作组织银行联合体

2005 年 10 月 26 日，上海合作组织成员国政府授权金融机构在莫斯科签署了《上海合作组织银行联合体（合作）协议》，标志着上海合作组织银行联合体（简称"银联体"）正式成立。2006 年 6 月，上海合作组织银行联合体成员行通过了《关于支持上海合作组织区域经济合作的行动纲要》，确定了初期阶段银联体合作的工作目标和计划。上合组织银联体旨在按照市场化原则，依托成员国政府的推动作用和企业的广泛参与，创建适合本地区特点的多领域、多样化融资合作模式，共同为上海合作组织框架内的合作项目提供融资支持和金融服务，促进成员国经济社会可持续发展。

自 2006 年以来，银联体成员行参与了上海合作组织区域内一系列大型项目的实施，对成员国的经济实体提供了总额数百亿美元的授信与项目融资。这些项目的落实对促进本地区的社会经济发展和经济贸易合作起到了重要的推动作用，符合上海合作组织成员国政府共同确定的优先投资方向。银联体还就支持包括边境地区在内的地区之间投资活动开展了合作。

自 2008 年以来，银联体同欧亚开发银行在《伙伴关系基础备忘录》基础上开展了投资项目合作。2009 年，为应对全球经济危机所带来的挑战，银联体成员行采取了本币结算和本币贷款的实际措施。

作为上海合作组织银联体主席行的中国国家开发银行（简称国开行），积极为银联体搭建制度框架与合作平台，把基础设施建设和能源开发领域作为其工作重点，为中石油、中石化、中信等企业海外重大并购项目提供金融支持，使这些并购项目得以顺利完成，也为中哈石油管道、哈萨克斯坦能源开发等重大项目提供了强大金融支持。2009 年，中哈双方为了加强两国之间的矿产、能源等资源和非资源等领域合作，签署了 100 亿美元贷款协议。国家开发银行新疆分行在 2010 年 2 月通过对吉尔吉斯斯坦 RSK 银行的境外客户人民币贷款业务，为吉尔吉斯斯坦工业钢铁有限公司办理了 198.36 万元人民币的贷款及运费业务。截至 2014 年上半年，国家开发银行在中亚地区共支持 71 个项目，发放贷款 245 亿美元，贷款余额 194 亿美元，涉及油气、有色金属、航空、电力、农业、中小企业等多个领域，本外币贷款连续 37 个季度实现当期和累计本息回收率双百；8 年来，外汇资产规模从 1.78 亿美元跃升至 94.57 亿美元，平均增长率达 76.53%。

（三）设立境外金融机构

1993 年，中国在哈境内设立了第一家金融机构——哈萨克斯坦中国银行，成立以来，该行为中哈双边经贸合作做出了积极贡献。同年，中国工商银行（阿拉木图）股份公司作为中国工商银行的第一家海外分行成立，该行依据哈萨克斯坦经济、金融法律和法规开展各项经营活动，近年来各项业务得到长足发展。目前已开办存款、贷款、汇款、兑换和信用证等业务。2004 年 7 月，中国国家开发银行与哈萨克斯坦开发银行在北京签署促进双边经济和产业发展的协议，为两国各项基础设施建设、产业结构升级和开展双边经济合作等提供融资便利。作为我国向西开放的桥头堡，新疆与中亚国家金融机构的合作更为密切。截至 2013 年 11 月底，新疆周边国家的吉尔吉斯斯坦、巴基斯坦、塔吉克斯坦、俄罗斯的银行在新疆辖内银行开设了 13 个人民币同业往来账户，人民币兑哈萨克斯坦货币坚戈实现现钞挂牌交易，有力促进了新疆与周边及中亚国家的经贸往来。

（四）金融合作现存的问题

从中国与中亚国家区域金融合作情况来看，目前区域金融合作签订的合作协议较多，而真正能建立的合作实体较少；区域金融合作大多是双边合作，多边合作较少，大多数区域金融合作集中在中国与哈萨克斯坦之间，中国与中亚其他 4 国的合作相对较少；区域金融合作大多通过银行（特别是政策性银行）这一主体完成。金融机构合作内容单一，创新型业务少。总体来看，中国与中亚 5 国的金融合作还处在初级阶段，拥有很大合作潜力，需要加强实质性的区域金融合作。

二、中俄金融合作发展现状

（一）双边政府间金融合作

近年来，中俄两国政府对经济合作的支持使两国的金融合作保持稳步发展。1992 年，双方签署了《中俄政府间关于经济贸易关系的协定》。2008 年 8 月，俄罗斯联邦金融市场局和中国证监会在北京签署了中俄《证券期货监管合作谅解备忘录》，使中国企业发行的证券得以进入俄罗斯市场。此外，中俄金融合作的加强从其称谓亦可看出：中俄金融合作的机构以前是"中俄银行合作分委会"，2009 年改为"中俄金融合作分委会"，将保险和证券合作纳入议事范围。中俄金融合作分委会是中俄总理定期会晤委员会的一个重要组成部分，为双方协调和推进两国金融业合作搭建了一个平台，每次分委会都有两国的金融监管当局和商业银行及其他金融机构参加，金融合作分委会使两国间的金融合作更加密切。

在贸易和项目融资方面，两国合作的规模不断扩大，融资的币种不仅包括外汇，也包括人民币和卢布，融资的范围涵盖了能源、机械制造、电力、林产品加工、农业等，从民间贸易到投资等广泛领域。截至目前，两国在"中俄银行分委会"、"欧亚反洗钱和反恐融资小组"（EAG）框架下共同进行了洗钱类型和趋势研究，为维护本地区经济金融安全做了有益尝试，并取得了一定阶段性成果。同时，中俄两国在上海合作组织、金砖国家等合作平台也进行了深入的金融合作。

（二）双边本币互换与结算

近年来，在中俄全面战略协作伙伴关系不断发展的背景下，两国的金融合作不断加强。两国此前签署了在边境贸易中开展本币结算的协定，之后签署的新协定将结算范围扩大到一般贸易。2008 年 8 月，中国宣布在东北边境与邻国试点实施人民币贸易结算。2009 年举行的中俄总理第十四次定期会晤期间，中俄发布联合声明提出在双方贸易结算中扩大本币结算。2010 年，中俄总理第十五次定期会晤期间两国决定在双边贸易中逐渐减少使用美元结算，而以本国货币作为贸易结算货币。2010 年年底，卢布成为继马来西亚林吉特之后第二个可以与人民币自由挂牌交易的新兴币种。2011 年，中俄两国决定扩大本国货币进行双边贸易结算的试点范围。目前，位于中俄边境的黑龙江省绥芬河市已获批成为中国首个卢布现金使用试点市。2014 年 8 月，俄罗斯央行与中国人民银行达成共识，进一步简化本币结算步骤，加强结算能力。俄企业对人民币的需求激增，2014 年 7 月人民币和卢布交易量环比增长了 52%。2014 年 10 月 13 日，中国人民银行与俄罗斯联邦中央银行签署了规模为 1 500 亿元人民币/8 150 亿卢布的双边本币互换协议，旨在便利双边贸易及直接投资，促进两国经济发展。互换协议有效期 3 年，经双方同意可以展期。

（三）双边金融机构合作

近年来，中俄两国积极扩大银行业务合作范围。在政策性银行中，中国进出口银行和中国国家开发银行是对俄金融合作的主力军，中国国家开发银行表现尤为积极。在"上合银联体"成立之后，国开行分别与一批俄罗斯大型银行进行了卓有成效的合作，并与一些大型企业建立了合作平台。截至 2007 年，国家开发银行实现对俄贷款余额 55 亿美元，涉及油、气、电力、矿产、林业、基础设施等诸多领域，支持了一系列中俄两国政府共同关注的大型合作项目。而中国进出口银行主要采取向俄金融机构提供授信额度和买方信贷的方式开展对俄合作，以解决结算不畅和信贷不力等制约两国经贸发展的难题。中俄两国政策性银行之间的合作一方面给商业银行带来派生业务，另一方面也起到了示范作用，对推动两国商业银行之间的合作起到了积极作用。

除了政策性银行和政府贷款等合作方式外，中国商业银行的对俄业务合作也正在由浅入深地逐步推进，从 20 世纪 90 年代的"避而远之"发展到通过建立代理行关系、开立美元直接结算账户、提高相互授信额度、签署全面合作协议等方式建立起双边合作机制。目前中俄双方商业银行都在尝试扩大业务范围，开始使用信用证、保函、托收等多种国际结算工具，并积极探讨贸易融资、项目融资、中长期信贷、银团贷款、联合代理发债、银行卡等更多的合作形式。此外，中俄两国商业银行在对方设立的分支机构正在逐步增加。据统计，俄罗斯外贸银行、外经银行、工业通信银行和天然气工业银行等金融机构均在北京或者上海设立了代表处或分行。截至 2014 年上半年，中国银行、中国建设银行和中国工商银行均已在俄境内开展业务，而中国农业银行也即将成为第四家在俄罗斯境内开展业务的中国商业银行。

第二节 中国与南亚和西亚及中东欧国家金融合作

一、中国与南亚国家金融合作现状

（一）中巴金融合作状况

近年来，中国积极开展与巴基斯坦的金融合作，取得明显进展，对促进巴基斯坦经济发展和深化中巴经济技术合作发挥了积极作用，具体表现在以下方面。

1. 签署双边本币互换协议

为了促进中巴两国贸易和投资合作，2011 年 12 月，中国与巴基斯坦签署了中巴双边本币互换协议，互换规模为 100 亿元人民币/1 400 亿卢比，协议有效期 3 年，经双方同意可以展期。

2. 开展银行间的合作

中巴两国多家商业银行都在对方开设了分支机构。2011 年 8 月，中国工商银行在卡拉奇和伊斯兰堡设立两家分支机构，这是第一家中国商业银行在巴开展业务。巴基斯坦联合银行、巴基斯坦国民银行、哈比卜银行等也在北京成立了办事处。2012 年 10 月，巴基斯坦国家银行与中国人民银行签署了人民银行代理巴基斯坦国家银行投资中国银行间债券市场的代理投资协议。

3. 提供各类项目融资

较早进入巴基斯坦信贷市场的中国金融机构是中国进出口银行和国家开发银行。中国进出口银行占据市场绝大部分份额，其主要贷款品种是"双优"贷款，即政府援外优惠贷款和优惠出口买方信贷。目前两者的合同金额分别在 20 亿元人民币和 8 亿美元左右，贷款主要支持巴基斯坦重大基础设施和政府项目。[1]例如，2010 年 12 月，中国水利电力对外公司与国家开发银行、中巴投资股份有限公司签署三方合作备忘录，中水对外公司以 BOT 模式在巴基斯坦筹建 4.95 万千瓦一期风电项目；在能源领域，2010 年年底，英国石油公司（BP）与中国联合能源集团有限公司达成协议，将位于巴基斯坦的上游石油及天然气业务售予联合能源集团公司，涉资 7.75 亿美元。2011 年，联合能源集团有限公司就兼并 BP 在巴基斯坦的油气资源项目向国家开发银行申请贷款融资，同年 9 月完成对该项目的全部兼并，这是我国金融机构支持中资企业"走出去"的一次重大金融合作。

4. 设立中巴联合投资公司

2006 年 11 月，中巴两国签署了关于在巴设立联合投资公司的谅解备忘录。中巴联合投资公司注册资本 2 亿美元，中国国家开发银行和巴基斯坦财政部各出 1 亿美元，合资年限 30 年，营业范围包括项目融资、融资租赁、股权投资、担保等。目前，公司的相关工作进展顺利，已经对多个重要项目提供了融资支持。

（二）中国与印度的金融合作

中国同印度的金融合作主要体现在金砖国家合作机制中，[2] 2009 年 6 月，金砖国家在俄罗斯叶卡捷琳堡举行首次峰会，确立了金融合作的意向。至 2014 年巴西福塔莱萨第六次金砖峰会，金砖国家的金融合作成果主要体现在"本币结算及互换合作"、"资本市场合作"、"金融监管合作"、"金砖国家开发银行"等方面。

---

① 陈继东，赵罗红. 中巴金融合作：现状、作用、走向，南亚研究季刊，2013（3）.

② 2001 年，美国高盛公司首席经济师吉姆·奥尼尔首次提出"金砖四国"（BRIC）这一概念。引用了巴西（Brazil）、俄罗斯（Russia）、印度（India）和中国（China）的英文首字母，该词与英语单词的砖（Brick）类似，因此被称为"金砖四国"。南非加入后，其英文单词变为"BRICS"，并改称为"金砖国家"。金砖国家峰会即由 5 个国家组成召开的会议。

1. 本币结算及互换合作

目前中国国家开发银行、印度进出口银行、巴西国民经济社会发展银行、俄罗斯开发与对外经济活动银行、南非南部非洲开发银行已经建立了银行合作机制。2011 年和 2012 年金砖国家第三、四次峰会期间签署了一系列有关本币结算的协议，包括《金砖国家银行合作机制多边本币授信总协议》和《多边信用证保兑服务协议》，这些协议的签署意味着金砖国家本币结算合作机制初步形成。①

2. 开展资本市场合作

2011 年三亚峰会期间金砖国家签署了《金砖国家银行合作机制金融合作框架协议》，明确提出进行资本市场合作，积极开展包括债券发行、上市等金融合作形式。2011 年 10 月，在南非国际证券交易所联会会议上宣布成立联盟，自 2012 年 3 月 30 日起，各成员国交易所的基准股市指数衍生产品在各自的交易平台上互挂买卖。

3. 建立金砖国家开发银行

2014 年 7 月 15 日，金砖国家领导人第六次会晤在巴西福塔莱萨举行，通过的《福塔莱萨宣言》宣布正式建立金砖国家开发银行，该行核定资本为 1 000 亿美元，启动资本 500 亿美元由金砖五国平均出资，银行总部设在中国上海，首任行长由印度人担任。同时，金砖国家领导人还提出成立一个规模约 1 000 亿美元的应急储备安排，其中，中国提供 410 亿美元，俄罗斯、印度、巴西分别提供 180 亿美元，南非提供 50 亿美元。这两项协议标志着金砖国家的金融合作由设想变成现实。

成立金砖国家开发银行和应急储备安排是金砖国家在经济领域合作中的具有里程碑意义的标志性事件。通过为各国基础设施建设及其他项目提供资金保障及为各国构筑金融安全网，有利于金砖国家之间的协作和发

---

① 张晓涛，修嫒媛，李洁馨. 金砖国家金融合作利益研究. 宏观经济研究，2014 (5).

展，有利于中国积极参与全球治理。同时，金砖国家金融合作机制为中印金融合作提供了良好的平台，推动了两国金融机构之间的合作，增加了中印两国在国际事务中的话语权，也有助于进一步推动国际金融秩序变革。

总体上，相对于上海合作组织成员国和东盟国家，中国与南亚国家的金融合作还处于起步阶段。目前，我国只与巴基斯坦、斯里兰卡两国签署了货币互换协议。2014 年 9 月，中国与斯里兰卡签署了规模为 100 亿元人民币/2 250亿卢比的双边本币互换协议。展望未来，由中国发起筹建的亚洲基础设施投资银行、丝路基金等将成为中国与南亚国家金融合作的重点。

二、中国与西亚国家金融合作现状

(一) 中国与海合会国家的金融合作

海合会 6 个成员国都设立了不同规模的主权财富基金。据美国主权财富基金研究所统计，[①] 2012 年，海合会国家的主权财富基金资产共 1.89 万亿美元，占全球资源性主权财富基金的 59.5% 。其中，阿联酋、沙特、科威特 3 国主权财富基金占全球的份额分别为 18% 、11% 和 5% ，排在第二、第四和第六位。

海合会国家对中国的投资主要通过主权财富基金和合资的方式进行，主要集中在金融领域。例如，2006 年，沙特王国控股公司购买了 3.9 亿美元中国银行股份；科威特投资总局和卡塔尔投资局分别出资 7.2 亿美元、2.06 亿美元购买中国工商银行股份；2010 年，这两家主权财富基金又分别出资 8 亿美元、28 亿美元购买了中国农业银行股份，卡塔尔投资局成为农业银行 H 股最大的股东，阿联酋阿布扎比国际联合投资斥资 7.75 亿美元入股重庆农业商业银行等。卡塔尔投资局还收购了中信资本控股有限公司超过 20% 的股权。

另外，海合会主权财富基金还通过设立基金的方式在中国进行投资。

---

① USA, Sovereign Wealth Funds Institute, December 2012. http：//www. swfinstitute. org/fund.

例如，2006 年，巴林沙密尔银行与中信集团公司设立了 1 亿美元的伊斯兰基金，专门投资中国房地产；迪拜国际资本有限公司与中国第一东方投资集团共同组建中国迪拜基金，基金规模为 10 亿美元，主要投资于在阿联酋和迪拜证券市场上市的中国企业等。2012 年年底，卡塔尔控股和科威特投资局分别获得中国外汇管理局在中国证券股票市场 10 亿美元的投资额度，① 这是外国投资者进入中国股市和债市的主要渠道。

（二）金融机构之间的合作

阿联酋是全球伊斯兰的金融中心，中国工商银行、中国银行、中国建设银行、中国农业银行都在阿联酋的迪拜或阿布扎比设立了分行或分支机构，国家开发银行也在阿联酋设有工作组。此外，中国银联用户可以在阿联酋马士礼格银行所有网点刷卡，中国银行发行的各种银行卡在阿联酋商场和超市均可使用。2010 年，中国银联与阿联酋 Network International 签署了合作协议，旨在将银行卡扩大到中东、西亚和非洲 20 多个国家。另外，为促进双边贸易和投资的发展，2012 年 1 月，中国人民银行与阿联酋中亚银行达成了 350 亿人民币/200 亿迪拉姆的货币互换协议。2013 年 2 月，阿联酋国民银行宣布开通人民币结算业务，这将有利于中资企业与阿联酋公司之间的业务往来，迪拜也将成为人民币离岸贸易的中东中心。此外，中国工商银行在卡塔尔多哈、科威特等国也设立了代表处和分支机构，营业网络进一步完善。

三、中国与中东欧国家金融合作现状

中国与中东欧国家之间的金融合作起步晚，但随着双边经贸合作的快速推进，金融合作也步入快车道。

---

① 杨光主编．中东发展报告（2012—2013）．社会科学文献出版社，2013（11）．

（一）互设金融机构并签署货币互换协议

波兰是中国在中东欧地区最大的贸易伙伴，匈牙利则是中东欧地区中资企业最集中的国家。2003年，匈牙利中国银行正式开业，这是中国银行在中东欧地区的第一家分行。2012年6月，中国银行波兰分行开业，成为首家在波兰运营的中资银行；同年11月，中国工商银行华沙分行正式营业。另外，为加强金融合作，促进贸易和投资，2013年9月，中国人民银行与匈牙利中央银行签署了两国双边货币互换协议，规模为100亿人民币/3 750亿匈牙利福林，有效期3年，经双方同意可以展期。

（二）双边金融合作举措

近年来，中国积极开展与中东欧国家的合作。2012年4月，时任中国总理温家宝在波兰华沙出席首届中国—中东欧国家领导人会晤，提出了关于促进双方务实合作的12项举措，标志着中国与中东欧国家关系步入全新的发展阶段，其中涉及金融合作的举措如下。

（1）设立总额100亿美元的专项贷款，其中配备一定比例的优惠性质贷款，重点用于双方在基础设施建设、高新技术、绿色经济等领域的合作项目。中东欧16国可向中国国家开发银行、进出口银行、工商银行、中国银行、建设银行和中信银行提出项目申请。

（2）发起设立"中国—中东欧投资合作基金"，首期募集基金目标为5亿美元。

（3）与中东欧16国积极探讨货币互换、跨境贸易本币结算以及互设银行等金融合作，为双边务实合作提供金融保障与服务。

第十一章　提升内陆沿边
开发开放水平

第一节　推动新一轮内陆沿边地区的开发开放

一、我国内陆沿边地区经济发展现状

我国陆地边境线长 2.28 万公里，陆上与 14 个国家为邻，沿陆地边境分布着 9 个省（区）的 136 个边境县（旗、市、市辖区）及新疆生产建设兵团的 58 个边境团场，面积 212 万平方公里，占全国总面积的 22.08%，人口约 2 200 万，主要分布有 45 个少数民族。沿边省区包括广西壮族自治区、云南省、西藏自治区、新疆维吾尔自治区、甘肃省、内蒙古自治区、黑龙江省、吉林省、辽宁省。

总体上，我国沿边地区的国土面积大，边境线长，人口较少，少数民族分布集中，民族宗教问题复杂，人均土地等自然资源丰富，经济社会发展滞后，贫困问题突出，对外关系复杂敏感。沿边地区资源丰富，地缘优势明显，开放空间广阔，开发潜力巨大。例如，2013 年，辽宁省居沿边省区中 GDP 总量及进出口贸易排名之首；新疆在西北 5 省区中进出口贸易排

名第一，2013 年达到 275.6 亿美元；内蒙古 2013 年的人均 GDP 高达 67 604 元，位列西部 12 省区第一位；贵州省的人均 GDP 只有约 2.3 万元，两省人均 GDP 相差近 3 倍（表 11-1）。

表 11-1　2013 年我国内陆沿边各省区主要经济指标对比

区域	省区	GDP 总量（亿元）	GDP 增速（%）	人均 GDP（元）	进出口贸易（亿美元）
西北地区	陕西	16 045.2	11	42 631.5	201.3
	甘肃	6 300	12.1	24 274.1	102.8
	新疆	8 510	11.1	37 180.7	275.6
	青海	2 103	11	36 362.9	14
	宁夏	2 600	10	39 210.3	32.2
	内蒙古	16 832.4	9	67 394	119.9
西南地区	四川	26 260.8	10	32 392.7	645
	重庆	12 656.7	12.3	42 615.1	687
	云南	11 720.9	12.1	25 157.6	258.3
	广西	14 378.0	10.2	30 468.3	328.4
	贵州	8 006.8	12.5	22 862	82.9
	西藏	802	12.5	26 224	33.2
东北地区	黑龙江	14 382.9	8	37 514.1	388.8
	吉林	12 981.5	8.3	47 183.4	258.5
	辽宁	27 077.7	9	61 680.4	1 142.8
中部地区	河南	32 155.9	9	34 161.1	599.5
	湖北	24 668.5	10.1	42 539.2	363.9
	湖南	24 501.7	10.1	36 621.1	251.6
	山西	12 602.2	8.9	34 716.8	158
	安徽	19 038.9	10.4	31 574.7	456.3
	江西	14 338.5	10.1	31 707.3	367.4
东部地区	上海	21 602.1	7.7	89 444.2	4 412.3
	北京	19 500.6	7.7	92 210.1	4 291
	广东	62 164	8.5	58 402.8	10 915.7
	江苏	59 162	9.6	74 515.8	5 508.4
	山东	54 684.3	9.6	56 182.2	2 671.6
	浙江	37 568.5	8.2	68 331.2	3 358.5

资料来源：2014 年中国统计年鉴。

我国内陆省区包括青海省、四川省、宁夏回族自治区、山西省、陕西省、河南省等。内陆腹地广阔，人口众多，大中小城市体系比较完整，市场潜力大。例如，陕西省是西北 5 省区中 GDP 总量和人均 GDP 较高的省区，2013 年分别为 1.6 万亿元和 4.26 万元人民币；四川省是我国西部地区 GDP 总量最大的省区；2013 年，重庆市的进出口贸易为 687 亿美元，位列西部 12 省区第一位；河南省是我国中部地区经济总量最大的省区，2013 年 GDP 总量为 3.2 万亿元人民币。从经济增速来看，2013 年我国内陆沿边省区的 GDP 增速普遍高于东部地区，但与东部省区的各项经济指标相比，内陆沿边省区还有较大差距。例如，2013 年，广东省的经济总量和进出口贸易分别为 6.2 万亿元人民币和 1.1 万亿美元；北京市和上海市 2013 年人均 GDP 分别高达 9.2 万元和 8.9 万元人民币（表 11-1）。

近年来，伴随着世界经济低迷、沿海劳动力成本大幅上升、内需市场的加快发展，我国出现资金向内陆地区流动的趋势。内陆地区通过深化制度和体制改革，降低各种交易成本，创建吸引资金和人才的社会环境与人文环境，可获得比多数沿海城市更大的优势，获得超常规发展。但是，内陆地区发展开放型经济最大的劣势就是地理位置相对偏僻带来的物流成本高昂，大大制约了内陆经济的发展。西部大开发以来，我国内陆交通运输条件有所改善。我国加速对外开放的战略布局也使得内陆各省市在"南向开放"和"西向开放"中处于开放前沿，从而加速了内陆省区建立开放型经济中心的进程。

二、内陆沿边地区开发开放的新目标

我国的对外开放是从东部沿海地区起步。1980 年我国正式试办经济特区，1984 年进一步开放沿海城市，1992 年实施沿边、沿江及内陆省会城市的全面开放。2001 年我国加入 WTO，全面融入经济全球化。30 多年来，我国内陆沿边开放取得很大进展，但是与沿海开放发达地区相比还有不小的差距。

（一）我国有关中西部省区开发开放政策的历史演变

相对于我国东部沿海地区的开放我国北部沿边 5 省区（黑龙江省、吉林省、辽宁省、内蒙古自治区、新疆维吾尔自治区）的开放基本迟滞 10 年。1992 年 6 月，国务院发布了鼓励与原苏联各国、原东欧国家（包括罗马尼亚、南斯拉夫、保加利亚、阿尔巴尼亚、波兰、匈牙利、捷克斯洛伐克）及朝鲜、蒙古、越南、老挝等国开展易货贸易的通知。1996 年，国务院发布了鼓励边境贸易和边境地区发展对外经济合作的政策措施，这可以视为我国最早的沿边开放政策。

2000 年 10 月，中共十五届五中全会上首次提出了西部大开发战略。我国西部大开发区域的范围包括重庆、四川、贵州、云南、西藏自治区、陕西、甘肃、青海、宁夏回族自治区、新疆维吾尔自治区、内蒙古自治区、广西壮族自治区等 12 个省、自治区、直辖市，面积为 685 万平方公里，占全国总面积的 71.4%。2002 年年末人口 3.67 亿人，占全国总人口的 28.8%。2003 年，12 省区国内生产总值 22 660 亿元，占全国 GDP 总额的 16.8%。西部大开发战略的目标是经过几代人的艰苦奋斗，到 21 世纪中叶全国基本实现现代化时，从根本上改变西部地区相对落后的面貌，建成一个经济繁荣、社会进步、生活安定、民族团结、山川秀美、人民富裕的新西部。

2006 年 4 月，国务院出台了《关于促进中部地区崛起的若干意见》，其中包括 36 条政策措施，提出要把中部建成全国重要的粮食生产基地、能源原材料基地、现代装备制造及高技术产业基地以及综合交通运输枢纽。由此，中部崛起成为继东部沿海开放、西部大开发和振兴东北老工业基地战略之后的又一重要国家经济发展战略。中部地区包括山西、安徽、江西、河南、湖北、湖南 6 省，国土面积 102.75 万平方公里，占全国国土总面积的 10.7% ，2003 年年底总人口 3.63 亿，占全国总人口的 28.1% ，2003 年 GDP 总计 6 348 亿元，占全国 GDP 总额的 22.8% 。

无论西部大开发战略，还是中部崛起战略，其核心内容和方向是实施国内鼓励政策，涉及西部地区的对外开放政策相对较少。

（二）新时期我国内陆沿边开发开放的发展目标

2013 年，针对我国面临的国内外形势，党的十八届三中全会通过的《决定》进一步提出，适应经济全球化新形势，必须推动对内对外开放相互促进、"引进来"和"走出去"更好结合，促进国际国内要素有序自由流动、资源高效配置、市场深度融合，加快培育参与和引领国际经济合作竞争新优势，以开放促改革。要放宽投资准入，加快自由贸易区建设，扩大内陆沿边开放。要"加快沿边开放步伐，允许沿边重点口岸、边境城市、经济合作区在人员往来、加工物流、旅游等方面实行特殊方式和政策。建立开发性金融机构，加快同周边国家和区域基础设施互联互通建设，推进丝绸之路经济带、海上丝绸之路建设"。[①] 通过进一步扩大内陆沿边开放，形成全方位对外开放新格局。

三、内陆沿边地区开发开放的新任务

未来在我国进一步扩大对外开放过程中内陆沿边地区面临新的发展机遇，主要体现在以下几方面。

（一）打造内陆开放战略基地

在优先推进西部大开发过程中，合理进行国内区域与相关产业的布局，深化西部各省区与中亚、西亚、南亚、中东欧国家及俄罗斯和蒙古国

---

① 中共中央关于全面深化改革若干重大问题的决定［R］.北京：人民出版社，2013：25-26.

的合作，培育西安、重庆、成都等内陆开放型经济战略高地，发挥其经济辐射功能。推进新疆喀什和霍尔果斯两个经济开发区的建设等，着力打造我国向西开放的重要门户和次区域合作战略基地。

（二）加强经济走廊建设

建设第二条亚欧大陆桥国际经济走廊及国际能源大通道、中蒙俄经济合作走廊、西南国际经济走廊、环喜马拉雅经济合作带，充分发挥各省经济合作开发区、综合保税区和边境经济合作区等平台的作用，促进区域经济全面发展。

（三）提升沿边重要口岸的作用，提高边境贸易发展水平

支持内陆城市增开国际客货运航线，形成横贯东中西、联结南北的对外经济走廊。推动内陆同沿海沿边通关协作，提升通关便利化和综合服务水平。有效整合国际运输通道资源、提高效率、降低成本。适度调整财政和税收鼓励政策，加强西部大开发相关政府主管部门之间的协调，达成共识，分阶段推进。

四、内陆沿边地区开发开放的新方向

（一）构建第二条亚欧大陆桥国际经济走廊及国际能源大通道

丝绸之路经济带是我国面向欧亚内陆开放的新战略，丝绸之路经济带建设要以西安、兰州、乌鲁木齐、伊宁等商贸物流中心及边境口岸为节点，构建面向中亚、西亚、南亚及中东欧国家的国际商贸物流中心。推进丝绸之路经济带建设的关键是利用新疆向西开放的地缘优势，依托第二条亚欧大陆桥，建设连接俄罗斯、中亚及伊朗等国家和地区的能源、资源陆上国际大通道和国际能源资源产业合作基地，打造第二条亚欧大陆桥国际经济走廊及国际能源大通道。第二条亚欧大陆桥国际经济走廊及国际能源

大通道可分为北、中、南 3 条线。

1. 北线

依托奎北铁路及口岸建设，推进阿勒泰等地以面向俄罗斯、蒙古国为主的第二条亚欧大陆桥北线外向型经济发展及国际能源大通道建设。

2. 中线

依托西陇海兰新干线，加快伊宁等沿边城市外向型经济发展，推进哈萨克斯坦向欧洲延伸的第二条亚欧大陆桥中线国际经济走廊建设及国际能源大通道建设。

3. 南线

依托南疆铁路和 314 国道干线，推进库尔勒—阿克苏南疆产业带和喀什等城市及口岸经济发展，推动向西亚和南亚延伸的第二条亚欧大陆桥南线国际经济走廊建设。

（二）构建西南国际经济走廊

为推动 21 世纪海上丝绸之路建设，中国和东盟将共同打造西南国际经济合作圈。该经济合作圈将把广西、云南建设成为中国—东盟战略合作先行区和东南亚、南亚国际大通道的重要枢纽，逐步形成以南宁—新加坡经济走廊为中轴、以大湄公河次区域经济合作和泛北部湾经济合作为两翼的中国东盟"一轴两翼"区域经济合作格局。除打造经济合作圈外，中国和东盟还将共建西南国际经济走廊，包括泛北部湾沿海国际经济走廊、中缅印经济走廊、中新经济走廊等。泛北部湾沿海国际经济走廊旨在增强广西防城港的枢纽中心功能，连接南宁和泛北部湾国家沿海中心城市，加快构建陆海联运的泛北部湾跨国综合交通网络和国际经济走廊，重点发展重化工业、海洋经济、高技术产业和现代服务业。中缅印经济走廊旨在推进云南瑞丽开发开放试验区建设，加快腾冲口岸发展，以泛亚铁路西线、中缅公路、铁路及油气管道为依托，重点发展石油天然气化工、珠宝玉石加工、旅游、现代物流等产业。

（三）构建中蒙俄经济走廊

2014 年 5 月 6 日，中、蒙、俄三方政府代表通过会谈达成一致意见，计划建设一个以伊尔库斯克—乌兰乌德—恰格图—阿拉坦布拉格—乌兰巴托—扎门乌德—二连浩特—天津为轴心的经济合作走廊。首先启动开发该经济合作走廊上的重要节点——"阿拉坦布拉格"自由经济贸易区，通过建设开发"阿拉坦布拉格"自由经济贸易区，促进中、蒙、俄铁路沿线其他经济贸易区的开发建设。为此，中蒙俄同意建立三方协调委员会，在坚持"友好、平等、协调合作、互利共赢"的原则下开展工作，三方认为启动开发"阿拉坦布拉格"自由经济贸易区既需要政府投资，也需要企业投资。在明确各国的政策、法律环境后将开展实质性的投资建设工作。

（四）构建环喜马拉雅经济合作带

为进一步加快西藏地区沿边开放，我国未来将打造环喜马拉雅经济合作带。该经济合作带以樟木、吉隆、普兰口岸为窗口，以拉萨、日喀则等城市为腹地支撑，面向尼泊尔、印度、不丹，发展边境贸易、国际旅游、藏药产业以及特色农牧业、文化产业等。

五、扩大内陆沿边地区开发开放的重要举措

适应我国未来经济转型升级的要求并为内陆沿边地区提供新的发展机遇，未来内陆沿边地区扩大对外开放将集中于以下几方面。

（一）积极发展特色优势产业，发挥比较优势，承接产业转移

沿边地区要重点发展与毗邻国家之间的出口加工业、境外资源进口加工业、国际物流业和跨境旅游业，积极承接东部地区和境外的制造产业，

形成内陆沿边地区开放型经济发展的产业支撑。随着东部地区劳动力成本的增加及产业升级的需要，大批进出口加工制造企业开始选择向劳动力成本低的中西部省市转移。因此，西部内陆沿边地区要根据自身比较优势，确定重点发展领域、重点承接项目。

2014 年，我国制定了《西部地区鼓励类产业目录》，目录共包括两部分，一是国家现有产业目录中的鼓励类产业，二是西部地区新增鼓励类产业。例如，新疆维吾尔自治区的鼓励产业有 40 项，主要包括：风力发电场、太阳能发电系统建设及运营，优质酿酒葡萄种植与酿造，荒漠地带生物质能源植物栽培及利用，农作物种植、采收机械化技术开发及应用，民族工艺品加工生产等产业。

另外，沿边地区要坚持引资与引技、引智相结合，吸引外商在西部内陆地区新建企业。充分发挥外商新建投资企业在促进技术进步、调整产业结构等方面对西部甚至国内企业的带动作用；将引进外资与重大产业发展相结合，使大型外资项目落户西部，推动西部产业结构转型升级。

（二）建好各种开发开放平台

鼓励内陆地区企业参与各类对外贸易交易会，扩大国际会议的贸易功能，引进更多外资。目前，我国沿边省区举办的主要经贸交易平台有：新疆乌鲁木齐的中国—亚欧博览会、广西南宁的中国—东盟博览会、宁夏银川的中阿博览会、黑龙江哈尔滨的中国—俄罗斯博览会等。我国陆路一类口岸有 63 个，已经设立了 15 个边境经济合作区，已经运行的跨境经济合作区——中哈霍尔果斯国际边境合作中心，以及我国与东盟国家即将建设的 6 个跨境经济合作区，包括广西东兴—越南芒街跨境经济合作区、广西凭祥—同登跨境经济合作区等均可成为中西部地区对外开放的重要平台。

目前，我国正与五大洲的 28 个国家和地区建设 15 个自由贸易区，已签署 11 个自由贸易协定，西部内陆地区应充分利用已有的这些贸易协定，努力在多层次、全方位和宽领域上与世界各国开展贸易与投资合作，努力拓展对外经济合作空间。同时，西部内陆地区应加强与上海合作组织、东南亚国家联盟的合作，积极促成贸易保障、投资促进等政策制度，建立良好的区域合作机制。

（三）　加快建设周边大通道以促进区域物流发展

加快周边通道建设，促进产品、服务和生产要素的流动与聚集，降低物流运输成本。除了国家层面和地方层面大力发展铁路、公路、航空等交通运输网络外，内陆沿边地区还要努力提高物流效率，大力发展现代物流，加快口岸经济发展。如新设内陆保税港区，实现"区港联动"和"监管一体化"；建立区域通关和检验检疫江海联运电子监管模式，提高国际集装箱物流运输效率；建立现代物流园区，建设一批区域性现代物流基地、工业生产物流中心和商贸流通物流中心；落实西南 6 省推行"关检直通放行"模式，对实施"绿色通道"的企业出口货物免口岸查验，加快进出口货物通关速度。[①]

（四）　加强制度创新以降低各种交易成本

大力推进对外经济体制改革，扫清扩大对外开放的体制机制障碍；培育具有国际竞争力的优势产业和跨国公司，形成多种所有制和多种经营模式的企业制度；加快开放市场体系，健全产权市场、人才市场、技术市场等要素市场，重视发展证券市场和民营企业间拆借市场等区域性资本市场；建立统一、高效、有序的市场竞争秩序，努力降低企业的贸易与投资成本，形成辐射和带动西部地区发展的内陆对外开放示范区。

---

① 李新．光明日报．2014-04-11.

第二节　丝绸之路经济带国内沿线各省区发展战略

丝绸之路经济带建设是国家重大的战略布局，具有重要的政治、经济和文化意义。这一战略构想提出后，我国沿线省区立即抓住这一难得机遇，力求在丝绸之路经济带建设中占据一席之地。丝绸之路经济带国内沿线主要省区包括：西北的陕西、甘肃、青海、宁夏、新疆5省区，以及西南的重庆、四川、云南、广西等4省市区。目前，西北5省区正在加紧布局和制定规划。例如，陕西要着力打造丝绸之路经济带的新起点和"一高地六中心"，甘肃提出打造丝绸之路经济带的黄金段，新疆要建设成为丝绸之路经济带上的核心区，宁夏提出要建成丝绸之路经济带的战略支点，青海的定位是要建成丝绸之路经济带的战略基地和重要支点等。

一、陕西省打造丝绸之路经济带新起点

自丝绸之路经济带战略构想提出后，陕西省着力打造"一高地"，即丝绸之路经济带开发开放高地。作为古丝绸之路起点的西安市，2013年率先借欧亚经济论坛的机会，联合欧亚9国十几个城市共同签署《共建丝绸之路经济带西安宣言》。之后，西安市又发布了《关于加快建设丝绸之路经济带新起点的实施方案》，力求打造"一高地六中心"，即金融商贸物流中心、机械制造业中心、能源储运交易中心、文化旅游中心、科技研发中心、高端人才培养中心，把西安市建成最具发展活力、最具创新能力、最具辐射带动作用的丝绸之路经济带新起点。

（一）西安市打造"一高地六中心"的独特优势

西安市是古"丝绸之路"的起点，与雅典、罗马、开罗并称为世界四大文明古都，有3100多年的建城史和1100多年的建都史。西安市是新亚

欧大陆桥中国段最大的中心城市，也是丝绸之路经济带的重要节点城市。长期以来，西安市一直是我国西北地区及中西部陕、晋、豫、鄂、川区域的商贸、金融和文化中心。西安市口岸平台完备，拥有我国最大的陆地港口和铁路客运站，以及 2 个功能齐全的综合保税区和 1 个出口加工区。西安市已成为区域信息网络中心，西安国际航空港是全国立体交通网络中心，西安市也是全国高速公路网的最大节点城市之一，已形成"一环十二辐射"的高速公路网络。

西安市建设区域金融中心具备多重优势。西安市已经形成以银行和保险为主，证券和其他金融机构为补充的较完备金融机构体系。西安市集中了陕西大部分金融企业，四大国有银行和八家股份制商业银行陕西分行均设在西安市。西安市已经有保险公司 17 家，各类保险中介机构 53 家，证券公司及分公司 4 家等；此外，还有西部产权交易所、西安产权交易所和西安技术产权交易中心等 3 家产权交易机构，各类金融机构的聚集，为西安市建立西部金融中心奠定了基础。①

至今，西安市已经与"丝绸之路"沿线的多国城市建立了友好交流合作关系，包括土库曼斯坦的马雷市，乌兹别克斯坦的撒马尔罕市等 15 个国外城市和 11 个国内丝路沿线城市建立了往来联系。

西安市科教实力雄厚，有各类科研机构 3 000 多个，各类高等院校近百所，在校学生 80 万人，各类专业技术人员 44 万人，两院院士 55 人，人才资源十分丰富。习近平总书记在访问中亚 4 国时指出，未来 10 年中国将向上合组织成员国提供 3 万个政府奖学金名额，邀请 1 万名孔子学院师生赴华研修。西安市有能力积极促进各国之间人员，特别是青少年前来学习交流，西安市将努力营造开放、多元、灵活、包容的环境，促进交流成果共享。

---

① 葛伟，秦成德. 西安区域金融中心在丝绸之路经济带发展中的策略选择. 西安文理学院学报（社会科学版），2014（6）.

（二）西安市打造"一高地六中心"的举措

1. 建立国际物流交通中心

西安市提出实现中国与欧洲西部公路对接，构建以西安市为中心的丝绸之路经济带陆路交通运输黄金通道。具体措施包括：建设西安（咸阳）国际航空港，打造"丝绸之路"空中走廊；落实西安市至哈萨克斯坦国际航线的开通工作，拓展西安市至"丝绸之路"沿线其他城市的国际直达航线，逐步开通定期货运航班。与此同时，将西安国际港务区纳入国际港口体系，使其成为始发港和目的港；开通"长安号"国际货运班列，把西安市打造成丝绸之路经济带物流枢纽和集散地口岸。2013 年 11 月 28 日，由西安市发往阿拉木图市的"长安号"国际货运班列正式开通，到阿拉木图市仅需 6 天，到荷兰鹿特丹只需 18 天。2014 年，"长安号"国际货运班列计划实现常态化运营。

2. 建设西安自由贸易园区

自贸区是目前我国开放层次最高、优惠政策最多、功能最齐全、手续最简化的海关特殊监管区域。西安市在西部地区无论经济总量，还是科教文化实力，均相对领先，从国家战略角度和区域位置上看，西安市是丝绸之路经济带的重要节点城市。因此，"西安自贸区"定位为内陆型自贸区，面向丝绸之路经济带，力争为西部地区和内陆地区发展探索可复制模式或可借鉴的经验。

3. 西安市设立领事馆区

西安市将在浐灞生态区设立领事馆区，推动上合组织成员国、丝绸之路沿线国家以及与陕西省有密切经贸往来的国家及地区尽早在西安市设立领事馆（或办事机构、代表处），并落户西安领事馆区。同时，也推动西安在"丝绸之路"沿线重要节点城市设立办事机构，便利国际交往。

二、甘肃省打造丝绸之路经济带黄金段

甘肃省是古"丝绸之路"上重要的战略通道，敦煌、酒泉、张掖、武威、兰州、天水、平凉都是古"丝绸之路"上重要的商埠重镇。在建设丝绸之路经济带战略构想提出之后，甘肃省迅速采取行动，提出努力打造"丝绸之路经济带甘肃黄金段"。

（一）甘肃省建设丝绸之路经济带黄金段的优势

1. 拥有独特的区位优势

甘肃省是我国中原联系新疆、青海、宁夏、内蒙古的桥梁和纽带。在丝绸之路经济带中，陇海线、兰新线是经济通道中国段的主轴，兰州是这条中轴线上的中心枢纽，区位优势明显。兰州是中国大陆板块的几何中心，也是一个重要交通枢纽，兰新、西兰、兰包、兰宁铁路和正在修建的兰州至重庆、兰州至青岛的高速公路等在此汇集，构成了一个四通八达的交通运输网络。

2. 拥有丰富的矿产资源

甘肃省有着丰富的地质、矿产资源。已发现的矿种有 173 种，其中有 10 种名列全国第一；甘肃省石油储量 6.9 亿吨，居全国第七；煤炭储量 1 428 亿吨，居全国第六；特色农业优势明显。丝绸古道、大漠戈壁、冰川雪峰、峡谷溶洞等自然风光壮美神奇、独具魅力，是天然的旅游观光宝库。长庆油田、玉门石油及华亭、靖远、兰州煤田、金昌镍、镜铁山铁矿等多处大型矿点，构成发展现代工业经济的基本依托。

3. 拥有特有的历史文化积淀

甘肃省是华夏文明的重要发祥地，特有的伏羲和伏羲文化代表着华夏文明的肇始。传统的黄河文化和中西文化交融形成的丝路文化，以及长城文化、汉简文化、简牍文化、民族文化、宗教文化、红色文化等，形成国

家重要的文化资源宝库，为开展丝绸之路经济带的国际文化交流创造了有利条件。

4. 拥有天然的生态环境

甘肃省是我国重要的生态屏障，地处黄土高原、内蒙古高原和青藏高原交汇处，是黄河、长江的重要水源涵养区，生态地位非常重要。河西走廊的内陆河——黑河、石羊河、疏勒河，都源自于祁连山，是维系河西走廊绿洲及其下游地区的生命之河，这 3 条内陆河形成的绿洲屏蔽着我国北方的沙漠化、戈壁化，为参与丝绸之路经济带建设提供了重要自然条件。

5. 拥有叠加的政策优势

2010 年国务院发布了《关于进一步支持甘肃经济社会发展的若干意见》。2012 年，兰州新区获国家正式批复，成为第五个国家级新区，确立了兰州新区四大战略定位。2013 年，国务院批复甘肃省成立"华夏文明传承创新区"。此外，甘肃省还是全国唯一的循环经济试点省区。这一系列政策叠加优势，为打造丝绸之路经济带甘肃黄金段带来了前所未有的发展机遇。

整个丝绸之路经济带甘肃段是腹地地区，也是经济洼地地区，随着国家新一轮西部大开发和向西开放、扶贫攻坚等诸多政策的实施，甘肃省的经济社会发展潜力不断凸显出来，后发优势日益明显，这必将有助于丝绸之路经济带甘肃黄金段的打造，以发挥"丝绸之路 3 000 里"的重要支撑作用。

（二）甘肃省建设丝绸之路经济带黄金段的战略举措

1. 构建综合交通运输体系以推进道路互联互通

充分发挥甘肃省向西开放的区位和通道优势，把兰州市建成丝绸之路经济带重要的交通枢纽和陆路进出口货物集散中心。建设通往中亚、西亚和欧洲的货运班列编组站，开辟兰州市、敦煌市直飞中亚、西亚国家的航班及货运航线；加强公路干线扩容改造和铁路客运专线、干线建设，完善配套支线建设，推进交通基础设施网络化和现代化，尽快建成兰新铁路第二双线、兰州至宝鸡客运专线等重点工程；依据国家能源通道建设规划的境内布局，推进各类运输管道建设，加快石油和天然气储备库建设，加快形成功能配套、安全高效的现代化基础设施体系。

2. **扩大经贸合作交流，提升开放型经济质量与效益**

充分发挥甘肃省作为古"丝绸之路"商埠重地的优势，积极引进各类出口企业在甘肃省设立分支机构和生产基地，鼓励甘肃省企业扩大出口，开辟中亚、西亚市场。实施"走出去"战略，鼓励甘肃省企业开展境外投资，支持参与中亚、西亚国家资源勘探开发利用。加快兰州新区综合保税区建设，力争在甘肃省有条件的地方建设海关特殊监管区域，争取设立面向中亚、西亚的自由贸易园区，积极推进航空口岸对外开放并提升运营水平。加强与周边省区的物流网络协作，建设面向中亚、西亚，连接西北、西南地区的现代物流基地，构建甘川渝、兰西拉、甘宁蒙和甘陕宁等物流通道。

3. **加强产业对接合作，推进互利共赢发展**

充分发挥甘肃省产业优势和潜力，把扩大向西开放与承接东中部产业转移结合起来，建设特色农产品生产加工出口基地，加强生态环境保护建设。加快建设食品、日用消费品和建材生产出口基地，鼓励装备制造业优势企业与中亚、西亚、中东欧国家开展各种生产技术合作，积极推进风能、太阳能等新能源开发技术的合作、交流与培训。此外，发挥临夏、甘南等民族地区特色产业优势，拓展民族产品贸易渠道，不断扩大与中亚、西亚国家的经贸往来。

4. **拓展交流合作渠道，推进战略平台建设**

加快构建兰州新区、敦煌国际文化旅游名城、兰州投资贸易洽谈会（中国"丝绸之路"博览会）① 三大战略平台，促进经贸交流与战略合

---

① 为提升兰州投资贸易洽谈会（兰洽会）的定位，甘肃省将 2014 年 7 月举办的兰洽会更名为"首届中国丝绸之路博览会暨第 20 届中国兰州投资贸易洽谈会"。目前，甘肃省政府已正式向国务院上报了更名申请。

作。进一步深化与沿线国家相关省区的友好合作关系，充分发挥商会、协会和贸促会等社会团体的作用，积极促进民间交流合作。拓展对外交流渠道，建立健全与周边省区的合作机制，共同开拓中亚、西亚和中东欧市场。鼓励各类企业深化与沿线国家的对口合作，加强省内城市与周边省区及中亚、西亚国家的对接联系，形成各有侧重、分工协作的开放发展新格局。

三、新疆维吾尔自治区建成丝绸之路经济带的核心区

共建丝绸之路经济带战略构想一经提出，新疆维吾尔自治区（以下简称新疆）迅速反应，自治区党委书记张春贤明确指出：丝绸之路经济带的战略构想是新疆的重大历史机遇，新疆要以高度的政治敏锐性、强烈的机遇意识，认真研究贯彻落实相关措施。

2013 年 11 月，自治区党委八届六次会议对新疆在共建丝绸之路经济带中的地位和作用给出了明确定位："以建设丝绸之路经济带为契机，全面推进对外开放。努力将新疆建设成丝绸之路经济带上重要的交通枢纽中心、商贸物流中心、金融中心、文化科技中心和医疗服务中心，建设成国家大型油气生产加工和储备基地、大型煤炭煤电煤化工基地、大型风电基地和国家能源资源陆上大通道，要建设成丝绸之路经济带上的核心区，切实当好建设丝绸之路经济带的主力军和排头兵。"2014 年 5 月，第二次中央新疆工作座谈会也明确指出，要加快新疆对外开放步伐，着力打造丝绸之路经济带核心区。

（一）新疆建设丝绸之路经济带核心区的有利条件

1. 独特的区位优势

新疆是国家实施西部大开发的重点地区，总面积 166 万平方公里，约占我国陆地总面积的六分之一，周边分别与 8 个国家接壤，边境线总长

5 700多公里，是我国面积最大、陆地边境线最长、交界邻国最多的省区。新疆已初步形成了沿边、沿桥和沿交通干线向国际、国内拓展的全方位对外开放格局。随着新亚欧大陆桥的贯通及形成通向中亚各国的铁路、公路、航空及管道的综合立体交通运输网络，新疆有条件成为丝绸之路经济带上重要的交通枢纽中心。

2. 丰富的资源优势

新疆矿产资源种类全、储量大，石油占全国陆上资源量的30%，天然气占全国陆上资源量的34%，煤炭资源量占全国的40%，风能、太阳能可利用量居全国前列，是我国重要的能源基地。新疆水土光热资源丰富，是著名的"瓜果之乡"，拥有最大的棉花基地和重要的天然牧场，特色农业优势明显。新疆具有丰富的旅游资源，自然景观神奇独特，民族风情浓郁，名胜古迹众多。古"丝绸之路"北、中、南三条线路均穿过新疆，在7 000多公里的"丝绸之路"中新疆段长达2 600多公里，是"丝绸之路"保存历史文化遗产最为丰富的地区之一。

3. 传统的人文优势

新疆是东西方多元文化的交汇点，古代中国文化、古印度文化、波斯文化和古希腊文化都交汇于此。新疆是一个多民族聚居地区，有47个民族成分，13个世居民族，总人口2 200多万，其中少数民族占60%，境内的维吾尔、哈萨克、柯尔克孜、塔吉克、俄罗斯等少数民族都是跨界而居，与周边国家语言相通，风俗相近，传统友谊源远流长，有着广泛的文化认同，这有利于新疆进一步扩大对外交流开放。

4. 特有的后发优势

作为西部欠发达地区，新疆经济发展基础薄、起步晚、差距大。但2010年中央新疆工作座谈会召开以来，在全国的大力支持下，新疆建成了一大批事关全局和长远发展的基础设施和产业项目，进入了经济社会快速发展期。2013年，新疆生产总值8 510亿元，比2009年翻了近一番，年均增长 11.5%；2013 年，新疆公共财政收入增长 24.2%，固定资产投资增长 30.2%；城镇居民人均可支配收入增长 10.9%，农村居民人均纯收入增长 14.1%。① 2014 年年底，兰新铁路第二双线开通运营，进出疆时间成倍缩减，客货运力实现翻番。

5. 巨大的政策支持

2014 年 5 月，第二次中央新疆工作座谈会发布了《关于进一步维护新疆社会稳定和实现长治久安的意见》，明确了新疆工作的指导思想、目标任务和政策措施。同时，除了新一轮 19 省市对口援疆的支持外，国家还批准了《天山北坡经济带发展规划》，给予财政、投资、产业、土地等大量支持政策；批准设立了喀什、霍尔果斯两个经济开发区，在税收、金融及土地利用等方面也给予了专门的政策优惠。此外，《自治区关于在喀什、霍尔果斯经济开发区试行特别机制和特殊政策的意见》出台，从机制和政策上鼓励两个经济开发区先行先试。创办中国—亚欧博览会，使其成为亚欧国家合作交流重要平台，这一系列政策叠加优势，为新疆经济社会发展及推动丝绸之路经济带核心区建设提供了巨大的政策支持。

（二）新疆建设丝绸之路经济带核心区的目标及任务

作为中国向西开放的桥头堡，新疆站在了构建丝绸之路经济带的最前沿，新疆建设丝绸之路经济带核心区的主要目标及任务如下。

1. 建设区域性交通枢纽中心

积极推进互联互通，完善新疆北、中、南三条大通道建设，构建联通中国新疆与中亚、西亚、南亚以及欧洲的综合交通运输体系。

2. 建设区域性商贸物流中心

加快推进商贸物流基础设施建设和信息化互联互通，依托综合交通运

---

① 新疆维吾尔自治区统计局，http://www.xjtj.gov.cn/.

输优势，建设联通国际、国内的现代商贸物流网络体系。乌鲁木齐具有区域交通中心和区域商贸中心的地缘优势，已拥有 3 个国家级开发区、1 个国家一类口岸和 7 个国家二类口岸，近 200 个各类商品交易市场，形成了辐射中亚地区的多层次、多渠道的贸易网络，乌鲁木齐可建成面向中亚、西亚的现代国际商贸中心。

3. 建设区域性金融中心

加快建立完善的金融服务体系，推进金融创新。构建多层次金融市场，提供全方位、多元化金融服务，为贸易投资便利化提供强有力金融支持。乌鲁木齐在整个中亚地区的城市中综合实力最强，金融配套基础设施完善，可筹划创建中亚次区域金融中心，成为中亚地区经济金融制高点。

4. 建设区域性文化科教中心

充分发挥新疆多元文化优势，以科技、教育、文化、旅游等领域为重点，全面深化新疆与丝绸之路经济带沿线各国在文化、教育、旅游等领域的人文交流与合作。

5. 建设区域性医疗服务中心

充分利用新疆地缘优势和优势医疗卫生资源，加强与周边国家医疗卫生领域的广泛交流与合作。建立合作机制，拓宽服务领域，积极发展健康服务业，推动旅游医疗合作的发展。

6. 建设国家能源资源"三基地一通道"

立足新疆能源资源优势，加快建设国家大型油气生产加工和储备基地、大型煤炭煤电煤化工基地、大型风电基地和国家能源资源陆上大通道。积极承接产业转移，加快建设向西出口制造基地。

四、宁夏回族自治区打造丝绸之路经济带的战略支点

丝绸之路经济带的国家战略是宁夏回族自治区（以下简称"宁夏"）实现跨越式发展的重要机遇与平台。宁夏提出以建设"丝绸之路经济带的

战略支点"为目标，借鉴上海自由贸易试验区等开放模式，在推进中阿自由贸易、能源合作等方面进行有益探索，增强内陆开放新优势。

（一）宁夏打造丝绸之路经济带战略支点的优势

1. 特有的能源和区位优势

宁夏能源资源丰富，煤炭探明储量居全国第六位，人均产煤居全国第三位，人均发电量居全国第一位。宁夏农业产业优势显著，是国务院确定的现代农业、旱作节水农业、生态农业"三大示范区"，80%的农产品属于绿色有机食品。宁夏区位优势显著，地处东亚大陆和中国北部几何中心，位于"雅布赖"国际航路上，是开辟中东、欧洲和非洲空中通道的理想节点，可形成空中物流的低成本通道。宁夏拥有便捷的铁路、公路以及航空运输等立体交通运输网络。

2. 深厚的人文优势

宁夏素有"塞上江南"的美称，作为全国唯一的回族聚集区，与丝绸之路经济带沿线各国穆斯林风俗习惯接近，并长期与阿拉伯国家开展经贸往来。宁夏拥有丰富的自然旅游资源和民族人文旅游资源，回族与阿拉伯国家人民宗教信仰一致，有着强烈的民族认同感以及深厚的友谊，这为宁夏与中东各国开展穆斯林文化交流提供了良好条件。

3. 鲜明的产业优势

宁夏地处西部内陆，不沿边、不沿江、不靠海，但发展内陆开放型经济，特别是在对阿拉伯国家及穆斯林地区开放上具有比较优势。宁夏拥有"中国清真食品穆斯林用品产业基地"和"中国清真美食之乡"的美誉，并且已形成清真食品、乳品加工、清真粮油、清真肉制品、清真休闲食品、清真保健品以及餐饮产业在内较完整的产业链。宁夏的清真食品产业、观光旅游、人才服务以及机械制造等领域已在阿拉伯地区市场上获取了一定市场份额。

4. 先行的政策优势

宁夏地区不仅享有国家西部大开发等方面的政策优惠，而且拥有一个内陆开放型经济实验区——银川综合保税区先行开放的政策优势，在金融、土地以及财税政策方面比其他西部地区拥有更为灵活的开放政策。宁夏着力打造离岸国际金融中心，已获得较多相应的政策支持。

（二）宁夏建设丝绸之路经济带的举措

1. 立足中阿博览会，加强中阿平台建设

中国—阿拉伯博览会及中阿经贸论坛是宁夏向中亚以及西亚地区展示中国境内发展、谋求互惠合作的重要平台。宁夏已经成功举办三次中阿经贸论坛以及首届中阿博览会，为中阿经贸合作、政治对话以及文化交流提供重要支撑。依托中阿经贸论坛及中阿博览会，宁夏将深化与阿拉伯国家的交流与合作，支持外商投资宁夏清真食品、金融服务、商贸旅游等项目，鼓励宁夏的企业"走出去"，与阿拉伯国家企业合作开发油气田以及矿产资源等。与此同时，宁夏已引入全球云计算服务龙头美国亚马逊公司落户，与阿联酋签订了"2020年迪拜世博会"数据处理等信息业务合作协议，与阿里巴巴集团就开展云计算业务达成初步共识，具备建设中阿互联网经济试验区的良好条件。

2. 构建西部金融中心，扩大与阿拉伯国家的金融合作

进一步发展与阿拉伯国家的金融合作，可有效促进我国与阿拉伯国家石油盈余资金的双向投资流动，降低阿拉伯国家对石油资源的过度依赖，引导其资金投向服务业、汽车以及互联网等高端服务产业。宁夏具有建设"中阿金融合作试验区"的优势，国家已经批准宁夏为伊斯兰金融试点省区。为加快建设宁夏中阿金融合作区，宁夏应扩大金融业开放市场，降低市场准入门槛，鼓励民营机构成立航运保险公司、航运金融租赁公司等，

吸引海合会国家在宁夏设立代表处，形成国际金融机构聚集效应。①

五、青海省打造丝绸之路经济带的战略基地

青海省作为古"丝绸之路"的一条重要辅道，曾在中西经济文化交流中发挥过重要作用。丝绸之路经济带建设对青海构建向西开放型经济提供了重大机遇，青海省也具有多方面的优势，省政府已将青海省定位为丝绸之路经济带的战略基地和重要支点。

（一）青海省参与丝绸之路经济带建设的优势

1. 独特的区位优势

青海省地处青藏高原中枢地带，南联川藏、西接新疆、东邻甘肃。青海省不仅是古"丝绸之路"南线的重要通道，还是唐蕃古道的重要通道。②随着青藏铁路的建成，兰新铁路第二双线、敦格铁路的修建，以及规划建设中的格尔木—库尔勒铁路、西宁—成都铁路等，东连陇海、北接兰新、西通南疆、西南连接拉萨、东南通达成都的铁路网正在形成。兰新铁路第二双线从青海北部穿境而过，缩短了青海省与中亚国家的铁路运输距离，青海省已不再只是第二亚欧大陆桥上的一条支线，而成为联结中亚和欧洲的一条重要辅线。

2. 丰富的自然资源优势

青海省资源富集，矿产资源品位高、类型全、分布集中，开采条件优越。青海湖的盐湖资源位居全国首位，占全国已探明储量的90%以上。青海省是清洁能源富集区，水电资源得天独厚，太阳能、风能、可燃冰、页岩气储量可观。青海省也是全国重要的畜牧业生产基地，可利用草场面积

---

① 鲍洪杰，寿逸人. 丝绸之路经济带中宁夏战略定位与实现路径，贵州民族研究，2014（7）.
② 唐蕃古道是唐代以来中原内地去往青海、西藏乃至尼泊尔、印度等国的必经之路。它起自西安（即长安），途经甘肃、青海，至西藏拉萨，全长3 000余公里。整个古道横贯中国西部，跨越青藏高原，联通我国西南的友好邻邦，故亦有丝绸南路之称。

4.7亿亩。日照期长、太阳辐射强，昼夜温差大、大气环境好，为发展特色农牧业提供了良好条件。①

3. 天然的生态环境优势

青海省地处三江源头，是北半球最重要的水源涵养地，是全国乃至东南亚生态安全屏障。青海省自然景观旅游资源丰富，具有原生态、多样性和独一无二的自然美，是我国重要的生态旅游和探险活动场所。近年来，青海省大力实施"生态立省"战略，推进并启动实施了三江源综合试验区建设，着力打造生态文明先行区，生态保护和建设取得积极进展。

（二）青海省融入丝绸之路经济带建设的战略举措

1. 大力发展向西开放型经济

青海省既不沿海，也不是边疆地区，在国家对外开放格局中始终处于末端，开放型经济发展水平也长期在低层次徘徊。借建设丝绸之路经济带的重要机遇，青海省将扩大向西开放，打造新型开放型经济。一是打造出口产业基地。发挥地方优势和特色，加强南川工业园藏毯、海西州绿色食品保健品和生物园区穆斯林服饰及用品三个国家级基地建设，着力打造特色农产品产业基地、高原绿洲农畜产品基地、特色优势资源精深加工产品基地建设；二是加快推进大流通、大市场建设，打造物流集散中心和配送基地，把西宁、格尔木打造成为丝路之路经济带中的重要物流集散地和"中转地"；三是架设开放桥梁并搭建合作平台。进一步优化外贸环境，提升"青洽会"、"清食展"、"藏毯会"、"冬虫夏草展交会"等展会的规模和影响力，加大招商招展力度，深化与"丝绸之路"沿线和中东、东南亚国家的经贸合作。积极组织企业参加中阿博览会、亚欧博览会、东盟博览

---

① 杨自沿.战略通道——青海在丝绸之路经济带中的定位［M］.青海日报，2014-04-28.

会等重大展会。①

2. 加强交通基础设施建设

地理位置偏远、交通基础设施薄弱、运距长、运输成本高是制约青海省对外开放和经济发展的重要瓶颈。为此，青海省迫切需要打通三条交通瓶颈：一条是青海省通往新疆维吾尔自治区的"格尔木—库尔勒"铁路；一条是青海省通往四川的"格尔木—成都"铁路或"西宁—成都"铁路；一条是青海省通往西藏自治区的"格尔木—拉萨"高速公路。这三条交通干线与丝绸之路经济带建设所要求的道路联通密切相关，均已经纳入我国铁路交通战略实施规划中。这三条交通线的建设不仅能使青海省融入国家主干交通网络体系之中，成为连接我国西南与西北的交通枢纽，而且还将成为我国东南、西南地区与中亚、欧洲商贸往来的一条捷径，给青海省的对外开放和经济发展创造重大契机。

第三节　提升国际合作平台的作用

充分利用我国已有的双边、多边经贸合作机制与平台推动丝绸之路经济带建设可以提高效率，起到事半功倍的效果。我国目前已经搭建了多个类似平台，在未来丝绸之路经济带建设中它们将发挥积极作用。

一、中国—亚欧博览会

（一）中国—亚欧博览会的由来

1. 历届乌洽会概况

中国—亚欧博览会的前身是乌鲁木齐对外经济贸易洽谈会（以下简称"乌洽会"），乌洽会始办于 1992 年，其发展历程分为四个阶段，即创办阶

---

① 苏海红，丁忠兵. 丝绸之路经济带建设中青海打造向西开放型经济升级版研究. 青海社会科学，2014（5）.

段（1992—1994 年）、成长阶段（1995—2000 年）、成熟阶段（2001—2007 年）、升级阶段（2008—2010 年）。历届乌洽会成果丰硕。据统计，从 1992 年的首届乌洽会到 2010 年的第 19 届乌洽会，共有 70 多个国家和地区的客商参会参展，国内省区市共有一万多家企业参展。19 年来，乌洽会累计实现对外经济贸易成交总额 396.5 亿美元，年均增长 5%，其中，外贸进出口成交总额 302.7 亿美元，对外经济技术合作项目成交总额 93.8 亿美元。国内经济技术合作项目累计成交额为 11 699 亿元，年均增速高达 30%。①

19 年来，乌洽会的规模、档次节节攀升，由当初的地方性展会升格为国家级展会，并逐步成为我国西北地区乃至中亚地区规模最大的综合性国际经贸盛会。乌洽会的对外影响持续扩大，成为我国沟通与中亚、西亚和南亚国家经贸往来的桥梁与重要平台。乌洽会强化了新疆作为欧亚大陆桥的枢纽作用，促进了区域经济合作的发展，成为展示新疆社会经济发展的重要窗口。

2. 中国—亚欧博览会的由来

2010 年 5 月，中央召开新疆工作座谈会，发布《关于推进新疆跨越式发展和长治久安的意见》，并明确提出，将乌洽会升格为"中国—亚欧博览会"，进一步扩大博览会在中亚、西亚、南亚乃至欧洲的影响力。国家对亚欧博览会的定位是：把展会办成中国与亚欧国家开展首脑外交的重要平台、推动新疆与亚欧国家合作的重要渠道和树立新疆良好形象的重要窗口。举办亚欧博览会是新形势下进一步扩大我国沿边开放步伐，加快将新疆建设成为我国向西开放桥头堡的一项重要战略，也是提升新疆在全国改革开放和现代化建设中地位的一个重要标志。中国—亚欧博览会是乌洽会的继承和升华，作为国家级展会，其规格更高、规模更大、影响更广。

---

① 中国—亚欧博览会年度报告（2011）．乌鲁木齐：新疆人民出版社，2012.

（二）中国—亚欧博览会的特点

2011—2013 年，中国—亚欧博览会已经成功举办了 3 届，每一届都有突破、创新和提升。亚欧博览会有效地搭建了新疆对外招商引资和区域经济合作的平台，促进了新疆与我国东部地区和周边国家的经贸合作。新疆特色是亚欧博览会立足之本，是区别于国际、国内众多展会的最主要特征。

1. 首脑外交平台作用凸显

首届亚欧博览会受到了国内外社会各界的高度关注，国内 27 个部委和 30 个省市的 84 位副部级以上嘉宾参展参会，来自 32 个国家的 113 位外国省部级以上的嘉宾出席了相关重要活动。第二届亚欧博览会吸引了国外 9 个国家政要参会，出席规格超过首届。联合国贸发会议、上合组织秘书处、世界银行等 6 个国际组织负责人、80 多位外国部长级以上嘉宾、30 多位外国驻华使节和 20 多位中国驻外大使、商务参赞参会。第三届亚欧博览会参会政要继续保持较高规格，境外副部级以上嘉宾有 86 人，国外驻华使节 27 人。

2. 区域合作平台作用增强

首届亚欧博览会吸引了 52 个国家和地区以及国际组织的展商参展，共计 1 400 多家企业。到会国内客商约 2 万人，国际采购商约 4 000 人，参观群众达 31.58 万人次。第二届亚欧博览会期间，全国各省区市都组团参展，55 个国家和地区及世界银行等 7 个国际组织参展，到会国内客商和参会代表超过 2.5 万人，国际客商约 5 000 人。第三届亚欧博览会参展企业 1 565 家，到会国内客商 2.5 万余人，境外客商 5 000 余人，50 个国家和地区客商及代表参展参会。

3. 论坛活动形式多样

首届亚欧博览会的最大亮点是举办了"1 + 8"论坛活动，即主论坛和其他 7 项专题论坛。"中外文化周"举行了由国内和疆内艺术团体演出的多场文艺演出和文化艺术展。第二届亚欧博览会期间共举办 7 项重要论坛及相关活动，举办了三大主题艺术展和一系列文艺演出活动。第三届亚欧博览会举办了近百场专题论坛、投资贸易、旅游推广、文艺演出、展览及国家馆日等活动。亚欧博览会的各项论坛及活动组织严密、形式多样，内容丰富、成果丰硕。

（三）中国—亚欧博览会的综合成效

1. 对外经济合作成效显著

2011—2013 年，第一至第三届亚欧博览会期间对外经济贸易成交额分别达到 55.06 亿美元、62.4 亿美元和 56.38 亿美元，其中，外贸进出口成交额分别为 46.08 亿美元、57.8 亿美元和 45.84 亿美元，对外经济技术合作项目成交额分别为 8.98 亿美元、4.6 亿美元和 10.54 亿美元。总体上，三届亚欧博览会对外经济贸易成交总额共计 173.85 亿美元，其中，出口成交总额 88.3 亿美元，进口订货总额 61.42 亿美元，对外经济技术合作项目成交总额 24.13 亿美元。亚欧博览会进出口成交额占当年新疆外贸进出口总额的比例较大，从第一届至第三届亚欧博览会外贸进出口成交额占当年新疆外贸进出口总额的比例分别为 21.2%、23% 和 16.6%。亚欧博览会成为新疆外贸增长的强大助推器。

亚欧博览会带来了大量的投资机会，促进了我国内地的产业和资金向新疆聚集。2011—2013 年间，三届亚欧博览会签订内联项目合同分别为 1 094 个、957 个和 911 个，签约总额分别为 7 854.17 亿元、8 938.82 亿元和 7 392.5 亿元。其中，内联合作项目签订合同金额分别为 178 个（1 850.56 亿元）、170 个（2 068.53 亿元）和 165 个（2 132.19 亿元）。内联签约的大项目带动作用突出，为新疆投资保持高速增长奠定了基础。

2. 中国—亚欧博览会综合效应突出

（1）推动地方经济发展。2011 年首届亚欧博览会门票收入约 1 000 万元，展位收入约为 3 645 万元，直接收入为 4 645 万元。以展览业平均产业带动系数 1:9 来计算，新疆通过首届亚欧博览会获得约 4.18 亿元的相关行业收入。同样，第二届亚欧博览会的直接收入约为 6 000 万元，包括门票收入 1 000 万元和展位收入 5 000 万元，则第二届亚欧博览会的相关行业收入约 5.4 亿元。第三届亚欧博览会门票销售收入约 900 万元，展位收入为 4 340 万元，直接收入为 5 240 万元，则获得了 4.72 亿元相关行业收入。总体上，三届亚欧博览会给新疆带来的相关行业收入总计为 14.3 亿元。

（2）加快城市建设与改造。为迎接 2011 年首届亚欧博览会的召开，乌鲁木齐建成了总建筑面积 11.21 万平方米、总投资 11.92 亿元的新疆国际会展中心，该会展中心是我国西部地区规模最大、功能最全的国际性会展中心之一。当年还投入 10 亿元用于整治城市环境和建设主会场周边设施，完成会展大道、BRT 快速公交等一大批配套基础设施建设项目。在第二届亚欧博览会召开前，乌鲁木齐投资约 20 亿元，建设 16 项重点绿化项目，综合整治全市旅游景点、交通枢纽、商业区的环境。2012 年 10 月，总投资 29.6 亿元的"田"字形快速路一期工程全线竣工通车，2013 年投资 40 亿元兴建"田字路"二期工程，田字路工程的竣工明显改善了城区的交通拥堵状况，极大地加快了乌鲁木齐城市规划与建设。

（3）促进产业结构优化升级。亚欧博览会促进了新疆产业结构的优化升级。在首届亚欧博览会的内联签约项目中，第二产业项目 116 个，签约金额 1 327.14 亿元（占比 71.73%）；第三产业项目 46 个，签约金额 497.22 亿元（占比 28.86%）。其中，商贸物流、文化旅游等现代服务业项目 14 个（138.3 亿元）。在第二届内联签约项目中，第二产业项目 131 个，签约金额 1 661.62 亿元（占比 80.3%）；第三产业项目 33 个，签约金额 366.91 亿元（占比 17.7%）。在这些项目中，战略性新兴产业项目 36 个，占签约总额的 28.9%；商贸物流、文化旅游等现代服务业项目 27 个，签约金额 296.41 亿元。在第三届内联签约项目中，第二产业项目 120 个，签约金额 1 582.18 亿元（占比 74.2%）；第三产业项目 45 个，签约金额 550.01 亿元（占比 25.8%）。其中，商贸物流、文化旅游等现代服务业项目 28 个（242.11 亿元）。这些项目的实施对于优化新疆产业结构及培育现代产业体系发挥了重要作用。

（4）提升商贸旅游业的发展水平。据统计，2011—2013 年，3 届亚欧博览会共吸引境外客商及采购商约 1.4 万人，到会国内客商约 7 万人，这些客商对扩大新疆的旅游消费产生了积极作用。2011—2012 年，新疆接待入境游客分别为 132 万人次、150 万人次，创汇 4.7 亿美元和 5.5 亿美元；接待国内游客分别为 3 829 万人次和 4 711 万人次，国内旅游总收入分别为 411 亿元和 541.75 亿元，同比增长 44% 和 31.8%。

作为"中国优秀旅游城市"和"中国清真美食之都"，乌鲁木齐已成为新疆最重要的旅游集散地和目的地。亚欧博览会的成功举办极大地提升了乌鲁木齐的国际商贸城知名度及城市旅游形象，使乌鲁木齐由一座边陲城市跃升为中国最佳商业城市之一。2012 年福布斯中国大陆最佳商业城市排行榜中，乌鲁木齐与北京、上海、天津、南京、杭州、广州同列其中。

（四）中国—亚欧博览会的发展前景

3 届亚欧博览会的成功举办全面提升了新疆的经济和社会发展水平，开创了新疆对外开放的新局面。亚欧博览会已经成为新疆的一个品牌，其社会和国际影响与日俱增。根据"新疆商务十二五规划"的目标，新疆要全面提升会展经济发展水平，集全区之力把亚欧博览会打造为面向中亚、西亚、南亚和欧洲、具有重大影响力的区域性国际品牌展会。新疆力争用 5 年左右时间形成比较成熟的亚欧博览会展会模式和运行机制，以亚欧博览会为龙头，积极发挥对新疆会展经济的示范带动效应，带动新疆会展经济快速发展。

二、中国—阿拉伯国家博览会

（一）中国—阿拉伯国家经贸论坛的由来

1956 年埃及和叙利亚等国与新中国建交，自此中阿建立了友好关系。20 世纪 60 年代，周恩来总理提出了中国处理同阿拉伯各国关系的五项原则，为中阿友好合作关系奠定了牢固基础。21 世纪以来，中阿关系实现快速发展，各种合作机制日趋完善，合作领域不断扩大。2004 年，中国与阿拉伯联盟成员国正式确立并启动"中国—阿拉伯国家合作论坛"的集体对话机制，为双方推进集体对话与合作搭建了一个重要平台。之后，论坛举办了多次部长级会议。2010 年，国务院特批宁夏举办中阿经贸论坛。

2010 年 9 月 26 日—30 日，首届中阿经贸论坛在宁夏银川成功举办，论坛由国家商务部、中国国际贸易促进会和宁夏回族自治区人民政府联合主办。论坛以推动中阿全面经济合作和自由贸易区建设为目标，为中阿政府、企业及专家学者提供一个工商经济和社会等诸多方面问题的高层对话平台，扩大了中阿双方在经贸、科技、文化、金融及教育等多领域的合作。在国家政策的大力支持下，2010—2012 年，宁夏连续成功举办了 3 届中国（宁夏）国际投资贸易洽谈会暨中国阿拉伯国家经贸论坛，并逐步发展为具有国际影响力的国家级、国际性经贸合作的重要平台。

2013 年，经国务院批准，"中国（宁夏）国际投资贸易洽谈会暨中国—阿拉伯国家经贸论坛"更名为"中国—阿拉伯国家博览会"，就此宁夏成为中国与阿拉伯国家及其他伊斯兰国家合作的重要平台，22 个阿拉伯国家并外延至 57 个伊斯兰国家成为主要合作对象，双方将加强在能源、金融、清真食品、穆斯林用品、农业、文化、旅游等重点领域的合作，全面搭建中阿、中国与伊斯兰国家商品贸易、服务贸易、金融投资、技术合作、文教旅游等五大合作平台。中阿博览会与在新疆乌鲁木齐举办的中国

—亚欧博览会、在广西南宁举办的中国—东盟博览会遥相辉映，成为新一轮西部大开发中中国对外开放的三大窗口。

（二）中阿经贸论坛发展概况及成效

2010 年，首届中阿经贸论坛共有 66 个国家、地区和国际机构及 24 个中央部委、31 个省市自治区、特别行政区和 923 家国内外企业参会参展。其中来自阿盟成员国的嘉宾 419 位，覆盖阿盟 20 个国家。论坛秉承"传承友谊、深化合作、共同发展"的主题，由中阿经贸高峰论坛、商品贸易展览和投资合作促进活动三部分组成。中阿经贸高峰论坛旨在为中阿政府要员、商界领袖和专家学者提供高层次的经贸对话平台；商品贸易展览为中阿采购商、生产商和投资商提供更多的商业机会，促进双方货物贸易；投资合作促进活动为双方产业、金融等领域的投资合作搭建对话平台，发布招商信息，相互推介项目。首届中阿经贸论坛共签订合作项目 190 个，其中投资合作项目 182 个，框架合作协议 8 个，总投资额 2 035.63 亿元人民币。[①]

2011 年 9 月 21—25 日，第二届中阿经贸论坛在宁夏银川举办，共有 76 个国家、地区和国际机构的 1 200 多名境外嘉宾参展参会，另有国内外参展商、采购商共计超过 4 000 人参展。第二届中阿经贸论坛共签订国内外合作项目 164 个，总投资 2 078.6 亿元。

2012 年，第三届中阿经贸论坛吸引了来自 71 个国家、地区和国际机构，25 个中央部委，27 个省市自治区以及港澳台的代表团，1 283 家国内外企业和 7 478 位嘉宾参会参展。参会政要及客商规格、规模和层次较前两届有所提高。共签约合作项目 124 个，总投资 2 187.34 亿元。在第三届中阿经贸论坛上，国务院副总理李克强指出，"中国将进一步扩大内陆和沿边开放，大力实施向西开放。中国政府批准在宁夏建立内陆开放型经济

---

① 宁夏博览局网站：2010—2012 年往届活动回顾的资料介绍，http//www.casetforg/.

试验区、设立银川综合保税区"。

总体上，2010—2012年，3届中阿经贸论坛共有18位中外领导人、195位中外部长级官员及93位外国驻华使节莅临大会；76个国家、地区和国际机构，5 000多家国内外企业，3万多名客商参会参展；共签订合作项目478个，其中合同项目201个，合同总金额2 547.56亿元。

（三）首届中国—阿拉伯国家博览会的成果

2013年9月15日至19日，首届中国—阿拉伯国家博览会在宁夏银川成功举办。本届博览会以"传承友谊，深化合作，共同发展"为宗旨，以"中阿携手，面向全球"为主题。此次博览会签约项目共计158个，总投资达到2 599亿元。签约项目涉及能源化工、新材料、装备制造、清真食品、商贸物流、文化旅游等领域。从签约项目的产业布局来看，能源化工类项目数量最多，为28个，总投资超过700亿元；签约项目中，境外项目51个，签约金额980.99亿元，其中，与阿拉伯国家合作项目31个，签约金额达到664.91亿元，比2012年有大幅增长。此外，博览会各类论坛、推介会项目洽谈成效显著，共签约60个合作项目，签约金额953.5亿元。

三、中国—南亚博览会

中国—南亚博览会的前身是业已举办了5届的南亚国家商品展。经过几年的培育和发展，南亚国家商品展规模不断扩大，在促进中国与南亚各国的经贸交往中发挥了重要作用。为适应形势发展需要，进一步加强中国与南亚国家互利合作，2012年10月，中国国务院批准将南亚国家商品展升格为中国—南亚博览会。中国—南亚博览会以"促进中国—南亚全面合作与发展"为宗旨，以"相互开放、务实合作、互利共赢、和谐发展"为主题，力争打造集商品贸易、服务贸易、投资合作、旅游合作和文化交流等为一体的高水平综合性展会，成为中国与南亚国家互利合作的重要桥梁，成为中国和南亚国家扩大与其他国家和地区经贸交流的重要平台。

（一）首届中国—南亚博览会

2013 年 6 月 6 日—10 日，在昆明举办了首届中国—南亚博览会。南博会宗旨为"丰富内涵、突出特色、提升实效、打造品牌、服务各方"。在博览会期间举办了南亚商品展览展示活动，南亚国家投资促进会，南亚商品采购大会，中国—南亚商务论坛，中国—南亚经贸高官论坛，中国—南亚友好组织论坛，中国—南亚智库论坛，商品采购大会，投资促进会，GMS 经济走廊活动周，中国·东南亚·南亚电视艺术周，中国侨商投资贸易促进会，贸易投资签约仪式，东盟华商投资西南项目推介会暨亚太华商论坛，中国—东盟行业合作昆明会议以及展览展示等系列活动。

来自近 30 个国家和地区的 35 个代表团共 467 名外国政要、贵宾和港澳台嘉宾，23 个省（区、市）、央企、民企和金融机构等 600 多家专业买家、机构投资人，以及近 5 万专业观众参会。境外参展企业总数突破 1 200 家，累计外经贸成交额 174.66 亿美元，同比增长 116.5%。签约国内合作项目 409 个，总投资额 5 378 亿元。项目涵盖旅游、能源开发、基础设施、商贸、教育、环保、现代物流等领域，有力地促进了中国与南亚、东南亚及其他国家和地区的经贸文化交流与合作。南博会已成为中国与南亚、东南亚国家乃至泛印度洋国家和地区互利合作的重要桥梁。

（二）第二届中国—南亚博览会

2014 年 6 月 6 日—10 日举办了第二届中国—南亚博览会，南博会以"扩大服务贸易，促进投资合作，加快互联互通，共建经济走廊"为宗旨，增加了金融、物流、教育等服务贸易内容，着力推动展会由货物贸易向服务贸易延伸、由进出口贸易向相互投资延伸、由"线下"交易向"线上"交易延伸。博览会期间还举办了第 9 届中国—南亚商务论坛、中国—南亚科技部长会议、中国—南亚智库论坛、商品（服务）采购大会、博览会客厅、第 12 届东盟华商会、GMS 经济走廊活动周、第 2 届中国侨商投资贸易促进会、第 5 届中国·东南亚·南亚电视艺术周、进口贸易及投资合作说明会、第 5 届中国—东盟行业合作昆明会议等系列活动。

第 2 届南博会共签订外来投资项目 508 个，项目签约总金额约 7 082 亿元人民币，比首届南博会净增 1 100 亿元人民币，增幅 18%。其中，国内合作项目 452 个，总投资额 6 526 亿元人民币；外资项目 56 个，协议外资金额 90.8 亿美元。签约项目主要呈现以下特点：一是合作区域不断拓展，沿边州市成为投资热点。外资项目合作伙伴来自德国、加拿大、以色列、比利时、泰国、缅甸等国家和香港、台湾地区。其中香港地区是本届南博会外资项目最大资金来源地，协议外资占外资总量的 80% 以上。国内合作项目资金主要来源于泛珠三角、长三角和环渤海地区，北京、广东、浙江、四川仍是投资额较大省市。桥头堡及沿边开发开放战略成效进一步显现，沿边 8 州市引资力度持续加强，签约金额占签约总量 45% 以上。二是产业合作不断深化，新兴产业活力渐增。传统领域利用新技术规模进一步扩大，文化交流合作从传统民族文化逐步拓展到体育、动漫、新闻媒体等领域，信息产业合作成为新亮点。此外，金融领域和现代服务业等方面的合作稳步发展。三是项目质量明显提高，投资规模不断扩大。参加经贸合作项目签约仪式的外资项目中，20 亿美元以上项目 1 个，1 亿美元以上项目 4 个，上亿美元外资项目投资额占协议外资总额的 91%；内资签约项目中，100 亿元以上项目 1 个，50 亿元以上项目 10 个。

四、中国—俄罗斯博览会

中国—俄罗斯博览会是在中国哈尔滨国际经济贸易洽谈会基础上升级，由中俄两国共同搭建的国际展览平台，力求创新、开放，推动展览的国际化。博览会秉承"突出俄罗斯，面向东北亚，辐射全世界，服务全中国"的宗旨，充分发挥中俄双方各自优势，突出展览的专业化，注重大企业、大项目的有效对接，共同邀请更多国家的客商参展参会，提供更多交流与合作机会，促进多边、多领域的深入合作。

首届中俄博览会于 2014 年 7 月 1 日—5 日在哈尔滨市举行。来自世界五大洲 67 个国家和地区的 1.1 万多名国外客商参会，其中俄罗斯客商近 5 000 名。5 天展会期间，入场总人数超过 28 万人次。俄罗斯 12 个部门与中方相关部委联合举办 13 场活动，共有 300 多家俄罗斯企业与 400 多家中国企业展开对接。博览会期间共签订进出口合同 31.5 亿美元，签订经济技术合作项目 260 项，合同利用外资及省外资金 683.35 亿元人民币。

首届中俄博览会的特点：一是中俄合作创新。中俄两国首次共同组织如此大规模的展会活动，标志着两国友好关系更上一层楼，是中俄合作的创新。二是搭建了高层对话平台。汪洋副总理和罗戈津副总理共同出席了 5 项活动，举行中俄总理定期会晤委员会双方主席会晤。三是建立了部门磋商的工作平台。中俄两国政府主管部门签署了会议纪要、谅解备忘录等文件。四是创立了全面合作平台。来自俄罗斯 23 个州区参与推介；俄远东发展部及相关州区第一次系统向中国投资者推介俄远东地区开发总体规划、重要政策；俄罗斯技术集团、俄罗斯铝业集团、联合飞机制造集团、统一国际电力集团、基础元素集团等大企业参会参展；在林业、农业、金融、电子商务、青年、教育、医疗、海关、旅游、文化等多领域举办圆桌会议、对接会、推介会。五是突出了文化交流项目。中俄艺术家在开幕式联袂演出，俄罗斯大学生来哈参加夏令营，举办俄罗斯油画展，展示俄罗斯艺术家的作品。黑龙江省国际文化周举办各类文艺演出和艺术交流活动 39 场。

五、欧亚经济论坛

（一）欧亚经济论坛概况

欧亚经济论坛是一个以上海合作组织成员国和观察国为主体的政商学

界对话平台，也是面向广大欧亚地区开放性的高层国际会议，目前，正在探讨将其升级为丝绸之路博览会。欧亚经济论坛于 2005 年举办第一届，每两年举办一次，永久会址设在陕西省西安市。欧亚经济论坛以加强中国与欧亚国家友好往来，推进国家、地区之间经贸合作与经济发展为目标；以扩大多边贸易、维护区域稳定和发展，打造欧亚地区政府、企业、学界三方务实交流、研究、合作的高端平台为宗旨；以推动中国与俄罗斯、中亚各国毗邻地区政府、城市、企业之间的交流为重点；围绕能源开发、旅游、金融、教育、文化、海关合作以及地方政府合作等领域，开展广泛的交流合作。

历届欧亚经济论坛主要由上海合作组织秘书处、联合国开发计划署、欧亚经济共同体秘书处、中国商务部、国家旅游局、海关总署、中国贸促会、国家开发银行、中国进出口银行、陕西省人民政府等单位主办，博鳌亚洲论坛协办，西安市人民政府承办。参与国家涵盖了上海合作组织成员国和观察员国及亚洲内陆、东亚地区和欧洲部分国家。邀请嘉宾为上海合作组织成员国和观察员国及欧亚地区的各国政要、专家学者、企业精英、地方政府代表、驻华大使等，每届与会代表均达千余人。

2010 年 6 月，中共中央、国务院关于深入实施西部大开发战略的若干意见中，明确提出"办好欧亚经济论坛，促进东西部地区互动合作和对外开放，实现互利共赢"，从国家层面明确了欧亚经济论坛作为西部大开发重要平台的定位，标志着论坛已上升到国家战略层面，即由地方承办的国家会议升格为陕西省政府与国家有关部委和国际组织共同主办、西安市政府承办的国家级国际会议。

（二）历届欧亚经济论坛的成果

1. 首届欧亚经济论坛

2005 年 11 月 10 日至 11 日，首届欧亚经济论坛在西安市举行，时任全国人大常委会委员长吴邦国亲临大会并发表重要讲话。论坛的主要议题为"搭建中国中西部与中亚及俄罗斯相关地方区域经济合作",论坛设全体大会和能源、旅游、金融、合作四个平行分会,分别就能源开发、"丝绸之路"旅游、开发性金融合作、中国中西部地方政府与中亚及俄罗斯地方政府合作等议题进行了卓有成效的讨论,并提出了一些富有建设性的倡议。中国与中亚及俄罗斯等部分国家领导人、相关企业界人士及专家学者约560多人出席大会。①

2. 第二届欧亚经济论坛

2007年第二届欧亚经济论坛的主题是"加强务实合作、谋求共同发展",共设能源、金融、旅游、地方政府合作和教育5个平行分会。共有30多个国家的省、市级领导、600多个单位和1 400余人参会。2007年11月9日,参会各国及相关组织、嘉宾共同签署了《西安共识》,围绕5个议题达成共识,并就加强进一步合作提出了两点建议,即每两年在西安市召开一次欧亚经济论坛,在两届论坛之间,在西安市举办欧亚各国投资贸易博览会;积极探讨全方位投资、贸易、技术合作的可能性,不断丰富欧亚经济论坛的内容。②

3. 第三届欧亚经济论坛

2009年11月15日至16日举行了第三届欧亚经济论坛。时任国家副主席习近平出席论坛开幕式并发表主旨演讲。论坛主题为"携手合作,促进经济复苏",共设全体大会和金融、能源、教育、海关与商界合作4个平行分会。来自欧亚地区32个国家的783名嘉宾出席大会。参会的国内外副部级以上官员达41人,国内外媒体记者180多名,省市代表260多人,总人数超过1 200人。本届论坛期间,国家开发银行与西安市政府签署了《支持西安市文化产业和城市发展备忘录》,曲江新区与国家开发银行金融公司签约成立了国内首个城市发展基金,与会的欧亚各国海关和商界代表

① 欧亚经济论坛网站,http://www.eaforum-xa.com/home.asp.
② 陈东林."2007欧亚经济论坛"综述.南京理工大学学报(社会科学版),2008(2).

共同签署了《推进贸易安全与便利西安倡议》，召开了欧亚经济论坛理事会筹备委员会成立大会，论坛开始逐步实现机制化发展。

4. 第四届欧亚经济论坛

2011 年 9 月 22 日，在西安市举办了第四届欧亚经济论坛。本届论坛以"创新欧亚合作，共享转型机遇"为主题，设全体大会，金融、能源、教育、文化、旅游等平行分会，及上海合作组织十周年成就展、生态安全专题会议等系列主题活动，形式和内涵更加丰富、主题议题更贴近实际、分会设置更加多样。本届论坛恰逢新一轮西部大开发战略深入推进，上海合作组织成立十周年和"十二五"开局之年，对促进陕西省扩大对外开放，推进西安国际化大都市建设具有重大意义。

5. 第五届欧亚经济论坛

2013 年召开了第五届欧亚经济论坛，其主题为"深化务实合作，促进共同繁荣"，以"推进古丝绸之路沿线复兴和新欧亚大陆桥互联互通"为目标，共有来自全球 75 个国家和地区的政要、国际组织代表、企业家和专家学者参加，中国国务院副总理汪洋出席开幕式并发表主旨演讲。本届论坛设置包括金融合作、能源开发、经济成长、文化遗产、教育人才、新兴科技、旅游发展及生态环保等八大平行分会；低碳地球峰会等 5 个配套会议和中意经贸文化论坛、欧亚大陆桥物流合作会议等 6 项专题活动，共计举办 150 多场次活动。除中国、俄罗斯及中亚 5 国等主要参与国之外，"丝绸之路"沿线国家及亚欧大陆涵盖国家积极参与了此次论坛。

第十二章　拓展与国际组织的合作

第一节　加强与联合国亚欧大陆桥协调机制的合作

一、联合国亚欧大陆桥协调机制及其成效

（一）联合国亚欧大陆桥协调机制

1990 年 9 月 12 日，我国北疆铁路与哈萨克斯坦铁路接轨标志着连接亚欧大陆之间的又一铁路干线通道初步形成。第二条亚欧大陆桥（又称"新亚欧大陆桥"）东起太平洋西岸的中国连云港，西可达大西洋东岸荷兰鹿特丹、比利时的安特卫普等港口，横贯亚欧两大洲中部地带，总长约 10 900 公里。第二条亚欧大陆桥在中国境内全长 4 000 余公里，横贯我国东、中、西部的 10 余个省（区）。第二条亚欧大陆桥开通后，沿桥各国对这条铁路通道都给予了高度重视和关注，相互之间的合作和交流不断加强并扩大，通过该通道开展国际铁路联运的业务不断发展。

联合国开发计划署（United Nations Development Program，以下简称 UN-DP）对第二条亚欧大陆桥十分重视，从 1994 年起就开始对大陆桥的调研给予技术和资金支持。1995—1998 年，在北京、连云港、乌鲁木齐召开的一系

列国际会议都得到 UNDP 的资助，UNDP 还派遣了大量专家进行调研，中国政府也与沿桥国家就共同开发大陆桥进行了友好协商和探讨。至 2000 年年初，UNDP 已投入 3 000 多万美元支持第二条欧亚大陆桥的开发与合作。

（二）新亚欧大陆桥国际协调机制

为了进一步促进第二条亚欧大陆桥经济带的发展，推动我国与中亚、东亚和欧洲国家的经济技术合作，2001 年，中国政府成立了"新亚欧大陆桥国际协调机制"（简称协调机制），① 协调机制共有 16 个国务院直属部委成员单位。协调机制的主要工作包括：新亚欧大陆桥沿线经济发展的政策协调，组织专家对新亚欧大陆桥经济发展进行前瞻性调研，为国际经贸交流与技术合作及成员单位间跨部门合作提供平台，为新亚欧大陆桥沿线地方政府提供政策指导和建议。

协调机制作为联合国开发计划署丝绸之路区域合作的协调枢纽，对推动新亚欧大陆桥沿线国家经济合作产生了积极影响。新亚欧大陆桥国际协调机制成立以来，召开了 6 次正式工作会议。另外，还举办了 5 次新亚欧大陆桥区域经济合作国际研讨会。历届"新亚欧大陆桥区域经济合作国际研讨会"和部分工作会议情况如下。

2001 年 10 月 10 日至 11 日，"2001 新亚欧大陆桥区域合作国际研讨会"在西安市举行，本次会议由中国外经贸部、信息产业部和 UNDP 共同主办、西安市人民政府承办。本次研讨会得到了各参与方的高度重视，中亚有关国家派出了较高级别的代表与会。研讨会的宗旨是研究和推动未来新亚欧大陆桥区域的合作与开发工作，并达成了许多重要共识，最后通过了《2001 新亚欧大陆桥国际协调机制论坛报告》、《2001 新亚欧大陆桥市长论坛备忘录》和《西安宣言》。

---

① 根据 2000 年 11 月国务院 ［办］ 第 （2812） 号文件，外经贸部（现商务部）联同外交部、国家计委（现国家发展改革委）、国家经贸委、财政部、科技部共同组建了"新亚欧大陆桥国际协调机制"。外经贸部（现商务部）为协调机制组长单位，其他五部委为副组长单位，协调机制常设机构为"新亚欧大陆桥国际协调机制办公室"，设在商务部中国国际经济技术交流中心。

　　2002 年 10 月 21 日，"新亚欧大陆桥国际协调机制第三次工作会议"在连云港市举行，协调机制 10 个成员单位参加了会议，西安、乌鲁木齐、连云港等沿桥城市派代表列席了会议，外经贸部副部长龙永图主持了会议。本次会议达成以下共识：一是进一步加强与中亚国家的合作，以保证新亚欧大陆桥运输，尤其铁路运输的畅通。二是进一步加强同日本和韩国政府以及商界的联系，积极推动日、韩官方及商界参与有关会议。三是发展新亚欧大陆桥软件方面的建设，发挥陇海兰新经济促进会信息网和新亚欧大陆桥国际信息中心等信息平台的作用，加强信息交流和信息共享等合作。四是加强连云港大陆桥桥头堡的作用等。

　　2003 年 11 月 2 日至 4 日，新亚欧大陆桥协调组、商务部和 UNDP 在郑州联合主办了"2003 年新亚欧大陆桥区域经济合作国际研讨会"，商务部副部长魏建国出席会议。本次会议探讨了现代物流产业的发展战略，寻求优化现有资源配置和降低社会物流成本的途径，加快沿桥区域经济协调发展步伐。会议通过了《新亚欧大陆桥物流发展行动纲领——郑州宣言》。

　　2004 年 8 月 26 日至 27 日，由新亚欧大陆桥协调组、商务部、铁道部、UNDP 主办、乌鲁木齐市政府等承办的"2004 年新亚欧大陆桥区域经济合作国际研讨会"在乌鲁木齐市召开。会议发表了《乌鲁木齐宣言》和《建立新亚欧大陆桥旅游业可持续发展路线图的框架计划宣言》。

　　2005 年 12 月 6 日至 7 日，"2005 新亚欧大陆桥区域经济合作国际研讨会"在江苏省徐州市召开。此次会议主题是加强协作，改善新亚欧大陆桥沿桥投资环境，促进沿桥经济社会发展，研究解决促进沿桥地区经济发展的共同性问题，最后形成了会议文件《徐州共识》。来自新亚欧大陆桥沿线的 20 个城市市长联合签署了《新丝绸之路沿线城市旅游合作徐州备忘录》，该备忘录是推进新亚欧大陆桥协调发展进程中的一个里程碑。

　　2007 年 7 月 3 日至 5 日，由 UNDP、商务部、信息产业部、甘肃省人民政府主办的"2007 年新亚欧大陆桥区域经济合作国际研讨会"在甘肃省兰州市召开。来自大陆桥沿线 12 个国家和地区的 500 多名代表，其中包括 20 多位中外沿桥城市市长参会。会议期间还举办了"丝绸之路"市长论坛、新亚欧大陆桥物流信息化论坛、企业家峰会以及新丝绸之路城市文化周等系列活动。

2010 年，新亚欧大陆桥国际协调机制办公室在前 7 届"新亚欧大陆桥区域合作国际研讨会"的基础上，成立了"大陆桥论坛"，并在连云港市设立了永久性会址，论坛定期举办，并邀请 UNDP 等国际组织代表参加。2010 年 12 月 1 日，大陆桥论坛在连云港市召开，论坛围绕"构建新引擎，服务中西部"这一主题，就新亚欧大陆桥国际集装箱运输现状与展望，发挥大陆桥航运中心功能集聚区建设与发展，促进中国与中亚、欧洲沿新亚欧大陆桥区域经济合作与贸易往来等议题展开深入探讨。[①]

二、第三条亚欧大陆桥发展现状及特点

（一）"渝新欧"国际铁路联运

图 12-1　渝新欧铁路线示意图

从重庆到德国杜伊斯堡港的"渝新欧"国际铁路线被称为"第三条亚欧大陆桥"，也是横贯丝绸之路经济带的重要大动脉。该线路从重庆出发，经安康、西安、兰州、乌鲁木齐，经阿拉山口出境，穿越哈萨克斯坦、俄

---

① 新亚欧大陆桥国际信息网，http：//www.silkroad.org.cn/.

罗斯、白俄罗斯、波兰，抵达德国杜伊斯堡。作为西部最早开行的中欧国际班列，"渝新欧"实行一次关检可通全线，全程运行 16 天，比东部海运节省 20 多天。自 2011 年 1 月首趟"渝新欧"班列开通以来，已稳定运行 3 年多，目前已实现常态化运行，每周开行 3 班，已经将上万集装箱的电子等产品输往欧洲市场。"渝新欧"国际铁路的主要特点如下。

（1）"渝新欧"国际铁路联运是由沿途 6 个国家铁路、海关部门共同协调建立，并组建了合资的"渝新欧（重庆）物流有限公司"，该公司由俄罗斯铁路物流公司、哈萨克斯坦运输服务股份公司、中铁国际多式联运有限公司、全球国际货运代理（中国）有限公司和重庆交通运输控股有限公司 5 家股东共同出资设立。"渝新欧"国际铁路联运打破了多年来沿线各国铁路部门各自为政的局面，采用商业化模式，将中国、哈萨克斯坦、俄罗斯、德国 4 国的铁路龙头企业与重庆市政府联合起来，专营中国与欧盟之间的铁路运输服务，实现利益共享，创造了亚欧铁路一体化国际合作的新范式。通过这种合作模式，第三条亚欧大陆桥的运输时间较其他铁海联运线路缩短了一半左右，极大地降低了运输成本，成为目前最具竞争力的欧亚运输通道。

（2）"渝新欧"国际铁路联运大通道与丝绸之路经济带战略完全吻合，既能串联中国西部内陆各省区，又能贯穿丝绸之路经济带上的 6 个国家，实现中国内陆地区与欧洲市场之间的直通。"渝新欧"不仅为"重庆制造"出口欧洲提供了便利通道，更为周边省区市乃至中国各地的生产商提供了进军欧洲市场的便利通道，同时也为欧洲及中亚国家对华出口提供了便利。

（3）"渝新欧"国际铁路联运具有通关便捷和统一运单的优势。沿线各国实行一次报关、一次查验、全线放行；一次性地用中、俄、英（德）文填写运单，中途不再换单。除了目前的德国杜伊斯堡分拨点，还将在比利时的安特卫普，以及波兰、匈牙利、立陶宛等国建立货物分拨点。根据重庆、中铁、俄铁三方确立的货量与价格联动机制，中国至俄罗斯段箱公里运价目前已由1.1美元降至0.7美元水平，① 随着货量的不断上升，运价还有进一步下调空间。此外，"渝新欧"国际铁路联运大通道建设采用了全程卫星定位监控货物安全，既保障了货物运输安全，又解决了亚欧大陆桥班列信息反馈不及时的难题。同时将保温技术应用于国际长途运输，采用集装箱保温材料保温运输，为冬季运输打下了坚实基础。"渝新欧"铁路通过不断创新，为扩大区域内贸易开辟了更广阔的发展空间。

（4）"渝新欧"国际铁路已成为重庆的"王牌"，吸引着世界各地投资者的目光。重庆是中西部地区唯一的直辖市，从地理区位上看，重庆向西通过"渝新欧"国际铁路大通道连接丝绸之路经济带，向东通过长江黄金水道贯通长江经济带，向西南通过云南和滇缅公路直达孟中印缅经济走廊，重庆处于"三带"的交汇点，具有联动东西、带动南北的区位优势。重庆具有较好的产业基础，重庆近年来深入实施"6+1"支柱产业规划，电子信息、汽车、装备制造、综合化工、材料、能源和消费品制造均成为千亿级产业，多业支撑格局基本形成。

在"渝新欧"大通道等开放平台的助推下，全球最大的集装箱运输公司马士基、全球最大的工业及物流基础设施提供商和服务商美国普洛斯公司等国际物流巨头亦纷纷布局重庆。2013年，重庆利用外资达到106亿美元，进出口总额达687亿美元，同比增长29.1%，居中西部首位，全国第十位。②

（二）"郑新欧"、"蓉欧"等铁路班列

在"渝新欧"铁路的带动下，郑州、武汉、成都、西安等中西部内

---

① 大陆桥信息专报. 新亚欧大陆桥发展研究中心，2014（19）-（25）.
② 2013年重庆市国民经济和社会发展统计公报，重庆统计信息网，http：//www.cqtj.gov.cn/html/tjsj/tjgb/.

陆城市，也纷纷拓展面向欧亚国家的跨国物流和贸易。至 2014 年 7 月底，郑州至德国汉堡的"郑新欧"班列累计开行 40 多趟，成都至波兰的"蓉欧"快铁开行 50 余趟。一大批 IT、汽车配件、家用电器、建材和日用百货等产品，沿着丝路古道源源不断输往中亚、欧洲市场。"郑新欧"班列从郑州至德国汉堡全程平均运行时间为 15 天，目的站已覆盖欧洲 12 个国家和 34 个城市，国内客户货源地已覆盖我国超半数省份，有效地形成了稳定的珠三角、长三角及环渤海经济圈基础货源地。受此影响，中国的外贸格局正在发生深刻变化，长期以来需要经东部沿海进出关口的我国中西部地区，如今通过陆上通道可直通欧洲和中亚，成为最大的受益者。

第二节　深化与亚行中亚区域经济合作机制的合作

一、亚行中亚区域经济合作机制概况

（一）中亚区域经济合作机制

中亚区域经济合作机制（简称"CAREC"）是由亚洲开发银行（简称"亚行"）在 1997 年倡导，2002 年正式成立。CAREC 目前有 10 个正式成员国和 6 个多边国际机构作为其合作伙伴，10 个成员国是中国、哈萨克斯坦、吉尔吉斯斯坦、乌兹别克斯坦、塔吉克斯坦、阿塞拜疆、阿富汗、蒙古、土库曼斯坦和巴基斯坦。6 个国际金融机构分别是：亚洲开发银行、欧洲复兴开发银行、国际货币基金组织、伊斯兰发展银行、联合国开发计划署及世界银行。这个机制框架主要是由亚行倡导并组织策划，亚行在其中起着倡导者、组织者、协调者和融资者的作用。[1]

---

[1]　刘兴宏. 亚洲开发银行与中亚区域经济合作. 东南亚纵横，2010（5）.

目前，中亚区域经济合作机制已建立起以部长会议、高官会议、行业协调委员会和区域工商圆桌会议为主的合作协调机制。其中，部长级会议负责总体战略指导和政策抉择，每年召开一次；高官会议负责落实部长会议的政策指示，指导并监督各行业委员会及论坛的工作；行业协调委员会负责各自领域具体项目的设计与实施；工作组负责地区具体项目的评估、提议和执行，并协调与项目相关的捐赠者和机构的关系。中亚区域经济合作机制将合作领域分为两个层次：第一个层次的合作包括交通、能源、贸易便利化和贸易政策四大领域的合作；第二个层次的合作包括人力资源开发、环保、艾滋病防控、人禽流感防控、农业和旅游等重点项目。

（二）中亚区域经济合作机制发展历程与成果

2011 年 11 月，在亚行出版的《新丝绸之路：CAREC 十周年纪念》特辑中，将其发展历程划分了三个阶段，即新兴区域合作（1996—2002 年）、建立信任和达成共识（2002—2005 年）、战略规划与实施（2005 年至今）三个阶段。

从 1996 年开始，亚行就倡议中国、哈萨克斯坦、乌兹别克斯坦、吉尔吉斯斯坦、塔吉克斯坦 5 国开展区域间经济合作，由亚行提供技术援助资金。2002 年 3 月，中亚区域经济合作机制第一次部长级会议在菲律宾马尼拉举行，这标志着中亚区域经济合作进入实质性发展阶段，会议确定了建立中亚区域经济合作机制以及交通、能源、贸易便利化和贸易政策四大重点合作领域。

从成立至 2013 年，中亚区域经济合作机制共举行了 11 次部长会议，制定、发布和落实了一系列规划和战略。其中，2006 年制定的中长期合作战略框架《中亚区域经济合作综合行动计划》为中亚区域经济合作机制提出了明确的任务和具体目标。近期目标是通过合作促进发展，加速区域经济合作并减少贫困；长期目标是各成员国建设"好邻居、好伙伴、好前景"（表 12-1）。

表 12-1　中亚区域经济合作机制历届部长会议概况

时间	地点	议题和成果
2002 年 3 月	马尼拉	确立了中亚区域经济合作机制和重点领域。
2003 年 11 月	塔什干	审核上届会议后的区域合作活动的进展情况，并为本地区今后的工作指明方向，提供政策指导。
2004 年 11 月	阿斯塔纳	会议就区域合作、各国经济发展情况、一些国家加入世贸组织等问题交换了看法。
2005 年 11 月	比什凯克	一致认为合作是中亚发展的必由之路，需要制定一个区域合作战略框架规划未来的发展路线。
2006 年 10 月	乌鲁木齐	批准《中亚区域经济合作综合行动计划》，发表《乌鲁木齐宣言》。
2007 年 11 月	杜尚别	会议通过了交通和贸易便利化战略，批准设立中亚区域经济合作学院，重点支持建设连接亚欧的 6 条运输通道，协助各国统一跨境运输法规，促进区域海关改革和现代化以及发展区域物流。
2008 年 11 月	巴库	签署《贸易政策战略行动计划》、《地区能源合作战略》、《交通与贸易便利化战略行动计划》等文件，并肯定私营部门积极参与地区经济合作的重要性。
2009 年 10 月	乌兰巴托	通过《能源行动计划》框架、《CAREC 项目成果框架》概念文件。
2010 年 11 月	宿雾	布置 2011 年进行 CAREC 十周年总结研究，吸收土库曼斯坦和巴基斯坦为新成员国。
2011 年 11 月	巴库	批准了未来十年的纲领性文件"CAREC2020"，该战略还包含一项涉及交通、贸易便利化和能源领域的重点区域投资 5 年规划。
2012 年 10 月	武汉	统一将落实"CAREC2020"放到优先位置，发布《武汉行动计划》，计划到 2014 年建立 CAREC 实体学院。中国申请在本国设立 CAREC 学院总部。
2013 年 10 月	阿斯塔纳	以"交通和贸易一体化"为主题，讨论通过了修订后的 CAREC 重点合作领域（交通和贸易便利化、贸易政策）指导战略，各方一致同意 CAREC 学院落户中国新疆乌鲁木齐，为 CAREC 框架下的能力建设活动提供支持。

资料来源：亚行官方网站、CAREC 官方网站、中国财政部网站、新疆维吾尔自治区人民政府网站等信息综合整理。

自中亚区域经济合作机制项目启动以来，与其相关的规划和项目总投资接近 200 亿美元，而中亚区域经济合作机制各国政府、多边机构合作伙伴和其他援助方也提供了大量资金和技术援助。例如，2006 年 10 月，各成员国对 2006—2008 年的投资和援助项目做了详细规划，项目总数 65 个，确认项目投入总金额超过 26.3 亿美元。① 总体上看，中亚区域经济合作机制以推动中亚经济合作、促进区域经济发展、消除贫困等为主要目标，不针对第三方，淡化意识形态色彩，在推动中亚贸易和交通便利化、改善中亚地区投资环境以及向区域性项目提供融资等方面做了许多务实工作，对推动中亚地区发展做出了一定贡献，得到各成员国的普遍认可和欢迎。②

二、中国与亚行中亚区域经济合作机制合作现状

中国自加入中亚区域经济合作机制以来，一直积极参与相关项目的合作，建立了由国家发改委、财政部、外交部、交通部、商务部、海关总署和新疆参加的内部协调机制，并确定新疆为中国的主要项目执行区。例如，2006 年 CAREC 援助 70 万美元用于新疆的物流发展与能力建设，2007 年亚洲开发银行贷款 1.5 亿美元实施新疆地区公路走廊项目；2011 年，新疆克拉玛依市和奎屯市城市发展和环境改善项目列入利用亚行贷款备选项目规划，该项目总投资约为 21.8 亿元，利用亚行贷款 2 亿美元；阿勒泰地区边境县及口岸镇基础设施和生态环境改善项目也列入了亚行贷款备选项目规划，项目总投资 10.42 亿元，其中亚行贷款额 1 亿美元。

近年来，中国与中亚各国凭借中亚区域经济合作机制在贸易、投资、能源等方面不断推进合作，公路、铁路、航空、通信、油气管道等互联互

---

① 张胜军，路征，邓翔. 西部省区参与国际区域经济合作的效应分析. 云南财经大学学报，2012（3）.
② 陈维. 论"中亚区域经济合作机制"的地位与作用. 西部学刊，2014（6）.

通网络正在形成。根据"CAREC2020 发展战略",[①] 各成员国还将获得数百亿美元的金融支持,这对建成多条运输走廊、保障能源安全和确保现有经济走廊发展十分重要。

另外,中亚区域经济合作机制的发展也存在一定问题。由于亚行目前采用的决策制度是基于股金比例的投票授权制,美国和日本为亚行并列的第一股权国,分别占全部股权的 15.6%,中国占 6.4%,位列第二,其他成员国投票权很少。因此,亚行主导下的 CAREC 机制在各个国家实施的项目,在一定程度上反映了日本和美国的决策取向。

三、深化与亚行中亚区域经济合作机制合作的方向

(一)推动中国与西部周边国家之间基础设施的互联互通

将 CAREC 未来 10 年的战略重点与我国未来 10 年的国家发展规划有机结合起来,从国家层面加强国内协调,建立交通、能源、贸易与投资、旅游、环境、电信、金融等行业或项目的联席会议制度。例如,在基础设施建设领域,可以在 CAREC 框架下促成尽快修建"中—吉—乌"铁路,促进我国与中亚国家的贸易往来,以保证能源运输线路的多样化和安全性。

(二)搭建地方合作平台

借助 CAREC 合作机制把新疆实施向西开放战略提升到国家战略的高度。研究 CAREC 中的各项重点工作,从中找出以新疆为平台,从国家层面来组织实施的项目,最大限度地用好用活政策。另外,在 CAREC 框架下建立中国(新疆)与中亚国家在微观层面的对话机制,包括新疆与周边国家同级地方政府之间的定期会晤、互访机制,中国新疆与中亚国家相对应职能部门间的对话机制等。

---

① "CAREC 2020 Strategic Framework",http://www.carecprogram.org/index.

（三）加强能力建设

加强 CAREC 机制下中国（新疆）与中亚国家的信息交流和知识共享。中国应以 CAREC 学院落户新疆乌鲁木齐为契机，逐步推进并深度参与学院机制建设，争取在中国举办更多的学院培训和研讨活动，为中国与中亚国家的合作提供更好的信息、技术交流平台。

第三节　与其他国际和地区组织的合作

一、亚洲相互协作与信任措施会议

（一）亚洲相互协作与信任措施会议的由来

亚洲相互协作与信任措施会议（简称"亚信会议"）于 1992 年 10 月由哈萨克斯坦总统纳扎尔巴耶夫在第 47 届联合国大会上倡议成立，1993 年 3 月起作为论坛开始活动。目前，亚信峰会是亚洲规模最大的多边安全论坛，其宗旨是通过制定旨在增进亚洲和平、安全与稳定的多边信任措施来加强合作。亚信会议有成员国 24 个，[①] 观察员数目 13 个，每 4 年召开一次。

（二）亚洲相互协作与信任措施会议的成效

1. 首届亚信峰会

2002 年 6 月 3 日，在哈萨克斯坦阿拉木图市举行了首届"亚洲相互协作与信任措施会议"。时任中国国家主席江泽民出席峰会，并发表了题为《加强对话与合作，促进和平与安全》的重要演讲。在这次会议上，各国领导人签署和发表了《阿拉木图文件》和《关于消除恐怖主义和促进文明

---

① 亚信会议 24 个成员国有：阿富汗、阿塞拜疆、巴林、柬埔寨、中国、埃及、印度、伊朗、伊拉克、以色列、约旦、哈萨克斯坦、吉尔吉斯斯坦、蒙古、巴基斯坦、巴勒斯坦、韩国、俄罗斯、塔吉克斯坦、泰国、土耳其、阿拉伯联合酋长国、乌兹别克斯坦、越南。

对话的宣言》，向国际社会显示了"亚信"成员国致力于维护亚洲地区和平、安全与稳定的坚定信念。

2. 第二届亚信峰会

2006 年 6 月 17 日，亚信会议成员国领导人第二次会议在哈萨克斯坦阿拉木图举行。时任中国国家主席胡锦涛出席会议并发表了重要讲话，与会领导人通过了亚信会议成员国领导人第二次会议宣言。宣言强调，应恪守联合国宪章的宗旨和原则，呼吁亚洲各国加强合作，共同应对非传统威胁和挑战，并在反恐、防核扩散、打击跨国犯罪、禁毒、经贸、能源及交通、通信等基础设施领域加强合作，促进不同文明对话，防止地区冲突。

3. 第三届亚信峰会

2010 年 6 月 8 日，第三次亚信会议成员国元首和政府首脑会议在土耳其伊斯坦布尔市举行。时任中国国务委员戴秉国作为国家主席胡锦涛的特别代表出席会议并发表讲话。会议主题是"亚洲相互协作与合作安全"，峰会通过了《亚信论坛秘书处及其工作人员、成员代表特权与豁免公约》，这是亚信论坛在机制建设方面取得的又一成果。

4. 第四届亚信峰会

2014 年 5 月，亚信第四次峰会在上海举行，此次峰会的主题是"加强对话、信任与协作，共建和平、稳定与合作的新亚洲"。出席会议的有 46个国家的代表，包括 11 位国家元首、2 位政府首脑和 10 位国际组织负责人，此次峰会是亚信历史上规模最大的一次盛会。中国国家主席习近平主席主持会议并发表了主旨讲话，并提出了共同、综合、合作、可持续的亚洲安全观及有关亚信会议下一步运作的四项建议：

（1）推动亚信成为覆盖全亚洲的安全对话合作平台，并在此基础上探讨建立地区安全合作新架构。可以考虑根据形势发展需要，适当增加亚信外长会乃至峰会频率，以加强对亚信的政治引领，规划好亚信发展蓝图。

（2）加强亚信能力和机制建设，支持完善亚信秘书处职能，在亚信框架内建立成员国防务磋商机制及各领域信任措施落实监督行动工作组，深化反恐、经贸、旅游、环保、人文等领域交流合作。

（3）通过举办亚信非政府论坛等方式，建立亚信各方民间交流网络，为广泛传播亚信安全理念、提升亚信影响力、推进地区安全治理奠定坚实社会基础。

（4）增强亚信的包容性和开放性，既要加强同本地区其他合作组织的协调和合作，也要扩大同其他地区和有关国际组织的对话与沟通，共同为维护地区和平稳定做出贡献。

二、博鳌亚洲论坛

（一）博鳌亚洲论坛基本概况

博鳌亚洲论坛是一个非政府、非营利性、定期、定址的国际组织。论坛目前已成为亚洲以及其他大洲有关国家政府、工商界和学术界领袖就亚洲以及全球重要事务进行对话的高层次平台。论坛致力于通过区域经济的进一步整合，推进亚洲国家实现共同发展。

论坛的宗旨是立足亚洲，面向世界，促进和深化本地区内和本地区与世界其他地区间的经济交流、协调与合作。为政府、企业及专家学者等提供一个共商经济、社会、环境及其他相关问题的高层对话平台。通过论坛与政界、商界及学术界建立的工作网络为会员与会员之间、会员与非会员之间日益扩大的经济合作提供服务。

（二）博鳌亚洲论坛与亚洲基础设施互联互通

实现亚洲基础设施互联互通成为博鳌亚洲论坛的重要议题。在2013年博鳌亚洲论坛年会上曾培炎先生提出了开展亚洲基础设施合作倡议：一、开展各经济体之间基础设施规划的交流合作，把各自的基础设施开发规划同推动地区基础设施互联互通目标紧密结合起来。二、为了解决亚洲各国基础设施开发的巨大资金缺口，有必要建立一个专门的多边金融机构或基金，作为亚洲地区基础设施建设的投融资平台。

2014 年 4 月，博鳌亚洲论坛年会上举办了"丝绸之路的复兴：对话亚洲领导人"分论坛。老挝总理通邢、巴基斯坦总理谢里夫、东帝汶总理沙纳纳和中国国务委员杨洁篪等出席并讲话。

2014 年 6 月，在北京召开了"亚洲基础设施互联互通投融资研讨会"，邀请亚洲及其他区域各经济体官、产、学各界代表，就如何建立亚洲地区多边投资银行，化解基础设施投融资瓶颈等问题进行了非正式闭门讨论。论坛主要议题：一是从宏观的角度，重点讨论目前亚洲基础设施建设的瓶颈，分析亚洲互联互通的目标与基础设施现状之间的差距，探讨加强合作和共同发展的路线图。二是针对如何充分发掘亚洲资本市场的潜力，以及中国所倡导的亚洲基础设施投融资平台如何建设等具体问题进行了务实讨论。

2014 年 11 月，在阿联酋迪拜举行了博鳌亚洲论坛金融合作会议，会议以如何通过金融合作打造能源供需伙伴关系、如何加强区域基础设施互联互通为主题进行了讨论。"一带一路"建设将把亚洲带入全新发展阶段，让人看到了新的贸易机会。金融合作成为重要助推器，可以有效地为基础设施互联互通项目提供融资支持。

参 考 文 献

一、论文

[1] 李明伟. 丝绸之路研究百年历史回顾 [J]. 西北民族研究, 2005 (2).

[2] 梁雪松. 遗产廊道区域旅游合作开发战略研究——以丝绸之路中国段为例 [R]. 陕西师范大学博士论文, 2007 (5).

[3] 李瑞哲. 古代丝绸之路商队的活动特点分析 [J]. 兰州大学学报 (社会科学版), 2009 (5).

[4] 皮坚. 丝绸之路对外贸易走向衰落研究 [R]. 湖南大学硕士学位论文, 2010 (10).

[5] 南宇, 李兰军. 丝绸之路中国段跨国申报世界遗产理论与实践的意义和价值 [J]. 宁夏大学学报 (人文社会科学版), 2010 (10).

[6] 于民. 丝绸之路与中外经济文化交流 [J]. 兰台世界, 2011 (11).

[7] 刘静. 古代丝绸之路上的商品流通 [J]. 兰台世界, 2012 (6).

[8] 孙继亮. 海上丝绸之路的发展与明代银本位制度确立关系初探 [J]. 经济研究参考, 2013 (34).

[9] 陈利君, 中巴经济走廊建设前景分析 [J]. 印度洋经济体研究, 2014 (1).

[10] 李轩. 自贸协议下的中巴贸易存在的问题、原因及对策研究 [J]. 南亚研究季刊, 2014 (1).

［11］刘华芹，李钢．建设"丝绸之路经济带"的总体战略与基本架构［J］.国际贸易，2014（3）.

［12］胡鞍钢，马伟，鄢一龙．"丝绸之路经济带"：战略内涵、定位和实现路径［J］.新疆师范大学学报（哲学社会科学版），2014（2）.

［13］刘磊．中沙经贸合作现状及前景分析［J］.阿拉伯世界研究，2011（7）.

［14］刘佳骏，汪川．中国与沙特阿拉伯能源合作现状、障碍与对策［J］.全球化，2013（12）.

［15］刘兴宏．亚洲开发银行与中亚区域经济合作［J］.东南亚纵横，2010（5）.

［16］陈维．论"中亚区域经济合作计划"的地位与作用［J］.西部学刊，2014（6）.

［17］冯宗宪．中国向欧亚大陆延伸的战略动脉——丝绸之路经济带的区域、线路划分和功能详解［J］.学术前沿，2014（2）.

［18］鲍洪杰，寿逸人．丝绸之路经济带中宁夏战略定位与实现路径［J］.贵州民族研究，2014（7）.

［19］冯浩，陆成云．我国国际通道建设布局及能力分析［J］.综合运输，2011（6）.

［20］赵壮天，雷小华．中国与东盟互联互通建设及对南亚合作的启示［J］.学术论坛，2013（7）.

［21］袁建民．新疆口岸物流发展现状及对策［J］.大陆桥视野，2012（10）.

［22］梁振民，陈才．吉林省"开边通海战略"实现路径研究［J］.经济纵横，2013（12）.

［23］赵雪松．东盟国家与云南省国际通道建设研究——双边视角［J］.价值工程，2013（6）.

[24] 岳小文等.俄罗斯出口天然气管道建设规划及对中国引进天然气资源的影响 [J].石油规划设计, 2010 (3).

[25] 李兴.普京欧亚联盟评析 [J].俄罗斯研究, 2012 (6).

[26] 解晓燕, 刘咏梅.中国周边跨境油气管道布局及联动效应研究 [J].长江大学学报 (社科版), 2014 (6).

[27] 苏海红, 丁忠兵.丝绸之路经济带建设中青海打造向西开放型经济升级版研究 [J].青海社会科学, 2014 (5).

[28] 许涛.共同营造新世纪亚洲和平发展环境的战略创新路—亚信上海峰会后析 [J].和平与发展, 2014 (4).

[29] 陈继东, 赵罗红.中巴金融合作:现状、作用、走向 [J].南亚研究季刊, 2013 (3).

[30] 张晓涛, 修媛媛, 李洁馨.金砖国家金融合作利益研究 [J].宏观经济研究, 2014 (5).

[31] 张胜军, 路征, 邓翔.西部省区参与国际区域经济合作的效应分析 [J].云南财经大学学报, 2012 (3).

二、著作和研究报告

[32] IMF, World Economic Outlook [R]. October, 2014.

[33] 新疆财经大学课题组.中国—亚欧博览会年度报告 (2011) [M].新疆人民出版社, 2012 (7).

[34] 新疆财经大学课题组.中国—亚欧博览会年度报告 (2013) [M].新疆人民出版社, 2014 (7).

[35] 杨光主编, 中东发展报告 (2012—2013) [M].北京:社会科学文献出版社, 2013 (11).

[36] 中国商务部.2013 年度中国对外直接投资统计公报 [M].北京:中国统计出版社, 2014 (9).

［37］中国商务部 . 中国商务统计年鉴 2014 年 ［M］. 北京：中国商务出版社，2014 (9).

［38］中国商务部 . 对外投资合作国别（地区）指南—巴基斯坦 (2013 年版) ［R］. 2013 (11).

［39］中国商务部 . 对外投资合作国别（地区）指南—沙特 (2013 年版) ［R］. 2013 (11).

［40］中国商务部 . 对外投资合作国别（地区）指南—伊朗 (2013 年版) ［R］. 2013 (11).

［41］中国商务部 . 对外投资合作国别（地区）指南—哈萨克斯坦 (2014 年版) ［R］. 中国商务部，2014 (10).

［42］刘慧主编 . 国家安全蓝皮书：中国国家安全研究报告（2014）［M］. 北京：社会科学文献出版社，2014 (5).

后　记

目前，我国已经进入实现中华民族伟大复兴的关键阶段，我国与世界的关系正在发生深刻变化，新机遇与新挑战层出不穷，基于这种背景"一带一路"成为大国崛起的重要支撑。"一带一路"由倡议到战略只经历了短短一年多时间，鉴于该战略涵盖区域广阔、涉及领域众多，还需要各方专家、学者及有识之士对相关问题进行深入探讨，这也是时代赋予我们的责任与使命。

笔者在2012年进行了"新时期我国扩大向西开放战略构想"课题研究，2013年在习近平主席提出共建丝绸之路经济带倡议后，笔者在前期研究成果基础上加以拓展，撰写了系列文章，阐述了自己对丝绸之路经济带战略的理解及实施构想，逐步形成了本书的内容。在本书撰写过程中笔者得到了多位前辈、同事及学者的大力支持与帮助，在此非常感谢对外经济贸易大学客座教授王为老师、现代国际关系研究院俄罗斯研究所所长冯玉军研究员、商务部亚洲司杨伟群处长、商务部国际贸易经济合作研究院欧洲研究部副主任姚铃副研究员、中国人民银行金融研究局袁佳博士，他们为本书提供了充实的资料和佐证。特别感谢新疆财政金融大学赵青松副教授，在本书的编排和技术处理方面做了大量工作，使本书能在相对较短时间内奉献给读者。

最后，尤其应该感谢商务部国际经济合作研究院国际服务贸易研究所所长李钢研究员，作为我志同道合的学长和领导，在丝绸之路经济带问题研究以及本书撰写及出版过程中一直默默地鼓励和支持我，涉及这一问题的主要观点均为我们共同研究的成果。淡泊名利、治学严谨、追求真理，他所具有的学者风范一直是我学习的榜样，也是我从事研究工作的追求。

目前"一带一路"战略已成为各领域的研究重点。本书集中阐述了现阶段笔者对于丝绸之路经济带建设的初步体会，作为抛砖引玉，希望与更多专家学者共学、共商、共谏，以期取得更多实际成果，为"一带一路"建设奉献思想与智慧。限于本人学识，本书若有不妥或不当之处，还请各位专家学者不吝赐教。

刘华芹

2015 年 1 月 31 日于北京